布林线战法

战法

瞄准股价短期买卖时机

庞　堃◎编著

中国铁道出版社有限公司
CHINA RAILWAY PUBLISHING HOUSE CO., LTD.

图书在版编目（CIP）数据

布林线战法：瞄准股价短期买卖时机/庞堃编著.—北京：中国
铁道出版社有限公司，2022.11
ISBN 978-7-113-29520-2

Ⅰ.①布…　Ⅱ.①庞…　Ⅲ.①股票投资-基本知识Ⅳ.①F830.91

中国版本图书馆CIP数据核字（2022）第143528号

书　　名：**布林线战法——瞄准股价短期买卖时机**
　　　　　BULINXIAN ZHANFA:MIAOZHUN GUJIA DUANQI MAIMAI SHIJI
作　　者：庞　堃

责任编辑：张亚慧　奚　源　编辑部电话：（010）51873035　邮箱：lampard@vip.163.com
封面设计：宿　萌
责任校对：焦桂荣
责任印制：赵星辰

出版发行：中国铁道出版社有限公司（100054，北京市西城区右安门西街8号）
印　　刷：北京铭成印刷有限公司
版　　次：2022年11月第1版　2022年11月第1次印刷
开　　本：700 mm × 1 000 mm　1/16　印张：13.75　字数：196千
书　　号：ISBN 978-7-113-29520-2
定　　价：69.00元

前言

每一位进入股市的投资者都渴望获得一些稳定、敏捷、好用且准确的技术分析指标和工具，以提高投资准确率。但是往往在面对市场中的众多技术指标时却犯了难，不知道从何下手，也不知道什么指标才是真正好用的技术指标。

这里为大家介绍一款经典的技术指标——布林线指标，其创立至今受到了众多投资者的一致好评。首先，布林线结构简单，由三线组合而成，形成股价波动通道，能帮助投资者清晰查看股价波动情况；其次，股价在布林通道内的位置情况是重要的行情强弱判断信号，可以帮助投资者更好地把握市场变化；再者，布林线本身的超买超卖特性、喇叭口形态以及三线走势情况，都能为投资者提供投资决策依据。可以说，布林线是投资者短线操盘的一个重要投资工具。

布林线使用方法虽然简单易上手，但是对于一些没有接触过的投资者，以及一些投资新手来说，还是比较困难的。为了帮助投资者们更加快速、精准、正确地使用布林线指标，轻松进行股市短期操盘，书中由浅入深地介绍了布林线以及布林线使用的一系列实战方法，帮助投资者在风云变幻的股市交易中沉着应对，提高投资获胜率。

全书共七章，可分为四个部分：

◆ 第一部分为第 1 章，主要是布林线基础内容的介绍，包括布林线由来、结构以及计算等。这一部分主要是为后面的学习打好基础，以便更加轻松地学习布林线使用方法。

◆ 第二部分为第 2～4 章，主要是从布林线本身出发，介绍布林线指标相关的交易分析方法，包括基础应用、轨道线位置分析和喇叭口形态分析。

◆ 第三部分为第 5～6 章，是能力提升部分，除了单一的布林线指标分析外，还结合其他技术指标对股价进行综合分析，提高信号准确率，包括布林线与 K 线组合、布林线与各类技术指标综合分析。

◆ 第四部分为第 7 章，主要从仓位的角度进行介绍，帮助投资者利用布林线指标做好投资建仓、加仓减仓、平仓以及止损的相关操作。

为了方便读者理解运用，书中介绍了多种实用性强的交易策略和投资方法，并结合大量的实际案例进行讲解分析，帮助读者深入理解相关投资战法和要点。

最后，希望所有读者都能从书中学到布林线的有用知识，在股市中投资获利。但是仍然要提醒大家：任何投资都存在风险，入市一定要谨慎。

作　者
2022 年 7 月

目录

第1章　解析布林线的基础与构成

布林线是一个非常简单实用的技术指标，对于熟悉股市的投资者而言，布林线并不陌生，它不仅能帮助投资者分析盘面、研判行情走势，还能帮助投资者找寻市场中的买卖点。本章我们就从基础知识入手，一起走进布林线。

第2章　不可不知的布林线基础应用

布林线是一个实用性非常强的技术指标，使用方法也非常简单，我们在使用时可以从其最基本的用法入手，通过布林线的区间划分、超买超卖以及通道宽度来对当前的市场行情进行研判。

第 3 章　上、中、下轨道线短线战法

　　上轨线、中轨线和下轨线是布林线技术指标的重要组成部分，同时在布林线指标技术分析市场中具有重要作用。我们可以根据股价与上轨线、中轨线以及下轨线的位置关系来分析当前的行情，做出恰当的投资决策。

第4章　揭示布林线经典形态实战用法

　　布林线指标在随着股价波动变化的过程中，其轨道线会形成一种经典的形态——喇叭口，这些喇叭口形态对股市投资来说具有重要的分析意义。

第5章　布林线与K线组合的买卖点确认

在实战投资中，以单一的技术指标分析进行买卖点确定，风险是非常大的，所以如果能够将布林线指标与其他指标结合做综合分析，可以提高投资判断的准确性。

第 6 章　布林线与各类技术指标综合分析

　　没有哪一个指标是绝对完美的，都存在一定的缺陷，使得投资者在实战中使用时可能出现信号不准确或者延迟等情况，所以仅依靠单一指标做技术分析并不稳健。在实际投资中应该结合其他技术指标进行综合判断。

第7章　借助布林线合理规划和控制仓位

　　仓位控制是指根据市场状况做出合理的资金投资比例规划，是一种风险控制手段。一个投资者具备较好的仓位控制管理能力，可以在很大程度上弥补在选股、买卖时机判断上出现的失误，提高自己的投资获胜概率。

第1章

解析布林线的基础与构成

布林线是一个非常简单实用的技术指标，对于熟悉股市的投资者而言，布林线并不陌生，它不仅能帮助投资者分析盘面、研判行情走势，还能帮助投资者找寻市场中的买卖点。本章我们就从基础知识入手，一起走进布林线。

1.1 布林线的基础认识

工欲善其事，必先利其器。投资者想要用好布林线提高投资实战技巧，第一步就需要认识布林线，知道它是怎么来的，有什么特点，以及具体算法等。

1.1.1 布林线是怎么来的

布林线又名股价通道线，英文名称是"Bollinger Bands"，简称 BOLL。布林线的名称来源于指标创始人约翰·布林的姓。约翰·布林是一位股市分析家，他根据统计学中的标准差原理设计创造了布林线这一技术指标，被广泛应用于投资市场，观察价格的走势变化。

约翰·布林认为股价的波动变化总是围绕着某一个价值中枢，例如均线，在一定的区域（范围）内运行，而布林线指标正是在这样的前提下引进了"股价通道"的概念，通过计算绘制出通道，股价在通道范围内波动变化，并且通道的宽窄会随着股价波动幅度的大小变化而产生变化。但同时，通道对股价又具有调整作用，当股价偏离通道、乖离过大，又会自动调整回到通道内。

所以，通过布林线，投资者可以清晰、直观地观察到股价的波动变化情况，对股价的未来走势做出研判。因此，布林线也逐渐发展成为在投资市场中广为应用的一款热门技术指标。

1.1.2 布林线的计算方式

约翰·布林设计布林线的初衷在于均值回归，即股价处于上轨运行，则判断股价高估，有回归均线的趋势；股价处于下轨运行，则判断股价低估，有回归均线的趋势。有鉴于此，他设计了 3 条轨线，即上轨线（UP）、中轨线（MB）和下轨线（DN），其中，中轨线就是 N 日移动平均线。

然后，约翰·布林引入了统计学中的标准差概念，计算出上轨线和下轨线。注意，和其他技术指标一样，由于选择的计算周期不同，计算结果也不同，在布林线指标中也分为日布林线指标、周布林线指标、月布林线指标以及分钟布林线指标等。

但在实际的投资中，常用的还是日布林线指标和周布林线指标。尽管它们计算时的取值周期不同，但是计算方式基本相同，这里以日布林线为例介绍布林线的计算方法。

日布林线指标计算公式如下。

中轨线 =N 日的移动平均线

上轨线 = 中轨线 +K×N 时间段的标准差

下轨线 = 中轨线 −K×N 时间段的标准差

K 值和 N 值一般情况下分别为 2 和 20，即 20 日移动平均线与 2 倍 20 日的标准差。

知道了计算公式之后，还要进一步了解计算过程，具体如下：

①计算均线 MA。

MA=N 日内的收盘价之和 ÷N

②计算标准差 MD。

MD= 平方根 {[n 日的（C−MA）平方之和]÷n}

③计算中轨线、上轨线和下轨线。

中轨线 =N 日的 MA

上轨线 = 中轨线 +K×MD

下轨线 = 中轨线 −K×MD

注意，计算标准差 MD 中的 C 为收盘价。

可以看到，布林线的计算方式比较复杂。但是，作为普通的投资者，我们只需要知道布林线的计算方法和过程即可，并不需要实际进行计算。

1.2 布林线的构成情况

布林线指标中有多根不同颜色的曲线，每条曲线的意义不同，投资者在使用布林线指标时需要认清各个曲线，了解它们各自的作用。

1.2.1 布林线的基本组成

打开股票软件，选择目标股票，进入 K 线图界面，在主图中选择"主图指标／选择主图指标／布林线"命令即可在 K 线图中添加布林线指标，当然也可以直接用键盘输入"BOLL"添加布林线指标，如图 1-1 所示为添加完成后的布林线指标。

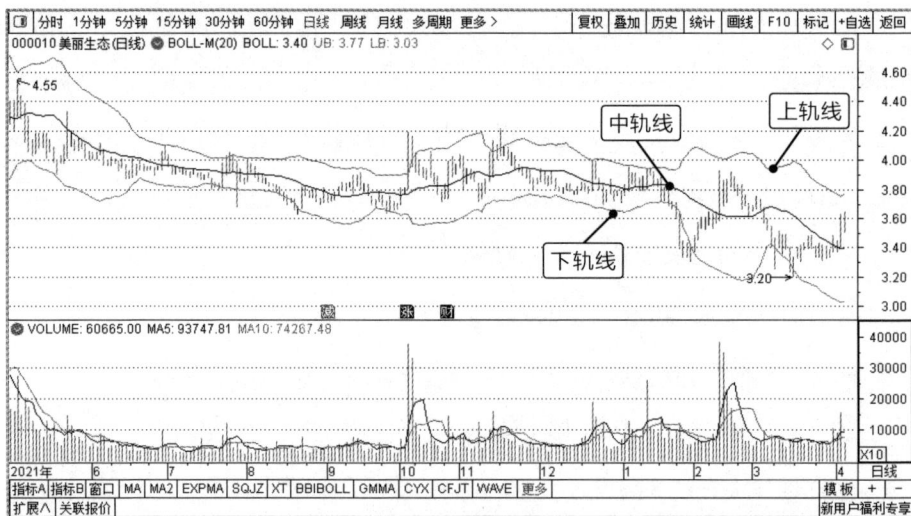

图1-1　添加布林线指标

需要注意的是，在添加布林线指标时可以看到"布林线—传统版"和"布林线"两个版本，布林线—传统版是在 K 线图中添加，而布林线是在副图中添加。

从上图可以看到，在布林线图中一共有 3 条曲线，即上轨线、中轨线和下轨线。其中，上轨线是上轨数值的连线，用蓝色线表示；中轨线是中轨数值的连线，用黑色线表示；下轨线是下轨线值的连线，用灰色线表示。不同的配色方案，上、中、下轨线的颜色不同，而股价红绿色阴阳线在布林线通道内运行。

1.2.2　上轨线的市场意义

通过前面布林线计算方法的介绍我们知道，上轨线就是在中轨线的基础上添加标准差倍数，进而形成股价向上运行的最大波动幅度界限，即股价在最高价范围内波动属于安全范围内波动。因此，上轨线的市场意义如下。

◆　上轨线具有阻力作用

股价在布林线通道中运行时，布林线的上轨线会对股价产生一定的阻力作用，即当股价运行至上轨线附近时受阻、止涨下跌，回到中轨线附近波动。尤其是当股价与轨道线运行方向不一致时，上轨线的阻力作用更明显，如图 1-2 所示。

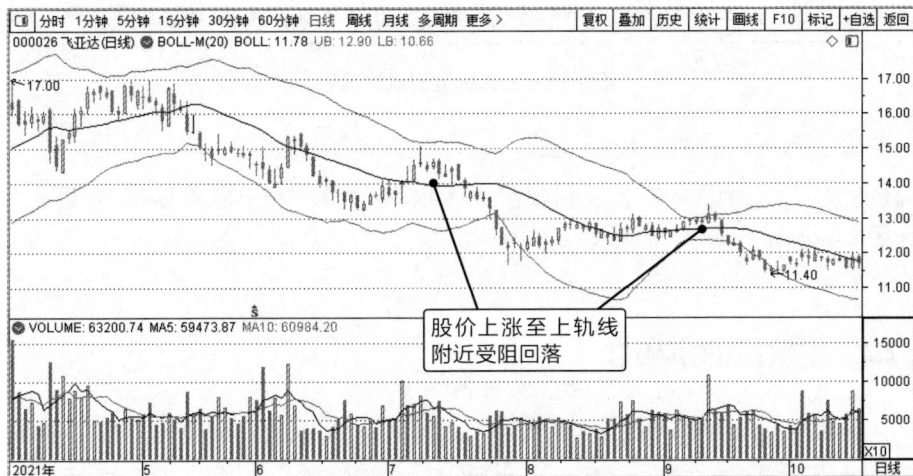

图 1-2　上轨线的阻力作用

从上图可以看到，股价在布林线通道内波动下行，通道和股价均向下运行，当股价在下行过程中拐头向上运行至上轨线附近后，便受阻、止涨回落。可见，上轨线对股价具有阻力作用。

◆ 上轨线发出危险信号

股价通常在布林线通道内运行，如果股价上升速度过快，运行于上轨线上方，此时布林线通道的调整速度落后于股价。根据股价归于均值理论，判断出股价可能进入极端行情，后市转跌，风险较大，如图1-3所示。

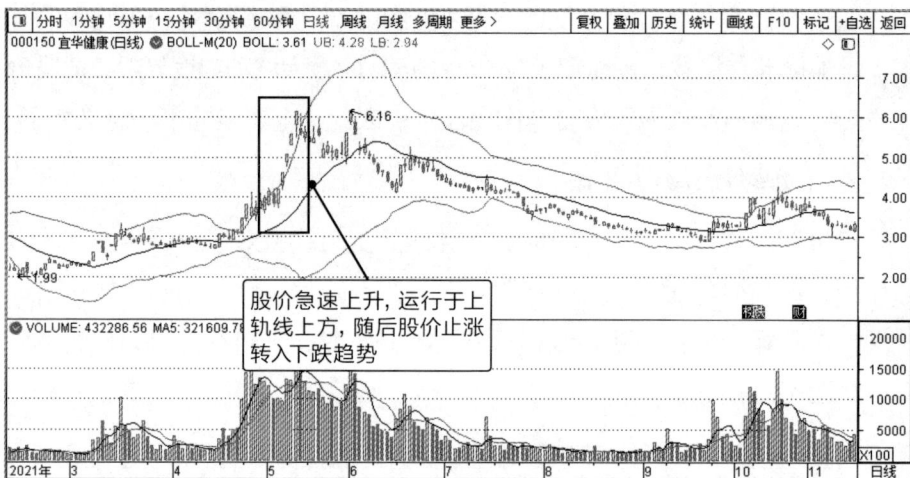

图1-3　上轨线发出危险信号

从上图可以看到，K线连续收阳，股价突然急速向上拉升，运行于上轨线上方、通道线之外，说明股价进入极端行情，发出危险信号。随后，股价止涨回落，转入下跌趋势之中。

1.2.3　中轨线的市场意义

中轨线是布林线通道的基准线，上下轨道线都是根据中轨线绘制而成的，股价通常也在中轨线附近波动运行。在不同的市场中，中轨线对股价可能起支撑作用，也可能起阻力作用。

◆ 中轨线的支撑作用

在上升行情中，股价运行于中轨线和上轨线之间波动上行，当股价止涨回调，下跌至中轨线附近后获得支撑止跌回升，如图 1-4 所示。

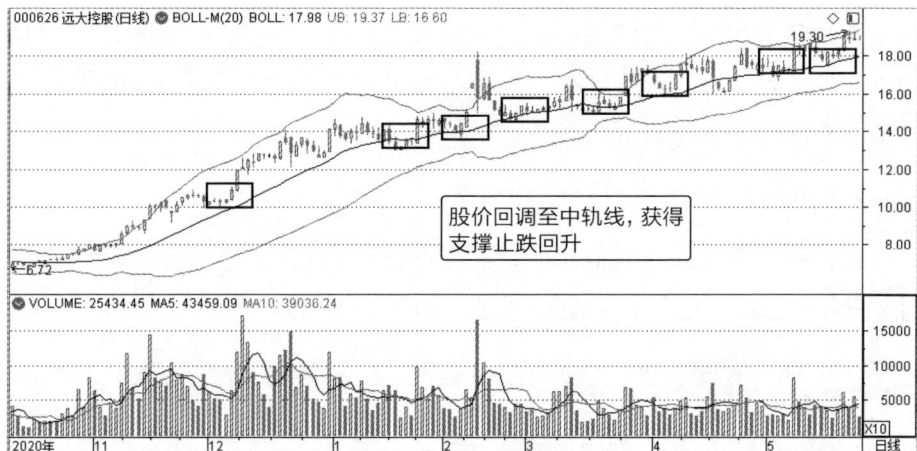

图 1-4　中轨线的支撑作用

◆　中轨线的阻力作用

在下跌行情中，股价运行于中轨线和下轨线之间波动下行，当股价止跌反弹，回升至中轨线附近后受阻止涨再次下跌，如图 1-5 所示。

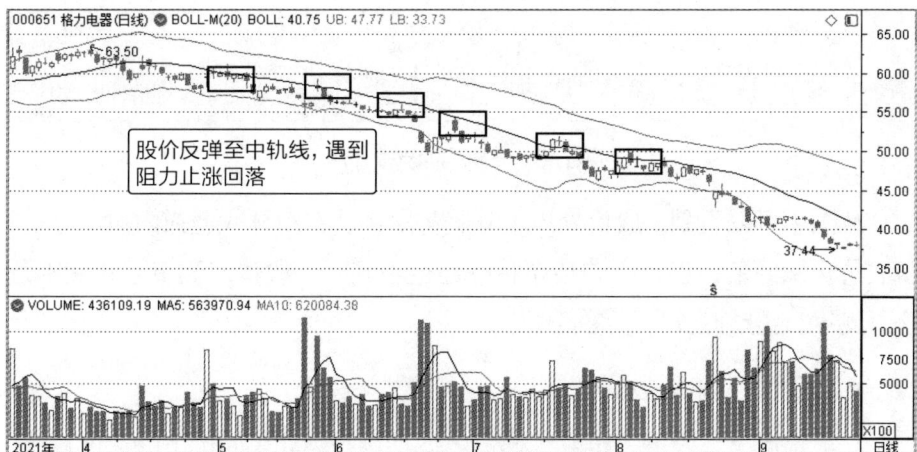

图 1-5　中轨线的阻力作用

可以看到，中轨线的支撑作用和阻力作用不是绝对的，在不同的市场行情中对股价有不同的作用。

1.2.4 下轨线的市场意义

下轨线是在中轨线的基础上减去标准差倍数获得的，进而形成了股价向下波动的最大波动幅度界限，即股价在最低价上方范围内波动属于安全范围内波动。下轨线的市场意义主要如下。

◆ 下轨线具有支撑作用

布林线的下轨线对股价有一定的支撑作用，尤其是当股价与轨道线运行方向不一致时，支撑作用更加明显，如图1-6所示。

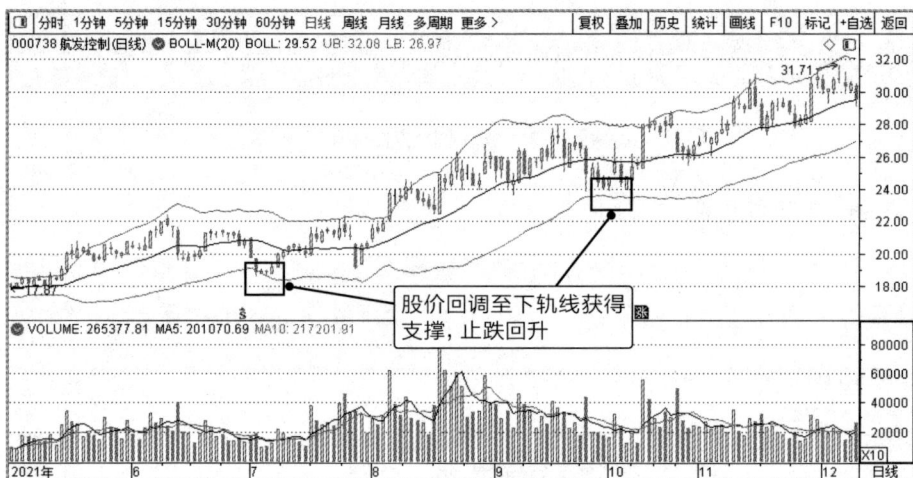

图1-6 下轨线的支撑作用

从图中可以看到，股价处于上升趋势之中，在布林线通道内波动上行，当股价止涨回落，运行方向与布林线通道不同时，股价回调至下轨线附近获得支撑，止跌回升，继续表现上升。

◆ 下轨线发出转势信号

一般情况下，股价在布林线通道内波动运行，如果股价下跌速度过快，运行于下轨线下方，此时布林线通道的调整速度落后于股价。根据股价归于均值原理，判断出股价可能进入极端行情，后市止跌回升的可能性较大，是转势信号，如图1-7所示。

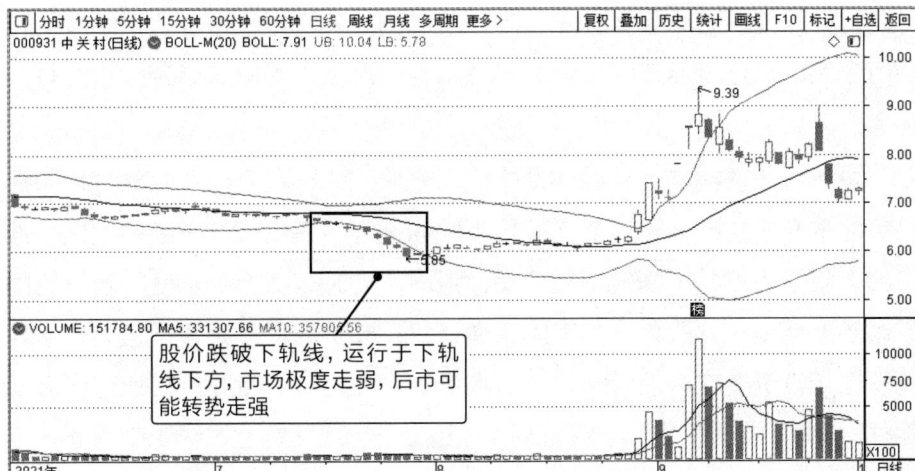

图 1-7 下轨线发出转势信号

从图中可以看到，股价在中轨线与下轨线之间波动下行，随后跌破下轨线，在下轨线下方运行，说明市场处于极度弱势之中，后市可能触底回升转入上升趋势，是转势信号。

1.3 布林线的多功能性

布林线之所以受到广大投资者的青睐，除了其本身具有的简单、灵活和有效等特点外，还因为它是一个综合实力特别强的多功能性指标，能够从不同的角度给予投资者市场信号，帮助分析研判。

1.3.1 布林线是一个路径指标

路径指标也可以称为通道指标。在股市分析中，查看行情通常是通过 K 线，单根 K 线有 4 个价格，即收盘价、开盘价、最高价和最低价，虽然多根 K 线可以帮助判断股价的趋势变化，但却不能判断股价的运行轨迹。此时应该怎么办呢？

　　布林线根据统计学标准差原理，绘制出 3 条轨道线形成通道，股价在通道内波动，这一通道也被称为布林带，为投资者提供了研判股价运行路径的方法。

　　布林线通道随着股价的波动变化而变化，能够在股价上涨的过程中提供可能上升的空间，也能够在股价下跌的过程中提供可能下跌的空间，通道的上限与下限并不固定。股价在通道内波动时，通道的宽度随着股价的波动幅度而变化，股价波动大时，通道宽；股价波动小时，通道窄，这样的特性在投资操作中能够给投资者提供较好的提示。当股价在通道内波动运行时，下跌受到下轨线支撑而拐头上行，上行受到上轨线压制而拐头下行，这给投资者提供了波段操作机会。

实例分析 ⇒
布林线股价通道波动操作

　　如图 1-8 所示为天健集团（000090）2021 年 6 月至 2022 年 3 月的 K 线走势。

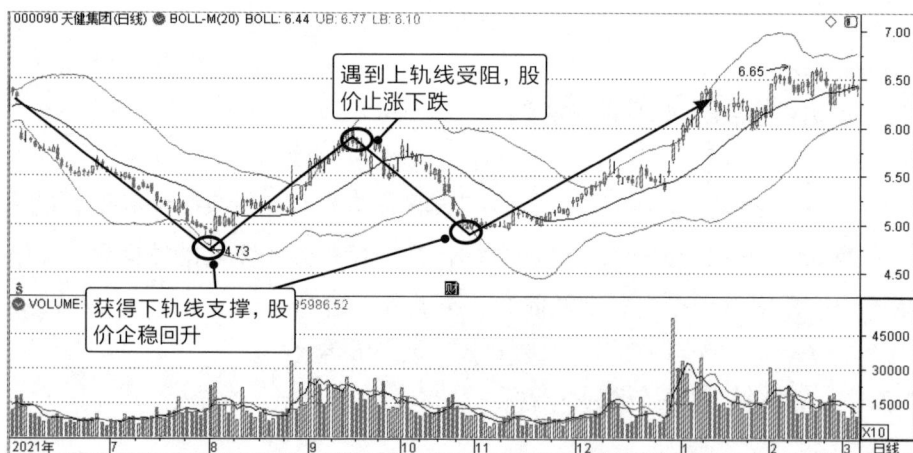

图 1-8　天健集团 2021 年 6 月至 2022 年 3 月的 K 线走势

　　从上图可以看到，股价在布林线通道内波动运行。前期表现下跌行情，股价从 6.50 元价位附近向下跌落，2021 年 8 月初，股价下跌至下轨线附近止跌，横盘运行，在创出 4.73 元的新低后开始向上拉升，说明此时的下轨线给予股票较强支撑，股价企稳回升。此时为投资者短期波段操盘的买进机会。

买进后迎来一波上涨行情，股价在上轨线和中轨线形成的通道内向上攀升。9 月上旬，股价运行至上轨线附近，上穿上轨线，但很快跌回至通道内，虽然继续上行，但受到上轨线的强阻，股价上涨幅度不大，说明这一波上涨可能结束，即将迎来一波下跌，此时为投资者的卖出机会。

10 月底，股价再次下跌至下轨线附近，跌破下轨线后迅速回到通道内，并在下轨线附近企稳横盘，说明再次获得下轨线支撑，股价短期内即将迎来一波上涨，投资者可在此位置跟进。

从案例可以看到，投资者利用股价在通道内波动运行这一特点进行波段操作，可以快速找到合适的买卖点，获得更多的投资机会。

1.3.2　布林线是一个趋势指标

股票市场投资交易常常能够听到"顺势而为"，这个词强调的就是趋势，趋势是指事物的发展动向。趋势理论认为，股价不是无规律运动，一旦市场形成了下降或上升的趋势后，就将沿着下降或上升的方向运行。

也就是说，投资者只要找寻到市场运行趋势，就能顺势而为，找到合适的买卖机会。而布林线兼具了灵活和顺应趋势的特点，能够帮助投资者在股价波动变化中快速找到其运行方向。

市场的运行趋势根据其方向来区分，包括上升趋势、水平趋势和下跌趋势。判断市场运行趋势时主要依靠布林线的中轨线，具体方法如下。

（1）上升趋势

当布林线指标中的中轨线保持上行，说明当前市场运行趋势为上升趋势，如图 1-9 所示。

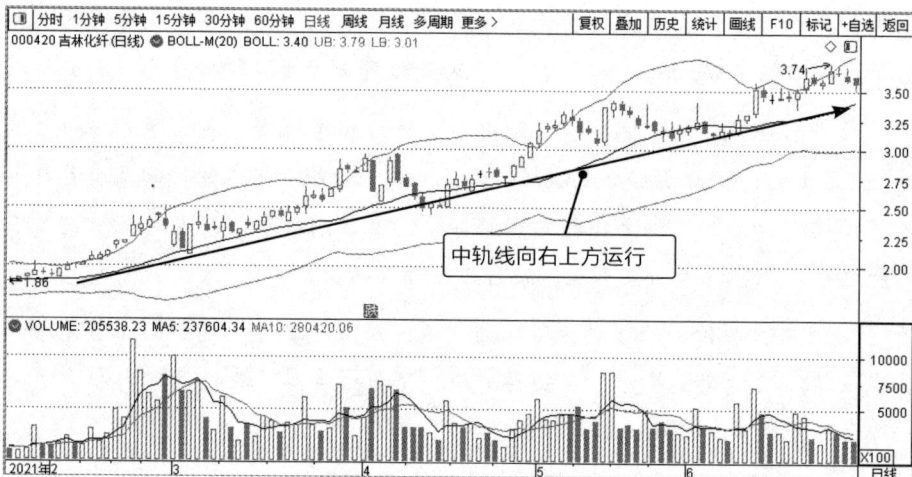

图 1-9　上升趋势

上升趋势中有一种特殊情况为爆发性上涨行情，这一阶段中的股价出现急速上涨，涨幅较大，能为投资者提供大额收益回报。当股价沿着布林线上轨线向上运行时为单边上涨的暴涨行情，如图 1-10 所示。

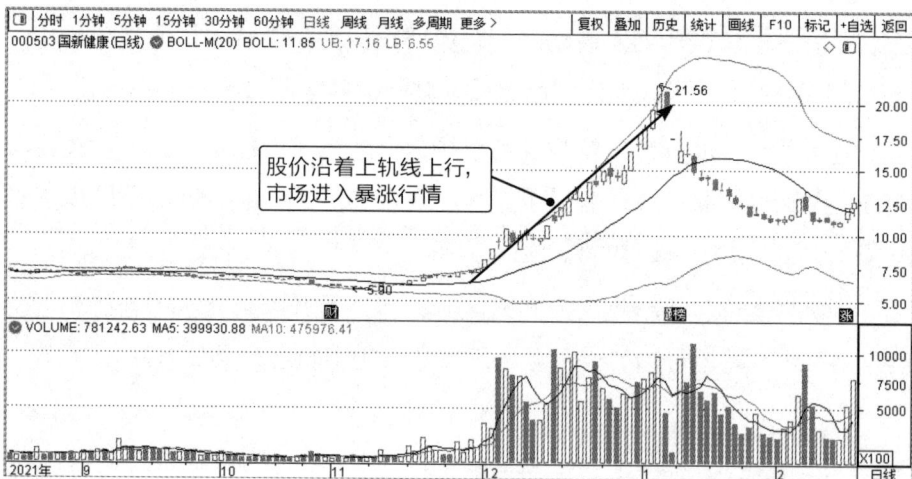

图 1-10　暴涨行情

（2）水平趋势

当布林线的中轨线走平，紧接着上轨线和下轨线走平，3 条轨线基本上处于平行的状态，就说明市场进入了水平趋势之中，如图 1-11 所示。

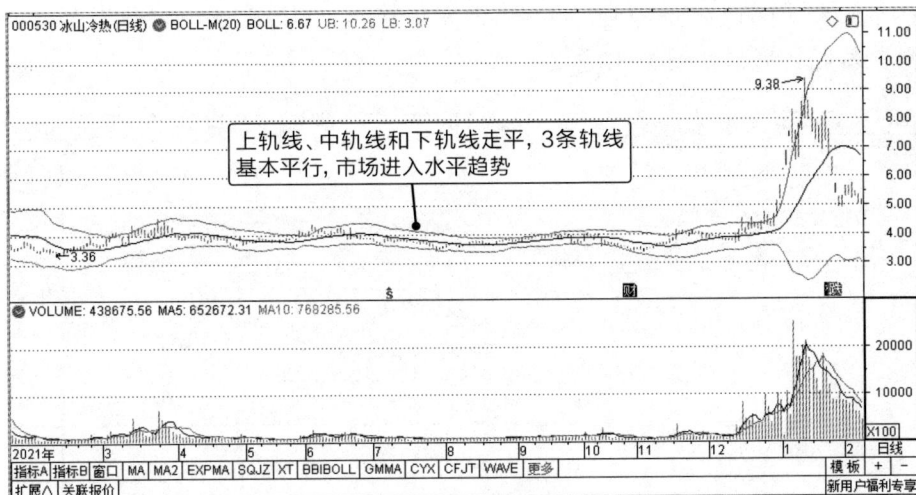

图 1-11　水平趋势

（3）下跌趋势

当布林线指标中的中轨线保持下行，说明当前市场进入了下跌趋势之中，如图 1-12 所示。

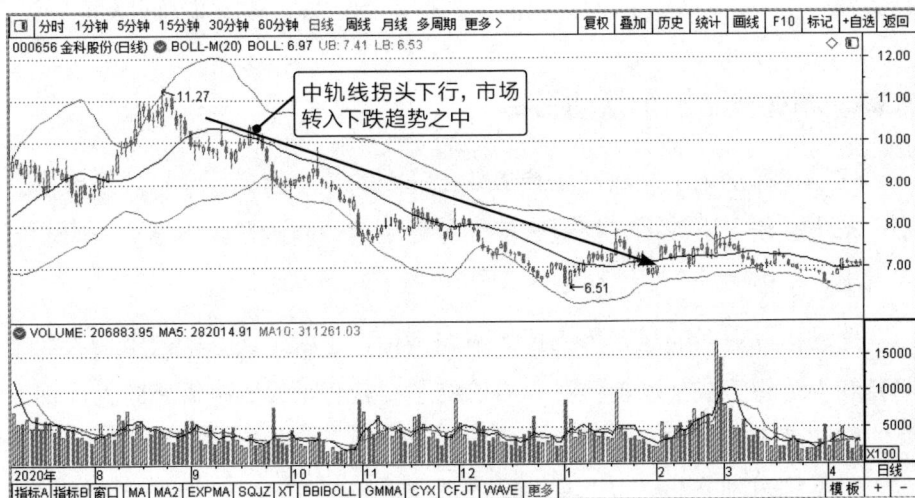

图 1-12　下跌趋势

下跌趋势中也有一种特殊情况为爆发性下跌行情，这一阶段中的股价出现急速下跌，跌幅较深。当股价沿着布林线下轨线向下运行时为单边下跌的暴跌行情，如图 1-13 所示。

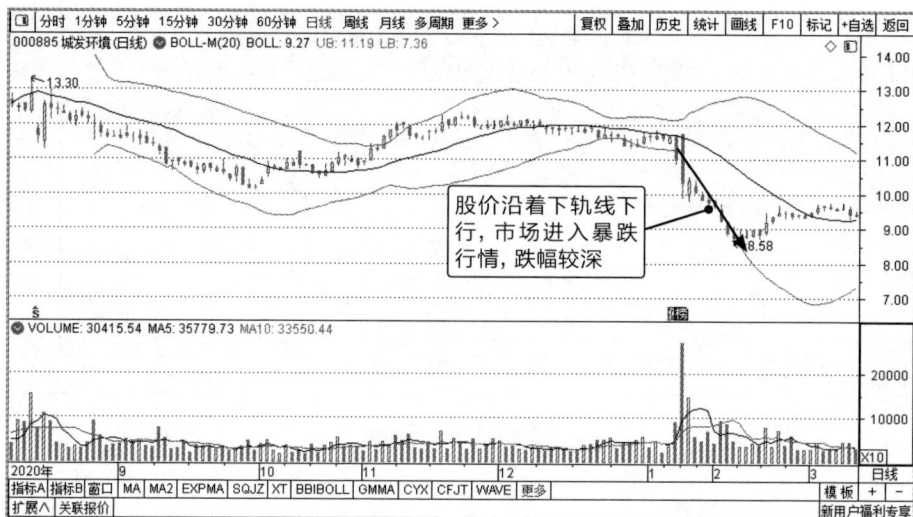

图 1-13　暴跌行情

综上所述可以看到，投资者利用布林线可以快速地对当前股价的运行趋势做一个大致判断，以便更精准地把握市场走势，做出准确的投资决策。

1.3.3　布林线是一个摆动指标

摆动指标是用于衡量市场趋势变化速度的一个指标，它指的是价格围绕一条中心线上下波动，在最大范围与最小范围内运行。根据这一原理可以看出，布林线是一个摆动指标。

摆动指标更多的是趋势指标的附属指标，也就是说，如果市场表现出明显的上升趋势或下跌趋势时，股价的主要趋势是投资决策判断的前提，只要严守顺应趋势方向交易这一原则即可。但是，如果市场进入无趋势阶段，即没有明显上升，也没有明显下跌的水平震荡阶段，大部分跟随趋势的分析指标都不能正常运用，我们可以利用布林线指标的摆动情况来对市场进行分析。

当股价波动幅度减小，布林线的摆动幅度也减小，股价通道就会变窄，市场进入盘整走势，说明股价的波动处于暂时的平静期，未来的走势方向不明，如图 1-14 所示。

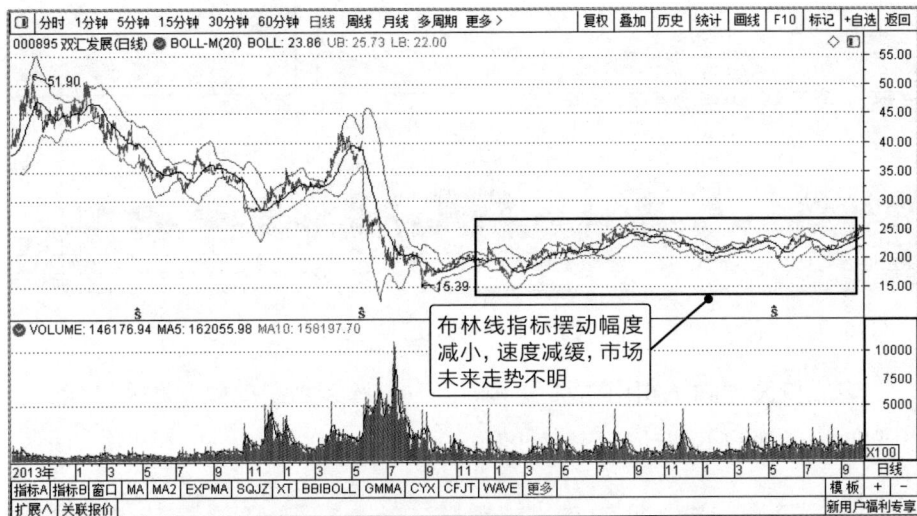

图 1-14　摆动变小，走势不明

从图中可以看到，前期股价处于震荡下行的走势中，布林线摆动幅度较大，速度较快，波峰波谷明显。随后股价下跌至低位区域，跌势减缓，波动幅度减小，布林线摆动幅度变小，波峰波谷不明显，说明市场进入了盘整阶段，后市走向不明。

当股价波动向上超出布林线上轨线，布林线的摆动幅度增大、速度变快，说明股价激烈向上波动开始，如图 1-15 所示。

从下图可以看到，股价前期小幅横盘波动，布林线指标摆动幅度较小，市场走势不明。2019 年 10 月底，股价向上急涨，上穿布林线上轨线后回落至布林线通道内。布林线指标摆动幅度增大，通道宽度增大，市场转入上升趋势之中，涨势明显。

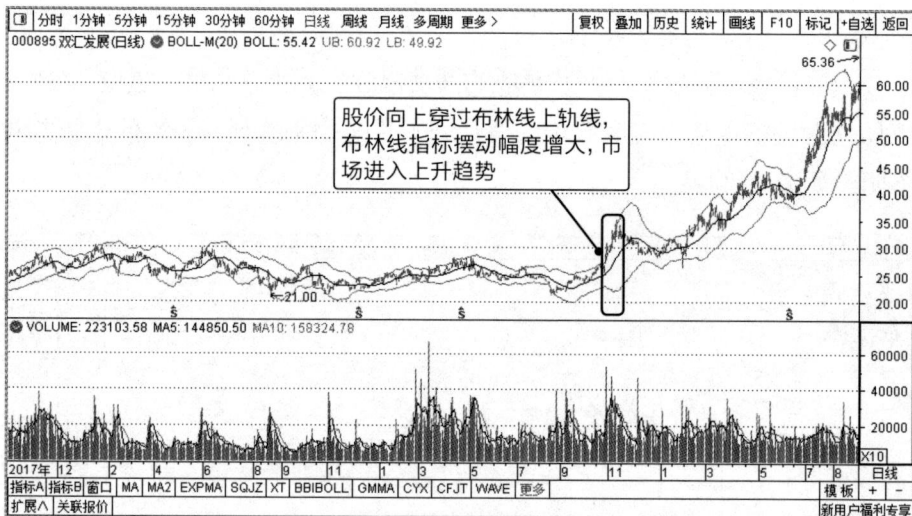

图 1-15 转入上升趋势

当股价波动向下超出布林线下轨线，布林线的摆动幅度和速度增大，说明股价激烈向下波动开始，如图 1-16 所示。

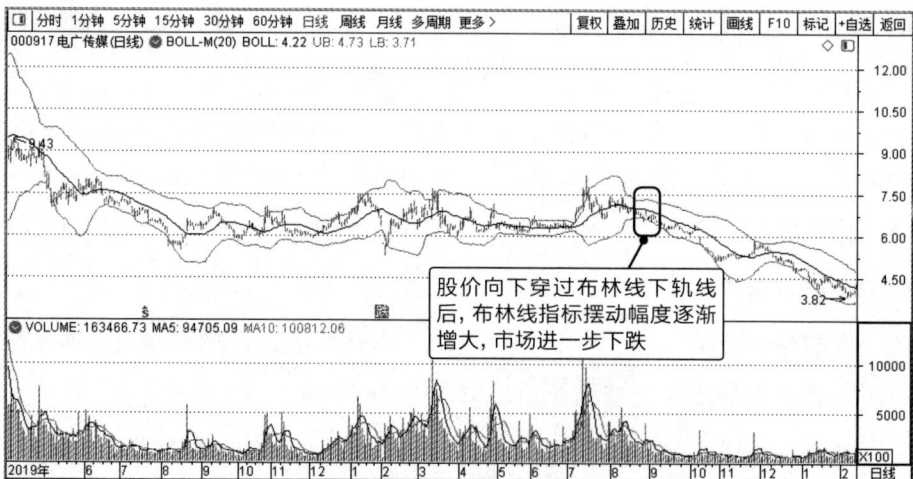

图 1-16 跌势展开

从上图可以看到，前期股价处于下跌趋势之中，股价震荡向下，波动幅度较大，布林线指标摆动幅度较大。随后，股价下跌至 6.00 元价位线附近，跌势减缓，波动减小，布林线通道变窄，摆动幅度减小，市场走势不明。
2020 年 8 月下旬，股价下行跌破布林线通道下轨线后，快速回到通道内，
沿着下轨线下行，跌幅增大。此时布林线通道也逐渐变宽，摆动幅度增大
和速度加快，市场进一步下跌。

综上所述，根据布林线指标在市场中的摆动情况可以对市场的走势进
行分析和判断，尤其是股价运行至摆动的上边界限和下边界限的极限时，
意义最大。

1.3.4　布林线是一个震荡指标

根据市场运行的行情方向，通常分为趋势行情和震荡行情。但很多人
对这两个概念的认识很模糊。其实，从时间这一角度来看，所有的行情都
是趋势行情，但因为趋势的周期长短不同，所以又分为短期趋势、中期趋
势和长期趋势，而震荡行情只是趋势行情中的停顿或反转。

为了进一步对趋势行情和震荡行情进行区分，市场中出现了很多趋势
指标和震荡指标。例如，我们常用的均线指标、MACD 指标都是趋势指标。
判断震荡行情，我们可以用布林线指标、KDJ 指标以及 RSI 指标，这些指
标的原理就是以一个中间值作为价格摆动的中心来确定价格震荡的高点与
低点。

借助震荡指标，可以帮助判断震荡区间，进而帮助研判市场行情，做
出投资决策。根据布林线指标的震荡形式，可以分为中心震荡和箱体震荡。

（1）中心震荡

中心震荡指的是股价围绕中轨线上下波动，根据股价在中轨线的位置
情况判断股价运动所隐藏动能的强弱情况。股价在中轨线上方运行看多，
在中轨线下方运行看空，如图 1–17 所示为中心震荡。

从下图可以看到，股价围绕中轨线（20 日均线）波动运行，前期股价
运行于中轨线上方，市场走强，股价上涨。2021 年 2 月下旬，股价下跌至

中轨线下方运行，市场走弱，股价下跌。

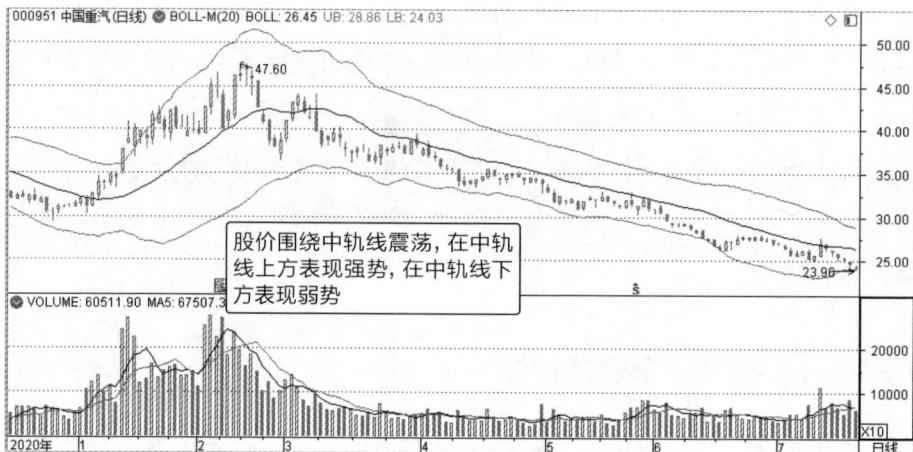

图 1-17　中心震荡

（2）箱体震荡

箱体震荡指的是给定股价波动的极限范围，股价在极限范围内水平波动。在箱体震荡中，股价在上轨线和下轨线之间波动，形成震荡区间，布林线通道收缩，上、中、下轨线走平。一旦布林线通道向上或向下增宽，此震荡区间结束，如图 1-18 所示。

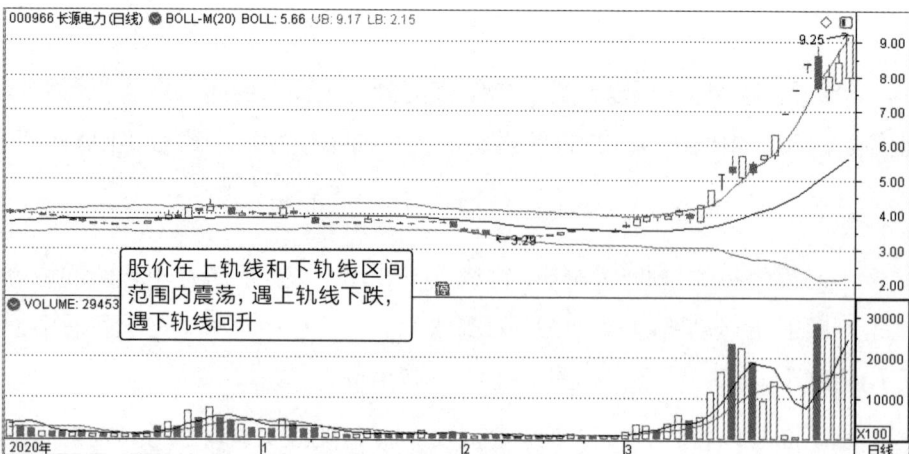

图 1-18　箱体震荡

从上图可以看到，长源电力（000966）前期处于震荡行情，股价在上轨线和下轨线形成的极限范围内波动运行，上行至上轨线受阻下跌，回落至下轨线获得支撑止跌回升。直到股价上涨，布林线通道向上变宽，转入上升趋势中，震荡区间才结束。

1.4　股市获利投资人必备的心理素质

根据前面的介绍，我们可以看到布林线是一个综合性、多功能、实用性强的技术指标，它能为投资者提供多方面的投资帮助。但是，投资者需要注意的是，布林线归根结底是一种投资工具，一方面投资工具的适用性很重要，另一方面使用工具的投资者也很重要，投资者需要具备一定的心理素质才能在风云变幻的股市中稳步前行。

1.4.1　克服赌博心理

有极少数投资者，他们将股票投资视为一种赌博，认为股市是其翻身的机会，将所有的身家投入其中，期望能通过股票实现资产的增值。

要知道，这种思维是错误的，尤其是这类投资者一旦在股市投资中稍有获利，便会被胜利冲昏头脑，将所有的一切投入其中，甚至是借贷投资。虽然股市投资有一定的投机因素，但是如果将其单纯地视为非赢则输，那么这类投资者往往最终都会以失败的结局收场，因为投资与赌博是完全不同的。

首先，在资产管理方面。不能不计后果地博概率，凭运气孤注一掷，投资是在自己的风险承受能力范围内，量力而行，见好就收，落袋为安。

其次，在方法技巧上，不能没有技巧可言，仅凭运气，股市投资是依靠对股票基本面和技术面的分析，对风险进行合理评估之后做出的理性决策。

最后，在心态上，不能放纵，投资要自控，需要严格的自律性，能够在获利时正确评估高位风险，及时离场，落袋为安；也能在低位时潜伏，等待机会。

总的来说，投资者股市投资要懂得投资的性质，克服错误的赌博心态，以克制、理性、合理的心态进入市场，面对市场的风云变化，才能提高投资获利的概率。

1.4.2　拒绝盲目跟风

跟风是股市投资大忌，它是一种没有独立思考、盲目跟随的行为，往往是听别人说这只股票表现好便入场，见他人抛售离场便跟着抛售。要知道市场瞬息万变，往往前一刻的市场走势与下一刻的市场行情相差甚远，如果投资者的投资决策仅仅是跟风，那么即便进行一模一样的投资操作，投资结果与他人也可能差距甚远。

对于跟风投资，部分投资者比较乐观，认为即便得不到与别人相同的收益，只要跟随得当也能获得不错的投资回报，而且还能简化投资，使投资更便捷、更轻松。但殊不知，跟风投资危害重大。

跟风投资尤其是盲目跟风投资，是一种没有经过理智思考、缺乏自我意识的投资行为。市场的动态走向他们并不关注，市场发展变化也不愿意去了解，只是一味地追随他人的投资行为。

长此以往，逐渐养成一种依赖他人的不良习惯，即便可能在市场中的投资时间较长，也无法获得更多有用的投资经验。而在股市中，想要真正投资获利，投资者最应该依靠的就是自己的投资实战经验。

想要避免跟风，就要思考在投资中为什么会出现跟风行为，主要存在以下几点原因。

①缺乏专业的投资知识。

②缺乏充足的投资经验。

③因大肆宣传而跟风。

④被他人高收益获利情况吸引。

有鉴于此，投资者自身就需要积累丰富、专业的投资知识，不断在实战投资中积累自己的实战经验，回顾自己的交易过程，提升自己的投资技巧。

1.4.3　养成自律的好习惯

投资是科学、理性分析市场的行为，而这与投资者自身的自律有着密不可分的关系。虽然每一个投资者都有着自己的盈利方法和交易习惯，但是严格的自律性却是成功投资者的共性。

自律的投资者具有以下一些特点。

①自律性强的投资者风险意识更强，在投资形成亏损时不会固执坚持，使自己承担过多亏损。在高额获利时也不会忘记风险，往往能在风险来临之前离场。

②自律的投资者更容易坚守自己，不容易迷失，拒绝市场中充满危机的价差诱惑，严格执行并遵守自己的投资计划，追求长期稳定的投资回报。

③自律的投资者更理性。大部分投资失败的投资者，失败的原因来自感性，即在投资中注重感觉，投资决策也跟着感觉走。这样的投资方式最容易出现追高踏空而导致投资失败。

④股票市场通常是牛短熊长，投资者买进急涨的可能性不大。所以，成功的投资更需要耐心，它要求投资者能够严格自律，面对熊市行情耐心等待，股价低位耐心持有，等待上涨行情到来。

总的来说，股市投资要求投资者严格自律，从客观理性的角度出发，依靠市场中的行情走势冷静分析，才能够获得满意的投资回报，如果没有对自我的严格控制，很难做到这一点。而投资者缺乏冷静分析，依靠感觉随意投资最终都会在股价的波动中对自己的投资决策失去信心，进而把可能获利的机会拱手相让，又或者是将到手的收益损耗殆尽。

第2章
不可不知的布林线基础应用

　　布林线是一个实用性非常强的技术指标，使用方法也非常简单，我们在使用时可以从其最基本的用法入手，通过布林线的区间划分、超买超卖以及通道宽度来对当前的市场行情进行研判。

2.1　布林线的可操作性区间划分

　　布林线指标由上轨线、中轨线和下轨线组合而成，它们在形成股价运行通道的同时，也将市场行情划分成了多个区间，不同区间的市场意义不同，投资操作方式也不同。

2.1.1　布林线信赖区间

　　布林线是以某一周期的均价线为中心，结合统计学原理计算出股价标准差，进而得到股价信赖区间的一种技术指标。布林线设计原理：股价始终运行于布林通道之内，任何超越通道的行为最终都会得到调整。

　　也就是说，根据实际走势情况，如果股价运行于布林通道内，则说明布林线信赖区间是有意义的，投资者可以根据布林线指标的相关分析方法，对股价走势进行研判分析。但是，如果实际走势中，大部分股价 K 线都运行于布林通道之外，则说明布林线信赖区间无意义，那么利用布林线指标来对股价进行投资分析自然毫无价值，如图 2-1 所示为布林线的信赖区间。

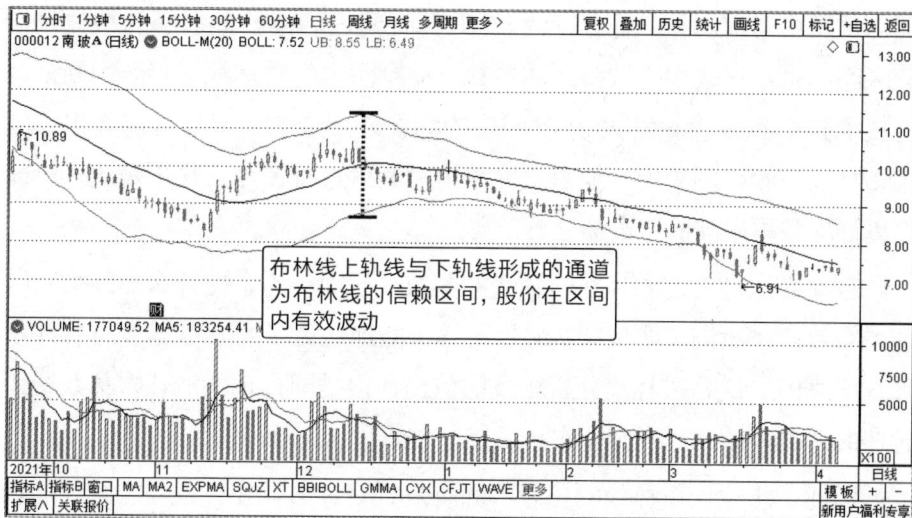

图 2-1　布林线信赖区间

从上图可以看到，股价基本上在布林线信赖区间之内运动，说明了布林线信赖区间的有效，所以我们可以利用布林线指标的相关分析方法来对股价后市走向进行分析。那么，为了使布林线信赖区间能够有效覆盖，我们直接拓宽信赖区间距离不是就可以了吗？如图2-2所示。

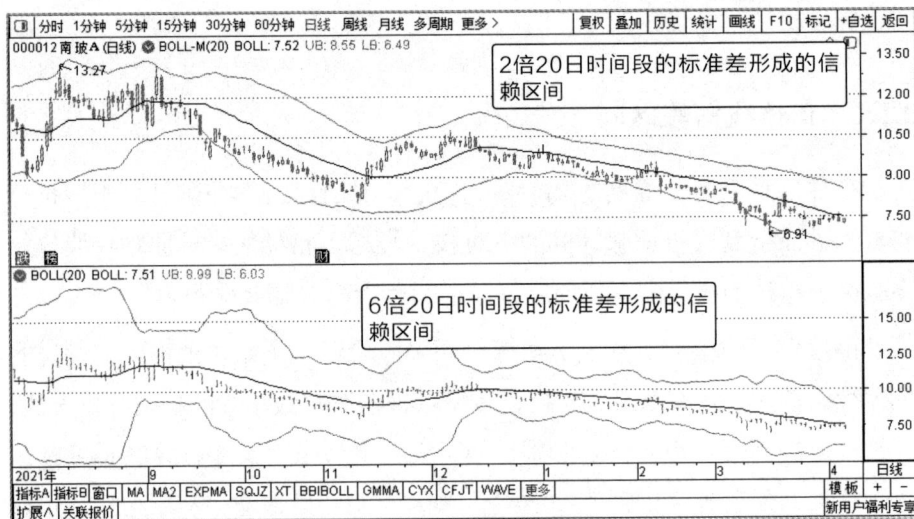

图2-2　拓宽信赖区间

从图中可以看到，主图为2倍20日时间段的标准差形成的布林线信赖区间，也是实战中比较常用的参数。而副图中的布林线信赖区间则是调整技术指标参数为6倍20日时间段的标准差形成的。明显可以看出，副图布林线信赖区间更宽，能够更完整地对股价进行覆盖，是不是这样就能够更好地利用布林线做市场分析了呢？

答案必然是否定的。在布林线的参数设置中，为了提升布林线信赖区间的有效性，我们需要根据实际情况尽可能地让更多的K线落在布林线信赖区间之内，这是布林线分析市场的前提，但是同样也不能让布林线覆盖过多的无效区域，这样会使布林线指标失效。

因此，想要让布林线的信赖区间有效且有意义就要设置一个合理的参数值。

布林线指标是依据统计学中的正态分布原理设计出来的，根据正态分布理论，样本数据出现在均值 μ 附近的概率最大，且往两侧的极端值移动，越靠近极端边缘样本数据出现的概率就越小，如图 2-3 所示为正态分布概率图。

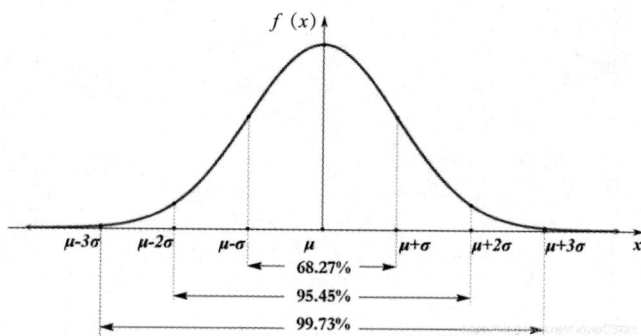

图中内容：

纵轴 f (x)，横轴 x；横轴标注 μ-3σ、μ-2σ、μ-σ、μ、μ+σ、μ+2σ、μ+3σ；区间标注 68.27%、95.45%、99.73%。

图 2-3　正态分布概率图

从图中可以看到，如果参数覆盖区间在一个标准差 σ 之内时，正常情况下可以覆盖 68.27% 的数据；当标准差 σ 扩大到 2 倍时，可以覆盖 95.45% 的数据；当标准 σ 扩大到 3 倍时，可以覆盖 99.73% 的数据。

换句话说，在布林线指标中如果我们以一个标准差为数据参数设置信赖区间，可以覆盖 68.27% 的 K 线；当我们将标准差的数据调整至 2 倍，可以覆盖 95.45% 的 K 线；当我们将标准差的数据调整至 3 倍，可以覆盖 99.73% 的 K 线。

也就是说，我们在设置布林线信赖区间参数时，设置 2 或 3 是比较合适的，能够覆盖大部分的 K 线。在实际的投资中通常会以 2 倍标准差来进行设置，能够得到比较合理的布林线信赖区间。

2.1.2　正常交易区与非正常交易区

布林线指标通过上下轨线覆盖大部分 K 线，形成信赖区间，同时也进一步将股价交易划分为正常交易区和非正常交易区。一般情况下，股价在信赖区间内波动运行，处于正常交易区，一旦股价超出信赖区间则进入非正常交易区，如图 2-4 所示。

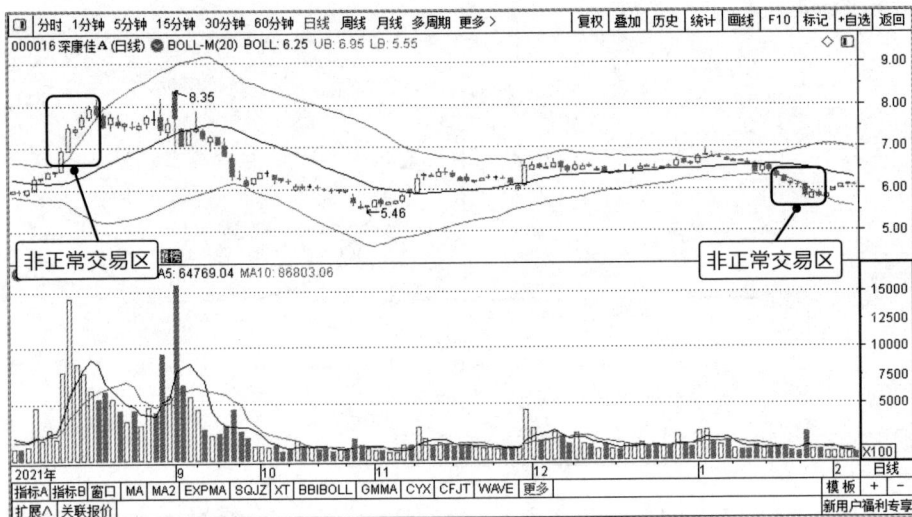

图 2-4　非正常交易区

对于投资者来说，非正常交易区属于极端行情，尤其需要引起注意。当股价向上超出信赖区间，说明股价在加速上涨；当股价向下超出信赖区间，说明股价在加速下跌。根据均值回归理论，股价超出信赖区间后最终都会回到区间内，说明非正常交易区的出现可能意味着行情的调整。

2.1.3　强势区间与弱势区间

股票与期货有明显的区别，期货为双向交易，投资者可以做多买涨，也可以做空买跌，但是股票不同，它是单向交易只能做多，单边上涨获利。这就使得投资者有必要清晰判断当前的市场行情是多头市场，还是空头市场，此时可以根据布林线指标内部的分区结构进行强势区间和弱势区间的判断，进一步找到市场中的投资机会。

（1）强势区间

当股价处于布林线中轨线和上轨线之间波动，甚至直接沿着上轨线运行，则说明当前股价处于强势区间，市场处于多头，如图 2-5 所示。

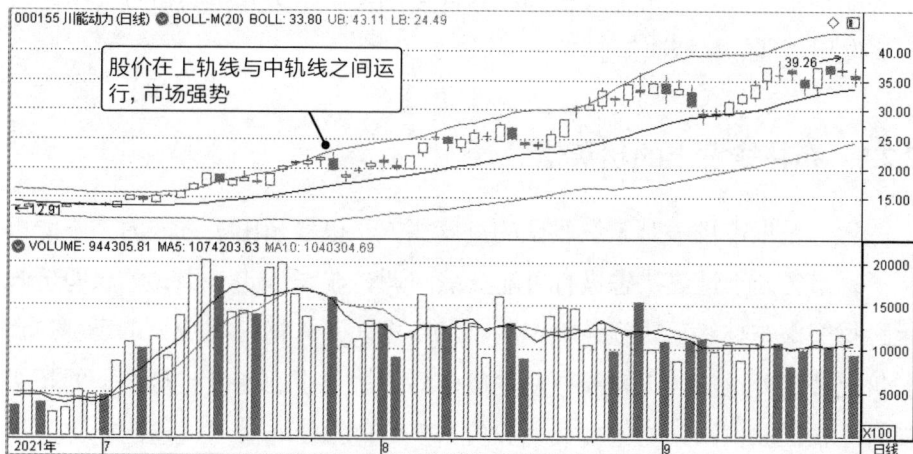

图 2-5　强势区间

（2）弱势区间

当股价处于布林线中轨线和下轨线之间波动，甚至直接沿着下轨线运行，则说明当前股价处于弱势区间，市场处于空头，如图 2-5 所示。

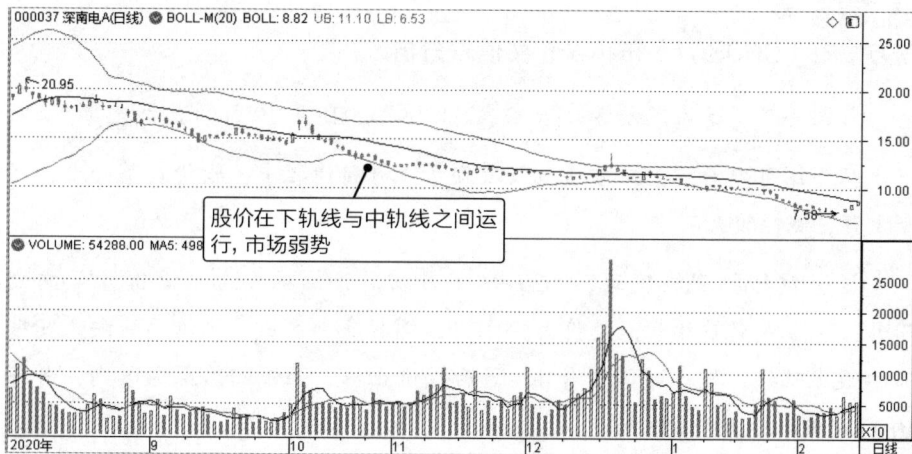

图 2-6　弱势区间

2.2　布林线的超买与超卖

超买和超卖是股市投资中的一种极端行情现象，对市场走势分析具有重要的指示意义。而布林线指标中同样可以发出超买和超卖信号，帮助投资者做出精准的投资决策。

2.2.1　布林线发出的超买信号

超买是指市场中对某只股票的过度买入，已经超出买方能力，不能再买了，市场处于过热状态极有可能止涨回调。在 K 线走势中，如果股价向上运行突破布林线上轨线，就说明市场中多头买入情绪高涨，市场过热，股价上涨速度过快，上轨线移动速度落后于股价上涨速度，是典型的超买信号。根据股价回归均值理论，股价必然会回落至布林线通道内。那是不是布林线出现超买信号投资者就应该立即抛售持股果断离场呢？

其实不是，我们需要注意一点，布林线的超买信号是指股价上涨速度过快，突破上轨线压力，但这种强势是短期的，无法长时间维持，所以股价会回归通道内，行情极有可能回调，此时不能追涨。

实例分析 ⇒
东方盛虹（000301）布林线超买信号分析

如图 2-7 所示为东方盛虹 2020 年 11 月至 2021 年 10 月的 K 线走势。

从下图可以看到，东方盛虹股票处于上升行情之中，股价震荡向上，不断上移，涨幅较大。

进一步仔细观察发现，2020 年 11 月初，股价从 6.11 元低价开始向上攀升，下方成交量放量，股价大幅向上，摆脱底部区域。股价急涨向上突破布林线上轨线，发出超买信号 1，随后股价止涨，小幅回落至通道内，并在10.00 元价位线上横盘运行。

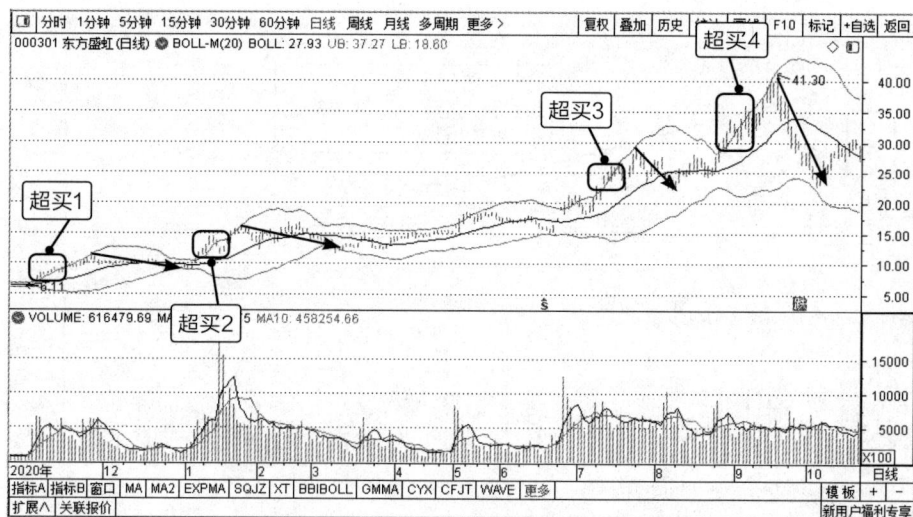

图 2-7　东方盛虹 2020 年 11 月至 2021 年 10 月的 K 线走势

横盘一个多月后，2021 年 1 月上旬，股价再次放量拉升，突破 10.00 元价位线并上穿布林线上轨线，发出超买信号 2。随后不久，股价再次止涨回落至通道内，小幅下行。

2021 年 4 月初，股价回调结束，继续之前的上涨行情，股价震荡上行，涨势稳定。2021 年 7 月上旬，成交量放大，股价再次急涨，向上突破布林线上轨线发出超买信号 3，接着股价止涨回落，跌至 22.00 元附近。

到了 2021 年 8 月上旬，股价再次继续之前的上涨行情，向上大幅攀升，但在 8 月下旬，股价再次上穿布林线上轨线发出超买信号 4，不久股价创出 41.30 元的新高后止涨回落，股价的这一轮上涨行情也结束，转入下跌行情之中。

如图 2-8 所示为东方盛虹 2021 年 8 月至 2022 年 4 月的 K 线走势。

从下图可以看到，布林线发出超买信号 4 之后，东方盛虹止涨横盘几个交易日后，K 线放出几根阳线将股价拉升至 40.00 元价位线附近后止涨回落，股价下穿中轨线，在中轨线与下轨线之间波动下行，股价转入下跌趋势之中。

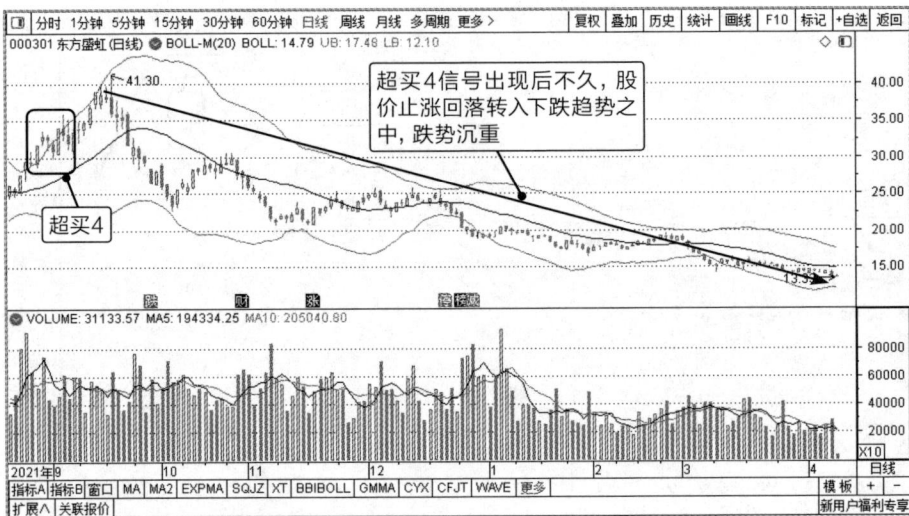

图 2-8　东方盛虹 2021 年 8 月至 2022 年 4 月的 K 线走势

根据案例中的布林线超买信号可以得到以下信息。

①布林线超买信号的出现，说明短期股价涨速过快，必然会引起股价的回落，所以当超买信号出现后不宜追涨。

②布林线超买信号的出现并不意味着股价行情的见顶转势，有可能只是上涨途中的回调，回调时间有长有短，所以场内持股投资者发现布林线超买信号后不必立即离场，可以根据实际走势继续持股待涨。

③判断布林线超买信号的转势信息，需要结合股价走势的位置，以及其他技术指标进行综合分析，确定顶部信号后再考虑卖出。

2.2.2　布林线发出的超卖信号

超卖与超买相反，它指的是市场中对某只股票过度卖出，不能再卖了，市场空头占据主导行情。在 K 线走势中，股价急速下跌，布林线下轨线来不及调整，使得股价跌破布林线下轨线。同样，根据股价回归均值理论，股价必然回升至布林线通道内，也就是说，布林线发出超卖信号后，短期内股价会迎来一段上涨，是投资者的操作机会。

实例分析 ⇒

视觉中国（000681）布林线超卖信号分析

如图 2-9 所示为视觉中国 2020 年 6 月至 2021 年 9 月的 K 线走势。

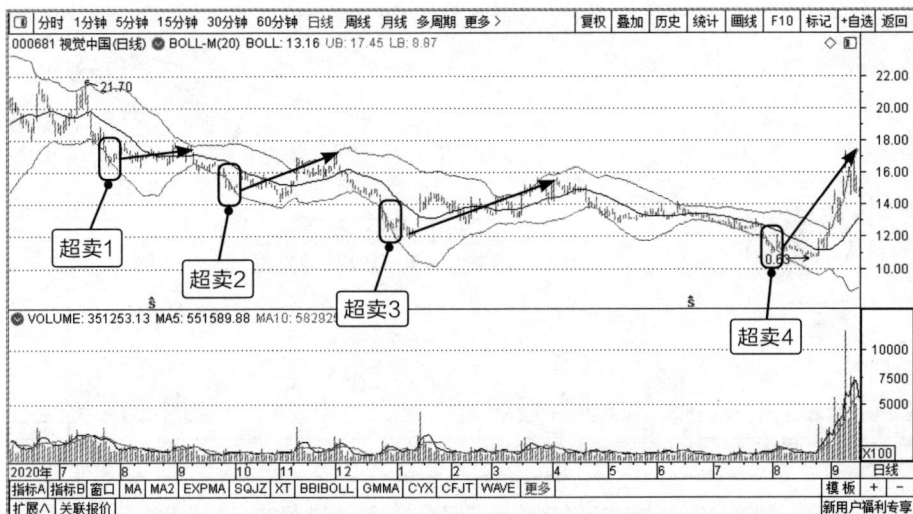

图 2-9　视觉中国 2020 年 6 月至 2021 年 9 月的 K 线走势

从上图可以看到，视觉中国股票处于下跌行情之中，股价震荡下行，重心不断下移，跌幅较大。

进一步仔细观察可以发现，2020 年 6 月股价在 18.00 元至 22.00 元区间横盘震荡。7 月中旬，K 线放出多根阴线，股价下跌并下穿布林线下轨线，发出超卖信号 1，随后股价止跌回到布林线通道内盘整。

2020 年 9 月下旬股价下跌，再次跌穿布林线下轨线，发出超卖信号 2，随后股价止跌回到布林线通道内，上涨至 17.00 元附近止涨。接着股价再次下跌，并在 12 月下旬下穿布林线下轨线，发出超卖信号 3，然后股价止跌回升，上涨至 16.00 元价位线附近。

2021 年 6 月，视觉中国的这一波下跌行情进入尾声，股价波动迟缓，幅度较小，走势沉闷，下方成交量极度萎缩。在 2021 年 7 月底，股价再次急速下跌，直接下穿布林线下轨线，发出超卖信号 4，随后股价止跌回到通道内，下方成交量放出巨量，推动股价大幅上涨。

如图 2-10 所示为视觉中国 2021 年 7 月至 2022 年 1 月的 K 线走势。

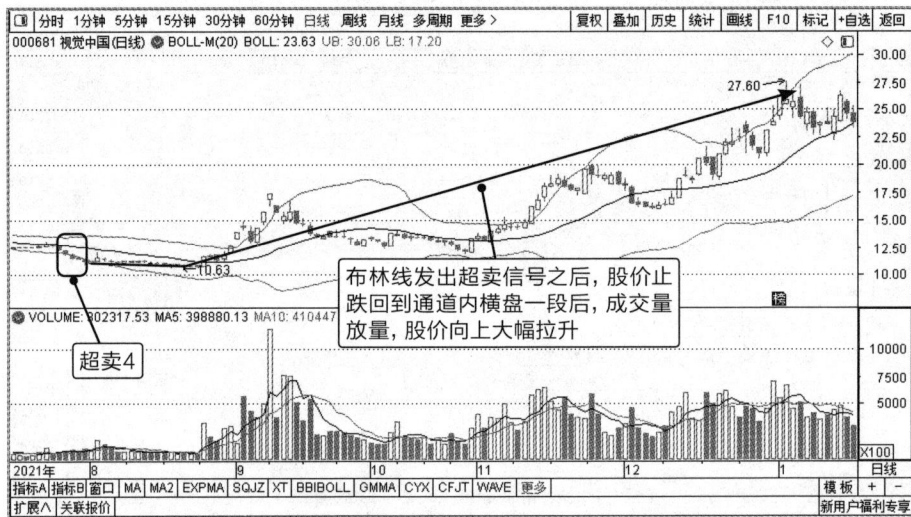

图 2-10　视觉中国 2021 年 7 月至 2022 年 1 月的 K 线走势

从图中可以看到，布林线发出超卖信号 4 之后，股价止跌回到通道内横盘一段后，成交量放量，股价向上大幅拉升，转入上升行情之中，股价向上震荡上行，涨幅较大。

根据案例中的布林线超卖信号可以得到以下信息。

①布林线超卖信号的出现，说明短期股价下跌过快，必然会引起股价的反弹，所以当超卖信号出现后，可以短期看多。

②布林线超卖信号出现后，股价止跌回升，但并不意味着行情的转势，有可能只是行情的反弹，反弹幅度有大有小，更有可能只是下跌途中的停顿，所以场外的持币投资者在见到布林线超卖信号时要冷静、理智分析。

③下跌途中的反弹对投资者来说也是一段不错的值得投资的行情，投资者可以利用布林线超卖信号来抓反弹，但是被套的风险也较大。

④判断布林线超卖信号的转势信息，需要结合股价走势的具体位置，以及其他技术指标进行综合分析，确定了底部，明确了上涨行情之后，投资者可以积极建仓。

2.3　布林线衍生指标 %b

%b 指标是布林线指标创始人约翰·布林在布林线指标的基础上创造的一个指标。布林线指标是一个用来比较股价相对高点和相对低点的指标，在应用时存在一定的局限性，而 %b 指标则是直接反映了 K 线在布林线通道内的相对位置，弥补了这一局限。

2.3.1　%b 指标的参数及公式编写

由于 %b 指标是在布林线指标的基础上衍生而来的，所以其计算公式与布林线指标息息相关，具体如下。

%b=（最新价格 － 下轨线价格）÷（上轨线价格 － 下轨线价格）

从计算公式可以看到，当股价的最新价格大于上轨线价格时，%b 指标值就大于 1，说明股价上涨上穿上轨线；当最新价格低于下轨线价格时，%b 指标就小于 0，说明股价下跌下穿下轨线。这样一来，投资者就可以清晰、准确地掌握股价与布林通道的相对位置关系了。

目前，大部分的证券交易软件都没有直接提供 %b 指标，所以实际运用 %b 指标时，投资者需要在股票软件中自行编写公式，添加并使用该指标。下面以通达信软件为例进行介绍。

实例分析 ⇒
通达信软件添加 %b 指标公式

打开通达信股票软件，在上方功能菜单中单击"公式"选项卡，在弹出的下拉菜单中选择"公式管理器"命令，如图 2-11 所示。

图 2-11　选择"公式管理器"命令

打开公式管理器对话框，选择"技术指示公式"选项，单击右侧的"新建"按钮，如图 2-12 所示。

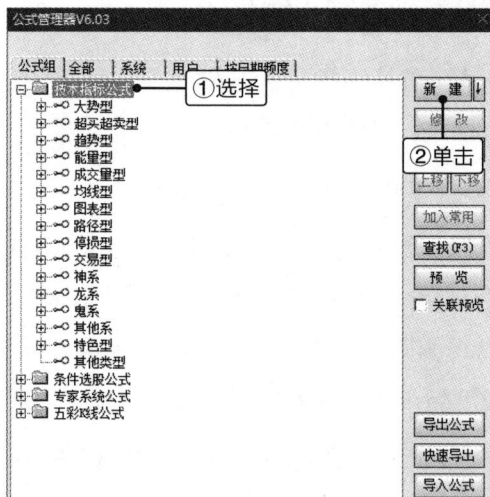

图 2-12　单击"新建"按钮

打开"指示公式编辑器"对话框，根据页面提示输入公式名称和公式描述，然后在公式输入框中输入公式代码，完成后单击"确定"按钮，保存公式，如图 2-13 所示。

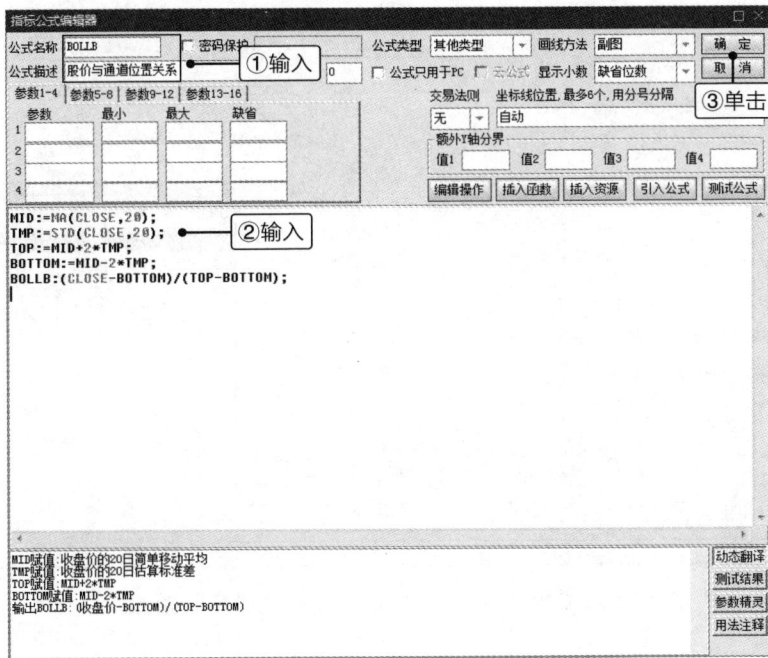

图 2-13 编写公式代码

其中，公式代码中各代码的意义如下：

MID——20 日均线。

TMP——标准差。

TOP——布林线上轨线。

BOTTOM——布林线下轨线。

BOLLB——%b 指标值。

CLOSE——最新收盘价。

返回至行情页面打开目标股票的 K 线走势图，在页面中输入"BOLL"，即可在页面下方的指标列表中看到添加的"BOLLB 股价与通道位置关系"指标，双击该指标选项即可在 K 线图中添加 %b 指标，如图 2-14 所示。

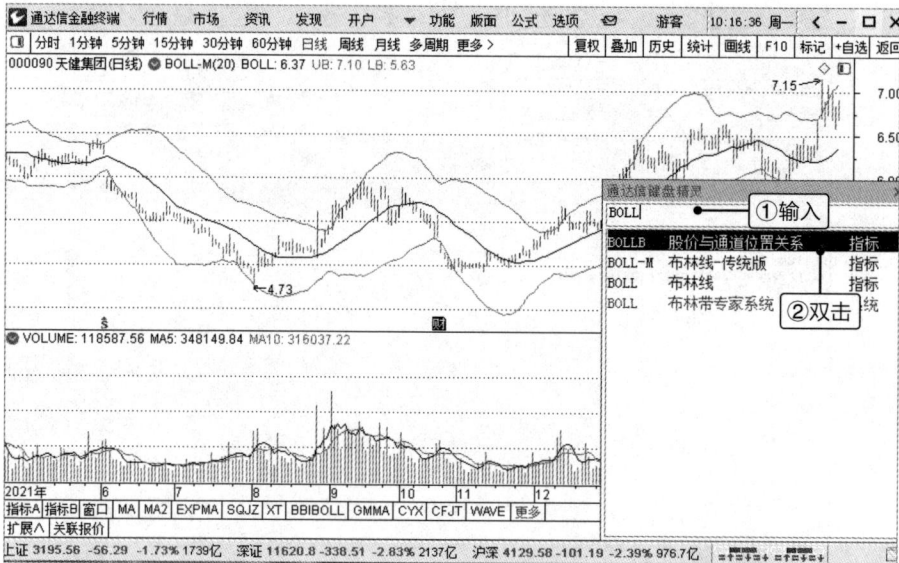

图2-14 双击"BOLLB 股价与通道位置关系"指标选项

随后即可在副图窗口中查看到 %b 指标的走势情况，如图 2-15 所示。

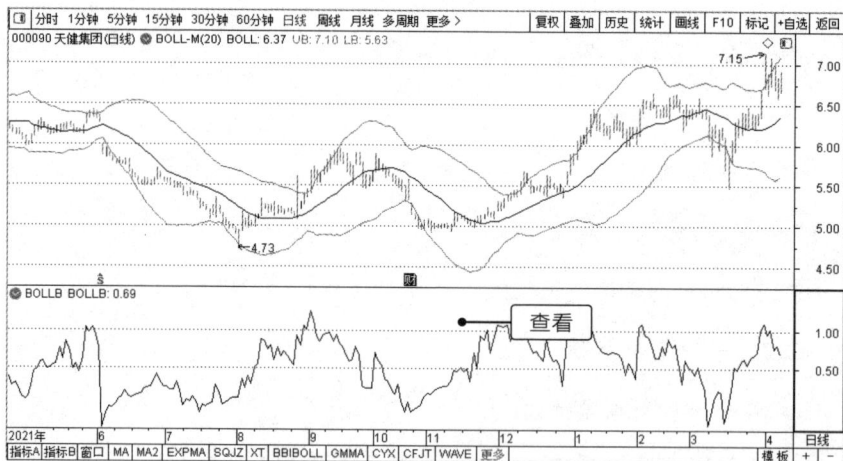

图2-15 查看 %b 指标走势

从 %b 走势图可以看到，%b 量化了股价相对于布林线通道的位置，将股价分成了 6 个区域。

①当 %b=1 时，股价处于布林线通道上限位置。

②当 %b=0 时，股价处于布林线通道下限位置。

③当 %b > 1 时，股价上涨突破布林线通道上限，发出超买信号。

④当 %b < 0 时，股价下跌跌破布林线通道下限，发出超卖信号。

⑤当 0.5 < %b < 1 时，股价在中轨线和上轨线之间波动，市场强势。

⑥当 0 < %b < 0.5 时，股价在中轨线和下轨线之间波动，市场弱势。

利用 %b 指标中股价与布林线通道的位置关系，可以帮助投资者在市场中找寻合适的买卖机会，帮助判断市场行情。

2.3.2　%b 指标识别超买超卖信号

在前面布林线指标基本应用中我们专门介绍过布林线超买与超卖信号，即股价上穿上轨线或下穿下轨线的现象，它对股价后市走势分析具有重要意义。但是在实际的投资中，超买或超卖现象往往是在短时间快速形成又迅速消失，仅通过布林线常常难以把握，此时投资者可以借助布林线衍生指标 %b 来进行识别。

◆　识别超买信号

布林线超买信号是指股价上涨上穿布林线上轨线，反映在 %b 指标上就是指 %b 指标大于 1 时的情景，我们可以直接通过 %b 指标来对超买现象进行分析。

实例分析 ⇒
苏宁环球（000718）%b 指标识别超买信号

如图 2-16 所示为苏宁环球 2020 年 11 月至 2021 年 6 月的 K 线走势。

从下图可以看到，苏宁环球前期经过一轮下跌行情后股价运行至低位，走势沉闷，股价在 3.00 元价位线上窄幅波动。2021 年 1 月初，K 线连续 3 天涨停，股价急涨上穿布林线上轨线运行在上轨线上方，表现出极度强势的走势，布林线通道变宽。

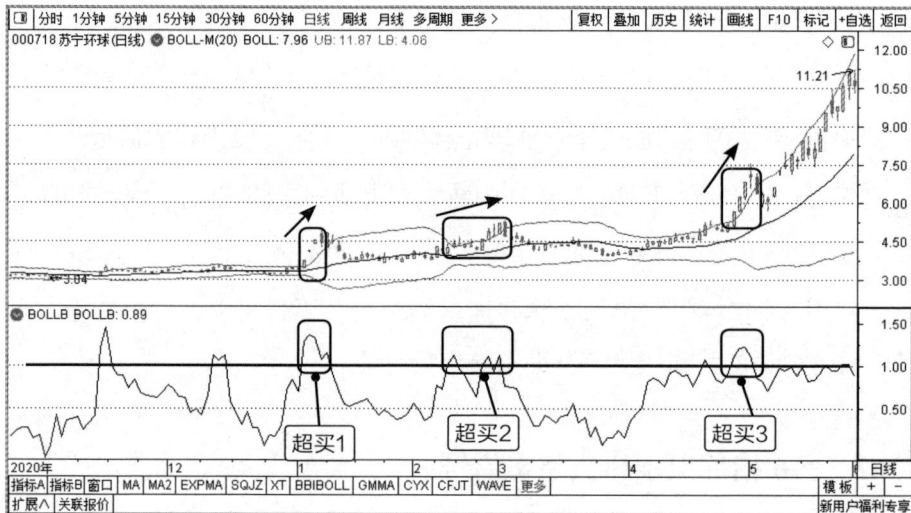

图2-16 苏宁环球2020年11月至2021年6月的K线走势

此时查看下方的%b指标发现，在股价急涨的过程中，%b指标直线向上冲到1.00线上方，出现超买信号，说明股价上涨并不能持续，短期看空，不适合追涨。

几个交易日后股价止涨回落至通道内，小幅下跌后横盘运行，随后再次向上拉升，运行于上轨线上方。下方的%b指标从0.50线位置向上，上穿1.00线出现超买，说明股价涨速过快，短期内会回调，不适合跟进。

2021年4月上旬，股价结束横盘波动再次向上攀升，布林线上轨线、中轨线和下轨线向上，说明后市看涨，此时为投资者的介入机会。4月底，股价在上涨过程中再次上冲，突破上轨线出现超买。

此时，查看下方的%b指标发现，%b指标向上突破1.00线形成超买，说明股价短期内会回调下跌，不适宜加仓，但是%b指标曲线并没有继续下跌，而是在0.50至1.00区间波动运行，说明市场仍然强势，此时的超买为上涨途中的停顿，投资者可持股待涨。

从案例可以看到，利用%b指标识别超买信号时需要注意以下几点。

①当%b指标向上运行超过0.80线，直逼1.00线时可能会出现超买，

短期看空，投资者注意减仓。

②超买信号并非转势信号，也有可能是上涨途中的停顿，只要 %b 指标在 0.50 至 1.00 区间波动运行，就说明强势行情没有变，投资者可持股待涨。

③超买信号出现后，%b 指标下跌，有效跌破 0.50 线继续向下，说明市场转势，后市看空，跌破 0.50 线是投资者的逃离机会。

◆ 识别超卖信号

布林线超卖指股价下跌跌破布林线下轨线的现象，反映在 %b 指标上就是 %b 指标小于 0 时的情景，我们可以直接通过 %b 指标来对超卖现象进行分析。

实例分析 ⇒
宜华健康（000150）%b 指标识别超卖信号

如图 2-17 所示为宜华健康 2020 年 12 月至 2022 年 1 月的 K 线走势。

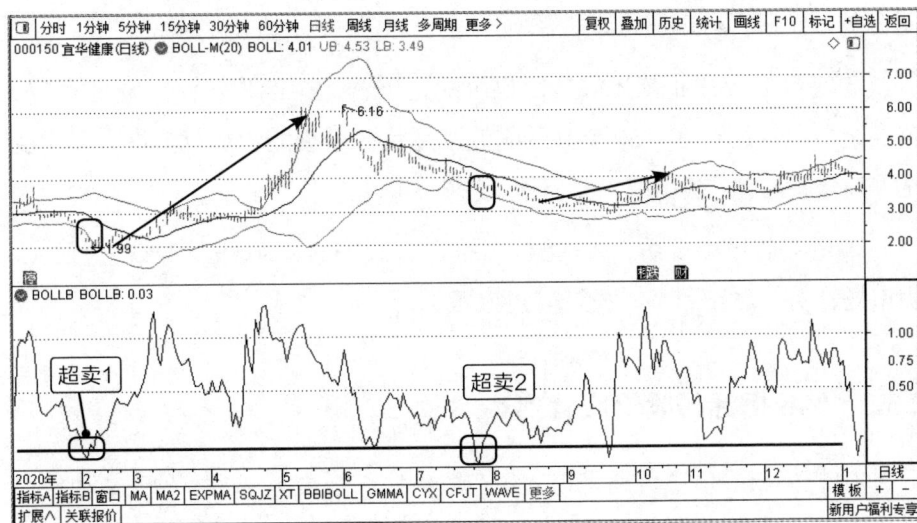

图 2-17 宜华健康 2020 年 12 月至 2022 年 1 月的 K 线走势

从上图可以看到，宜华健康经过一轮下跌后走势渐缓，股价在 3.00 元价位线上横盘运行。2021 年 2 月初，股价突然急速下跌，跌破布林线下轨线。此时查看 %b 指标发现，指标下行运行至 0.50 线下方后，继续向下跌破 0 线，出现超卖现象，股价短期看多，投资者可以在此位置买进。随后股价在创出 1.99 元的新低后止跌回升，开启一波上涨行情。

2021 年 6 月初，股价上涨至 6.00 元价位线上，创出 6.16 元的新高后止涨回落。查看下方的 %b 指标发现，在股价下跌过程中 %b 指标曲线也同步下行，从 0.80 至 1.00 区间的高波段区域运行至 0.50 线下方，并继续向下，市场极度弱势。%b 指标触及 0 线后止跌回升，在 0 线至 0.50 线的低波段区域运行，市场仍处于弱势行情中。2021 年 7 月下旬，%b 指标下行穿破 0 线，出现超卖，股价短期看多，可能会迎来一波上涨。但是，%b 指标超卖出现后没有继续上行至高波段区域，而是在 0.50 线下方的低波段区间内波动，说明这一波上涨动力不足，股价小幅反弹，投资者应该以观察为主。

根据案例可以看到，利用 %b 指标识别超卖信号时需要注意以下几点。

①当 %b 指标向下运行超过 0.20 线，直逼 0 线时可能会出现超卖，短期看多，投资者可以适量跟进。

②超卖信号并非转势信号，也可能是下跌途中的停顿，只要 %b 指标超卖之后继续运行在 0.50 至 0 区间波动运行，就说明弱势行情没有发生变化，投资者应该以观望为主，不宜跟进。

③超卖信号出现后，%b 指标上行，有效突破 0.50 线后继续上行，说明市场转势，后市看多，投资者可以跟进。

2.3.3　%b 指标与股价底背离

%b 指标与股价底背离是指发生在股价底部低位区域的一种背离现象，股价下跌一底比一底低，而 %b 指标却没有跟随下跌，反而拐头向上一底比一底高，由此形成底背离。

%b 指标与股价底背离现象出现，且股价形成底部形态，则说明股价筑底，后市股价回升的概率较大。

实例分析 ⇒
粤高速 A（000429）%b 指标与股价底背离分析

如图 2-18 所示为粤高速 A 在 2020 年 5 月至 2021 年 3 月的 K 线走势。

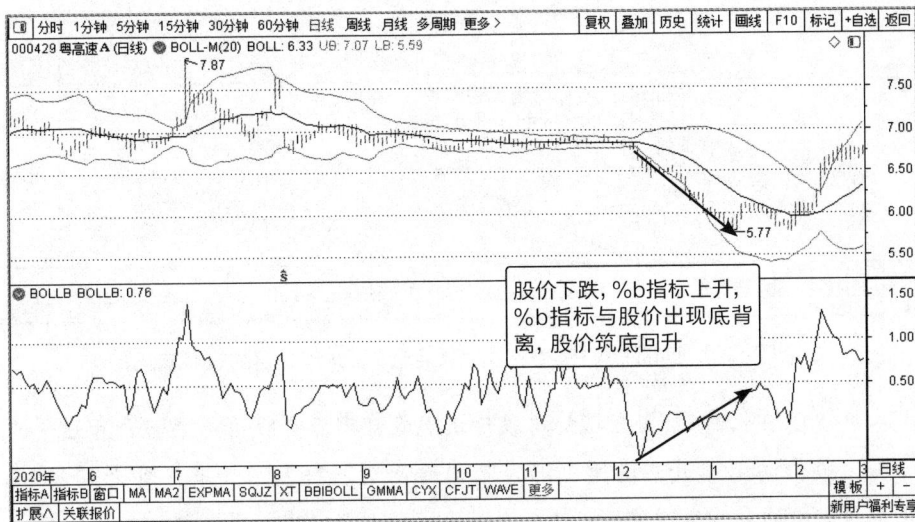

图 2-18　粤高速 A 在 2020 年 5 月至 2021 年 3 月的 K 线走势

从上图可以看到，粤高速 A 前期经过一波下跌行情后运行至 7.00 元价位线附近止跌，并在该价位线横盘波动运行。随着空头势能的衰竭，股价波动幅度越来越小，走势越来越沉闷，布林线通道也越来越窄。

2020 年 12 月上旬，股价突然急速下跌，震荡向下，在创出 5.77 元的低价后止跌。此时查看 %b 指标发现，股价震荡向下的过程中，%b 指标却拐头上行，一底比一底高，重心不断上移，%b 指标与股价形成底背离。

如图 2-19 所示为粤高速 A 在 2020 年 10 月至 2021 年 5 月的 K 线走势。

仔细观察，发现股价在创出 5.77 元的新低后小幅回升至 6.00 元，然后止涨再次下跌至前一低点 5.77 元附近止跌回升，两次的下跌回升形成了双重底形态，为典型的底部形态。结合 %b 指标与股价的底背离，说明股价在此位置成功筑底，后市止跌回升，即将迎来一波上涨。

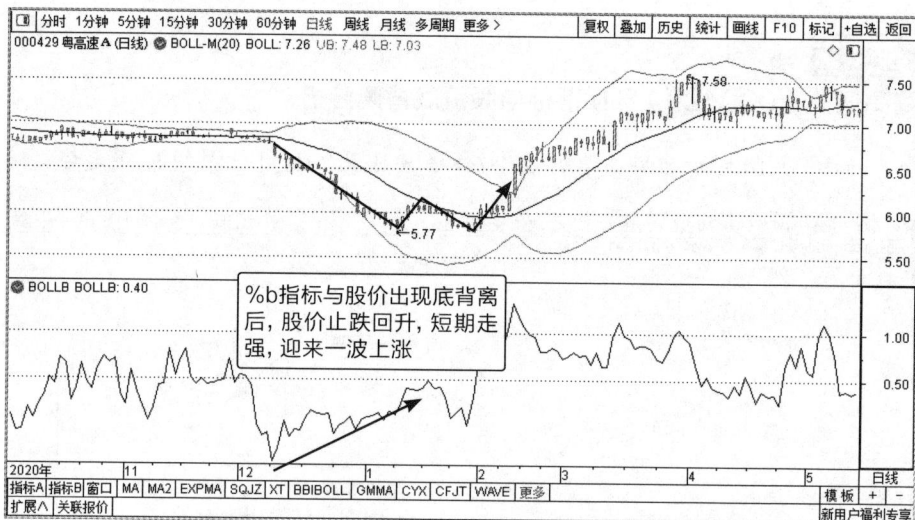

图 2-19　粤高速 A 在 2020 年 10 月至 2021 年 5 月的 K 线走势

从上图可以看到，%b 指标与股价出现底背离后，股价止跌回升开启一波上涨，股价向上攀升，迅速上涨至 7.50 元附近。可见，如果投资者利用 %b 指标与股价的底背离现象，可以抓住一波短期上涨行情获得不错的收益回报。

2.3.4　%b 指标与股价顶背离

%b 指标与股价顶背离是指股价处于上升趋势之中，不断创出新高，与此同时，%b 指标不但没有跟随上涨，反而拐头向下运行，与股价形成顶背离。

当 %b 指标与股价发生顶背离时，如果 K 线同时出现顶部形态，则说明股价见顶的可能性较大，后市可能迎来一波下跌行情，投资者需要引起注意。

实例分析 ⇒

宁波联合（600051）%b 指标与股价顶背离分析

如图 2-20 所示为宁波联合 2019 年 12 月至 2020 年 9 月的 K 线走势。

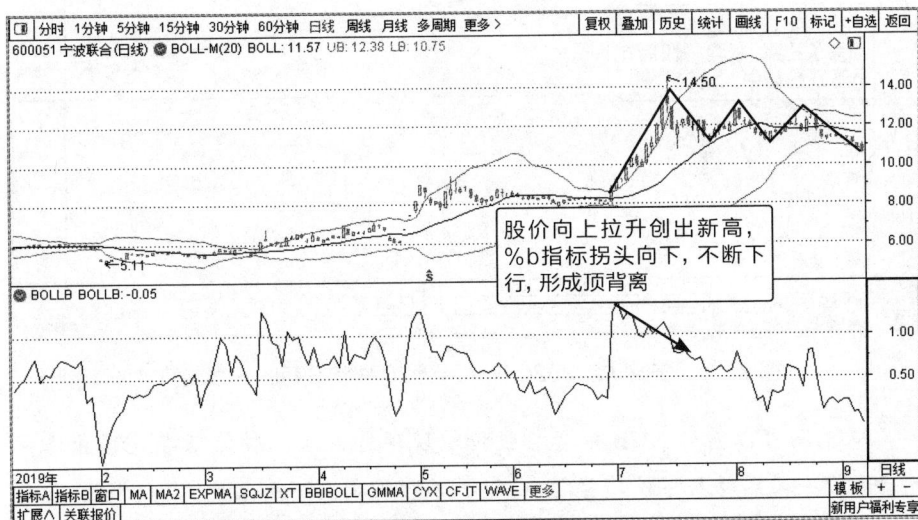

图 2-20　宁波联合 2019 年 12 月至 2020 年 9 月的 K 线走势

从上图可以看到，宁波联合处于上升行情之中，股价从 5.11 元的低价位置开始上涨，最高上涨至 14.50 元，涨幅超 180%。股价在创出 14.50 元的高价后止涨，在 12.00 元价位线上横盘波动运行，股价有见顶之势。

为了进一步验证，我们仔细查看发现，2020 年 7 月初股价大幅向上拉升，不断创出新高的这一阶段中，下方的 %b 指标却没有伴随上行，反而拐头下行，进入下跌走势中，与股价形成顶背离。

接着再仔细观察 K 线在 12.00 元价位线上横盘运行时的走势，可以看到股价并非单纯地横盘波动，而是在波动中形成了 3 个高度大致在同一水平位置的高点，形成了三重顶形态，这是典型的顶部反转形态。说明股价极有可能在此位置见顶，后市可能迎来一波下跌行情，场内投资者应锁定前期收益，尽快离场。

如图 2-21 所示为宁波联合 2020 年 7 月至 2021 年 8 月的 K 线走势。

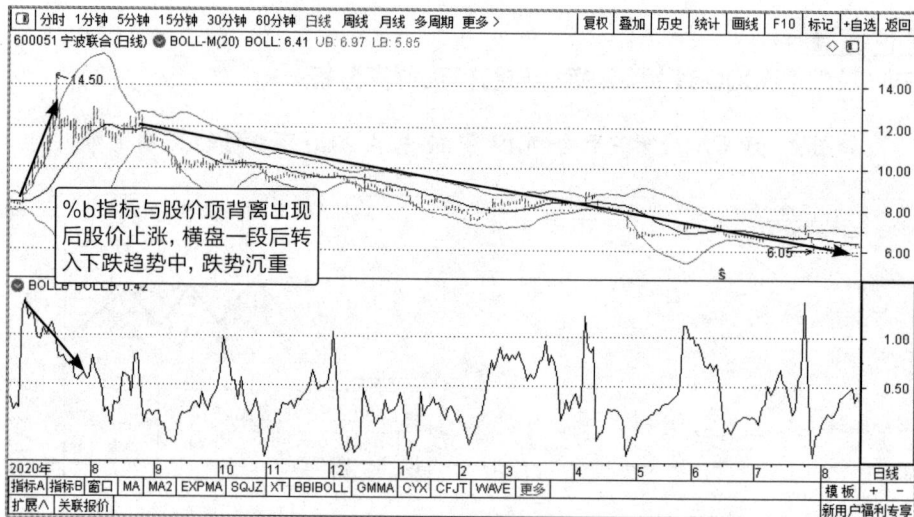

图 2-21　宁波联合 2020 年 7 月至 2021 年 8 月的 K 线走势

从上图可以看到，%b 指标与股价出现顶背离后，股价随即见顶止涨，横盘波动一段后转入下跌趋势之中，从 14.50 的高价下跌至最低 6.05 元，跌势沉重。如果投资者在顶背离现象出现时及时离场，即可避免这一损失。

2.4　布林线通道宽度指标

通道的宽度随着股价的波动变化而变化，当股价波动幅度大时，通道宽度较大；当股价波动幅度小时，通道宽度变窄。所以，为了进一步研究股价波动情况，抓住市场行情，我们需要通过布林通道宽度的缩放来确认股价的波动性。

2.4.1　通道宽度指标的参数及公式编写

通道宽度指标是在布林线指标的基础上衍生而来的一个指标，所以其计算公式离不开布林线指标，具体如下：

通道宽度 =（上轨线价格 − 下轨线价格）÷ 中轨线价格

通道宽度指标与 %b 指标相同，目前市场上的股票软件基本没有自带这一指标，想要使用该指标，需要自行编写指标公式。这里以通达信软件为例进行介绍。

实例分析 ⇒

通达信软件添加通道宽度指标公式

进入通达信软件，打开"指标公式编辑器"对话框（步骤与添加 %b 指标相同，这里不赘述）。根据页面提示输入公式名称和公式描述，这里输入布林通道宽度和通道宽度。然后在公式输入框中输入公式代码，完成后单击"确定"按钮，保存公式，如图 2-22 所示。

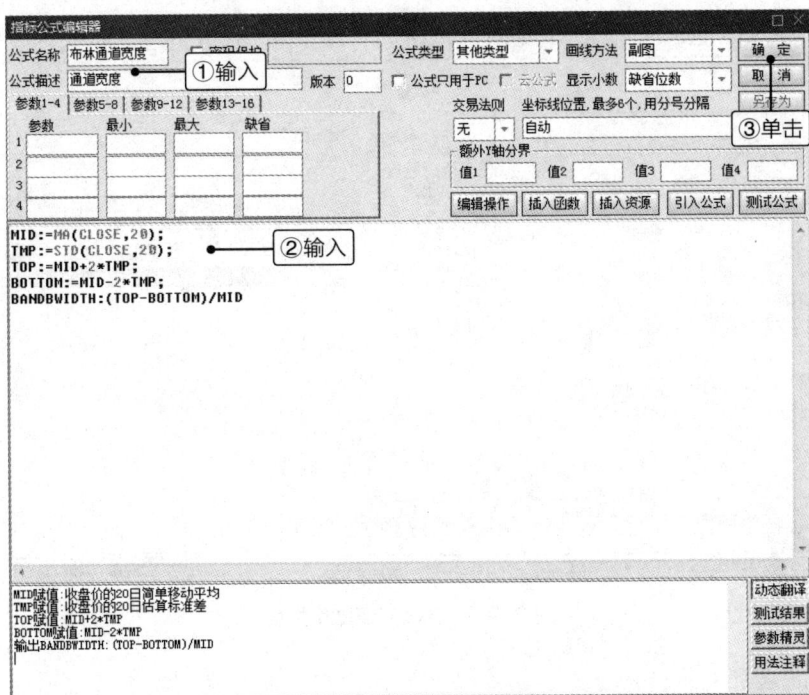

图 2-22　编辑宽度指标公式

其中，MID——20 日均线。

TMP——标准差。

TOP——布林线上轨线。

BOTTOM——布林线下轨线。

BANDBWIDTH——布林通道宽度。

需要注意的是，公式的编写方式有很多，这里介绍的公式编写方法仅供参考。

完成公式添加后，返回至行情页面打开目标股票的 K 线走势图，在页面中输入"布林"，即可在指标列表中看到我们添加的"布林通道…通道宽度"指标选项，单击该指标选项在 K 线图中添加通道宽度指标，如图 2-23 所示。

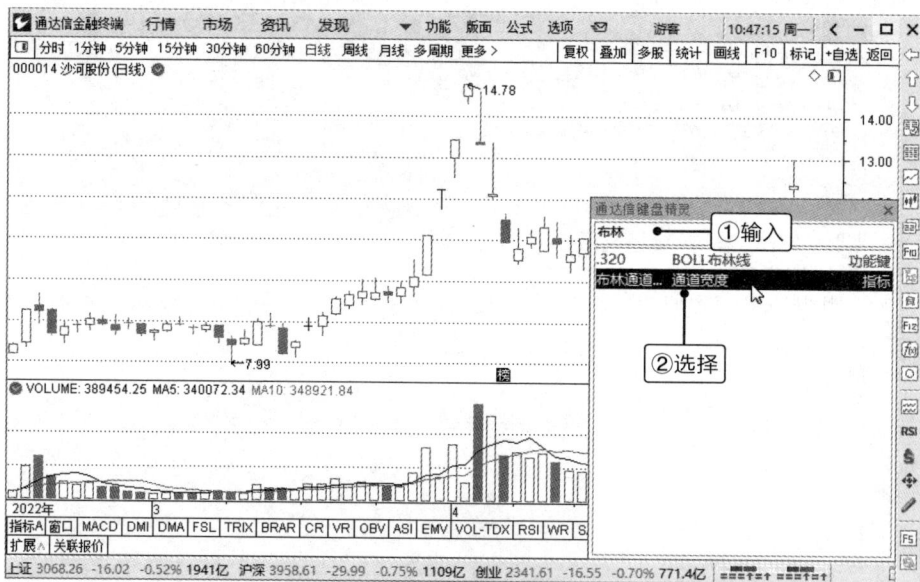

图 2-23　选择通道宽度指标

随后页面跳转回股价 K 线走势图页面，用户即可在副图窗口中查看到通道宽度指标的走势情况，如图 2-24 所示。

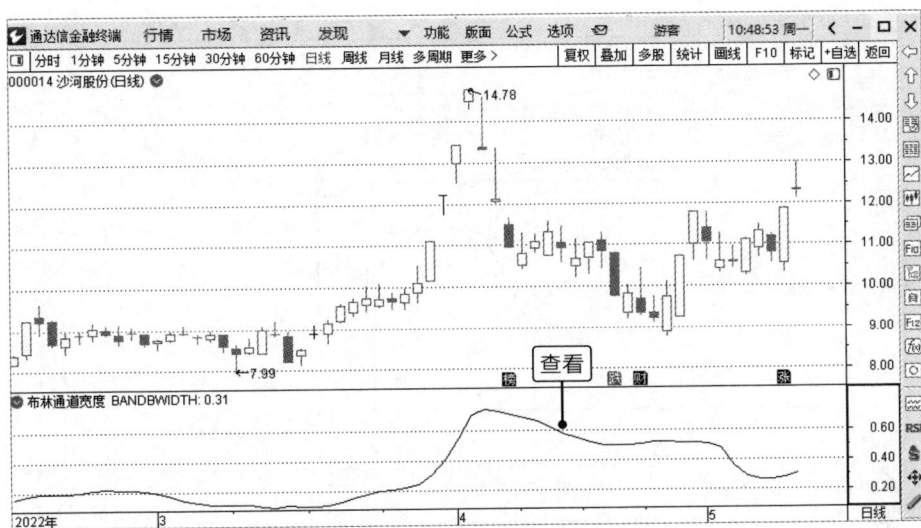

图 2-24　查看通道宽度指标

2.4.2　通道宽度逐渐变宽

通道宽度指标一直在某一区域内窄幅波动运行，当股价波动性逐渐增强时，股价波动的高点和低点就会逐渐远离，致使通道宽度值逐渐增大，通道宽度逐渐变宽。说明股价即将结束之前的沉闷、低迷走势，转入新的一波较大行情中，可能是上涨行情，也有可能是下跌行情，投资者需要注意。

实例分析 ⇒

人福医药（600079）通道宽度逐渐变宽股价上涨

如图 2-25 所示为人福医药 2019 年 7 月至 2020 年 9 月的 K 线走势。

从下图可以看到，股价前期处于低迷行情中，在 10.00 元价位线附近波动运行，随后小幅向上拉升，涨势并不明显。与此同时，查看下方的通道宽度指标，发现通道宽度指标维持在 0.30 线下方波动，波动变化幅度不大。

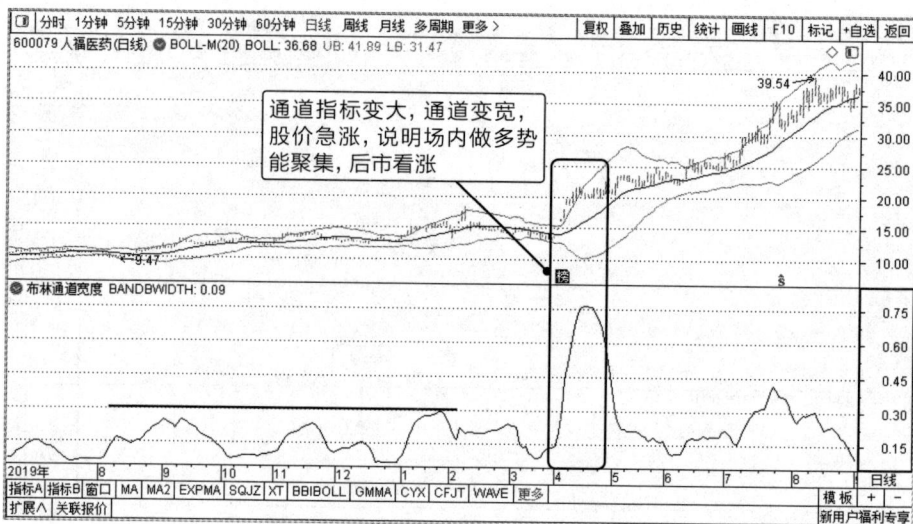

图 2-25　人福医药 2019 年 7 月至 2020 年 9 月的 K 线走势

2020 年 4 月，通道宽度指标直线上升，上涨至 0.75 线附近，同时在 K 线走势中发现，股价急涨向上突破布林线上轨线，布林线通道变宽，上轨线和中轨线上行，说明市场中的多头势能聚集，后市即将迎来一波上涨行情，此时为投资者的建仓机会。

实例分析 ⇒

返利科技（600228）通道宽度逐渐变宽股价下跌

如图 2-26 所示为返利科技 2020 年 3 月至 2021 年 5 月的 K 线走势。

从下图可以看到，返利科技经过连续的涨停后将股价拉升至 12.00 元上方，随后股价止涨，并在 10.00 元至 14.00 元区间波动横行。

此时查看下方的通道宽度指标发现，2020 年 4 月股价大幅上涨，通道宽度指标变大，上涨至 0.75 线附近，随后跌回 0.30 线之下，并维持在 0.30 线下波动运行。2021 年 5 月，通道宽度指标再次放大，向上拉升突破 0.45 线。

此时查看 K 线，发现股价急跌，跌破布林线下轨线，布林线下轨线和中轨线向下运行，通道变宽。说明场内的多空平衡被打破，空头占据优势，后市可能迎来一波下跌。

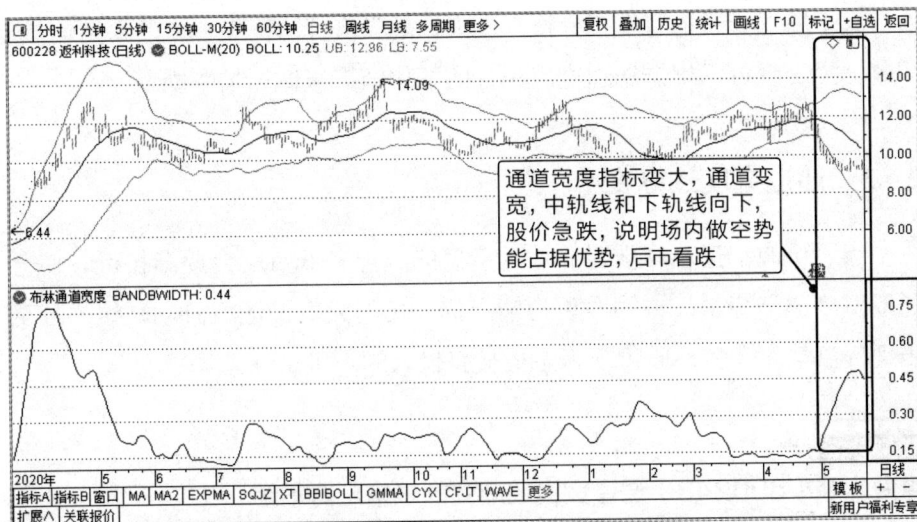

图 2-26　返利科技 2020 年 3 月至 2021 年 5 月的 K 线走势

如图 2-27 所示为返利科技 2021 年 3 月至 12 月的 K 线走势。

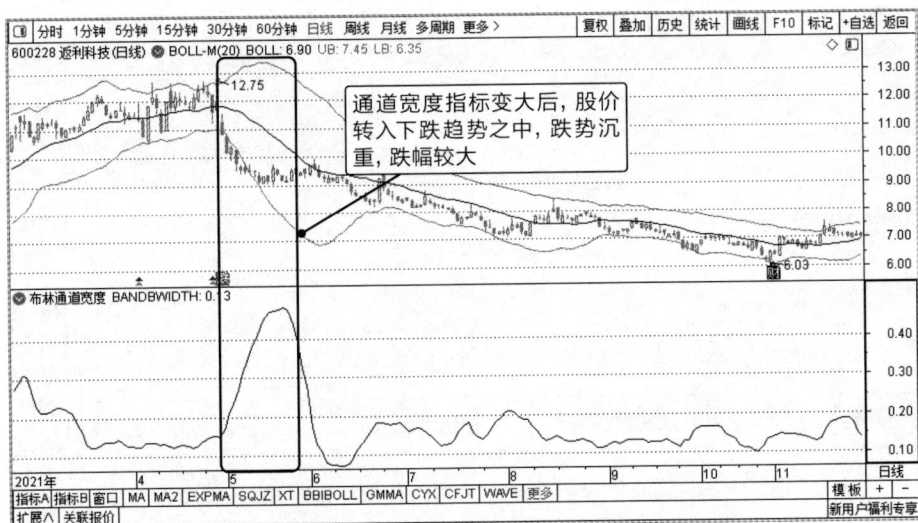

图 2-27　返利科技 2021 年 3 月至 12 月的 K 线走势

从上图可以看到，2021 年 5 月，通道宽度指标变大后，股价下跌，通道变宽，从最高 12.75 元跌至最低 6.03 元，跌幅超 50%，跌势沉重。

综上所述，通道宽度指标逐渐变大，是股价行情发生转变的重要信号，因此，投资者可以根据通道宽度指标的变化情况来做行情判断。

2.4.3 通道宽度逐渐变窄

当股价波动逐渐减弱时，波动震荡的高点和低点就会逐渐拉近，使得通道宽度逐渐变窄，说明股价行情走弱，场内人气低迷，波动减缓，甚至出现横盘整理走势，股价未来走势具有极大的不确定性。

实例分析 ⇒
青海华鼎（600243）通道宽度逐渐变窄未来走势不明

如图 2-28 所示为青海华鼎 2019 年 12 月至 2021 年 1 月的 K 线走势。

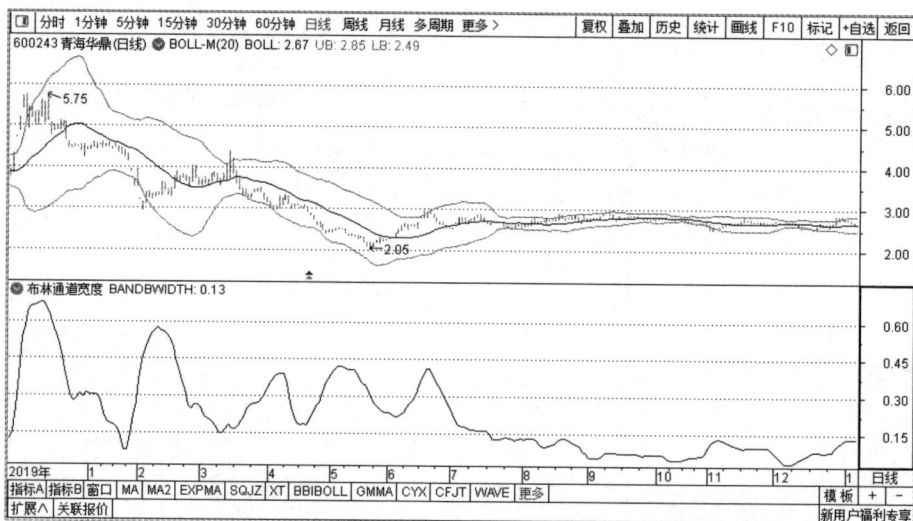

图 2-28 青海华鼎 2019 年 12 月至 2021 年 1 月的 K 线走势

从上图可以看到，2019 年 12 月股价从 5.75 元相对高位开始下跌，转入下跌趋势之中，股价波动向下。通道宽度指标从 0.60 线位置向下运行，逐渐变小，随后维持在 0.15 线下方。

此时查看 K 线走势发现，K 线中的股价波动减缓，通道变窄，表现出横盘运行走势，说明股市人气低迷，股价未来走势不明。场外的投资者不可盲目抄底，避免被套，需要等到通道宽度指标再次增大，通道变宽，股价走势明朗之后再做出投资决策。

通道宽度逐渐变窄是比较典型的未来行情不明、走势不清的信号，投资者面对这样的走势时要谨慎小心，多以场外观察为主。

第3章

上、中、下轨道线短线战法

上轨线、中轨线和下轨线是布林线技术指标的重要组成部分，同时在布林线指标技术分析市场中具有重要作用。我们可以根据股价与上轨线、中轨线以及下轨线的位置关系来分析当前的行情，做出恰当的投资决策。

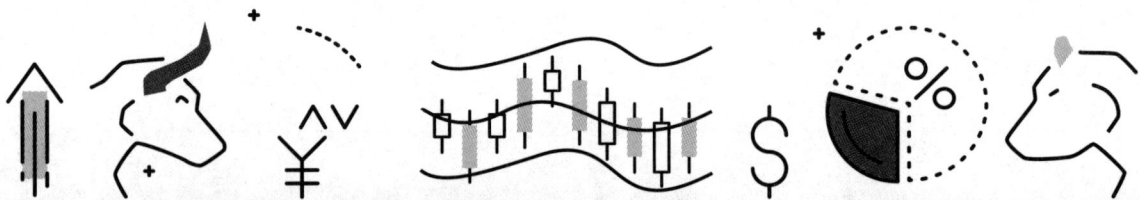

3.1　上轨线使用策略

在前面的布林线组合结构中我们介绍过，布林线上轨线常常被视为阻力线，对股价上涨有阻力作用，但在实际投资中，上轨线还具有重要指示意义，能够给投资者提供决策依据。

3.1.1　中轨线以上向上突破上轨线

当股价从中轨线以上向上运行，突破上轨线时，说明股价处于强势行情中，短期将可能大涨，投资者应该持股待涨。

实例分析 ⇒

兴发集团（600141）股价向上突破上轨线

如图 3-1 所示为兴发集团 2021 年 3 月至 9 月的 K 线走势。

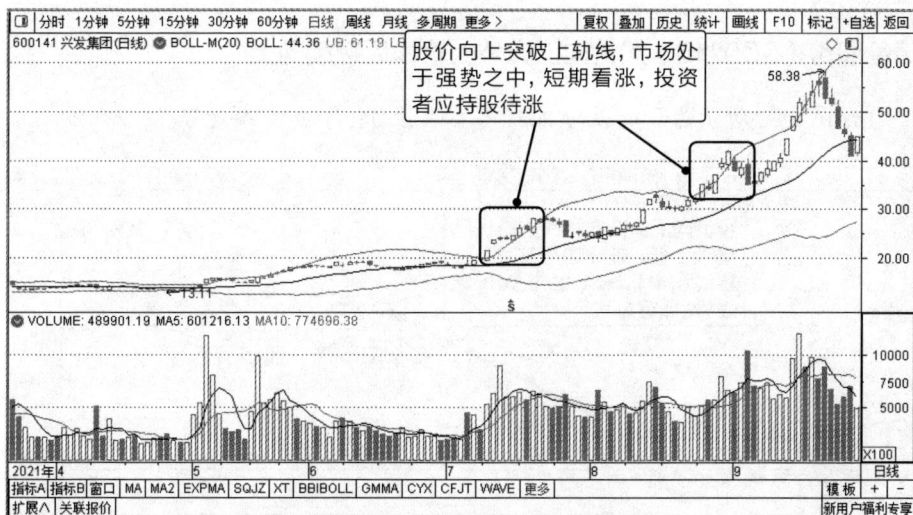

图 3-1　兴发集团 2021 年 3 月至 9 月的 K 线走势

从上图可以看到，5 月初兴发集团股价开始向上攀升，呈震荡向上走势。与此同时，布林线通道变宽，股价运行于中轨线和上轨线之间，波动上行。

2021 年 7 月上旬，K 线连续收出阳线，股价向上突破上轨线。说明当前市场处于强势之中，短期看涨，投资者应持股待涨。

从后市的走势来看，股价上穿上轨线后不久回到布林通道内，横盘一段后再次向上攀升，股价仍然运行于中轨线和上轨线之间。

2021 年 8 月下旬，股价再次向上攀升，突破布林线上轨线，说明市场强势的特征并没有发生改变，还可继续持股。几个交易日后股价回到布林通道内，小幅回调后再次向上攀升，最高上涨至 58.38 元。

3.1.2 股价突破上轨线后继续上行

当股价向上突破布林线上轨线后，它的运行方向并没有发生改变继续上行，且布林线指标的运动方向也同时向上，则说明股市强势的特征并没有发生改变，短期仍然看涨，投资者可继续持股。

实例分析 ⇒
诺德股份（600110）股价向上突破上轨线后继续向上

如图 3-2 所示为诺德股份 2021 年 3 月至 11 月的 K 线走势。

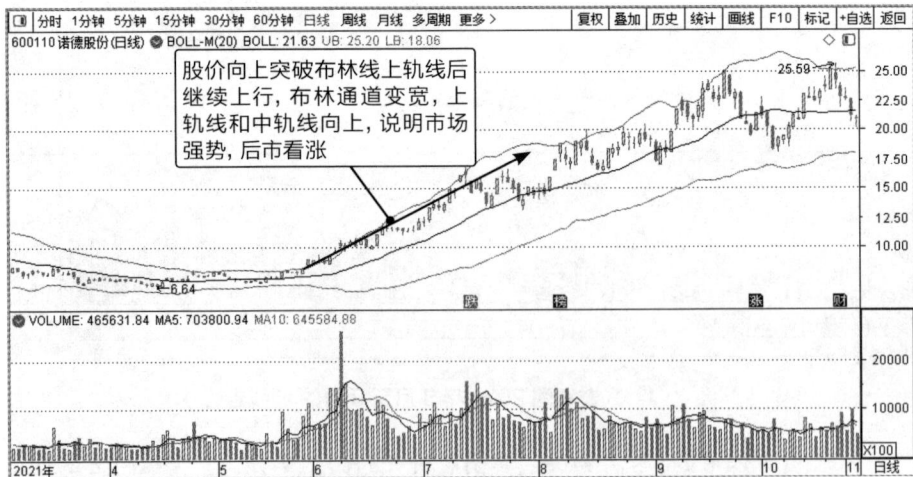

图 3-2 诺德股份 2021 年 3 月至 11 月的 K 线走势

从上图可以看到,诺德股份经过2021年3月至4月近两个月时间的调整后,5月下旬股价再次向上攀升。5月底,下方成交量放量,推动股价进一步上涨,股价向上突破布林线上轨线。

股价上涨过快,上轨线来不及调整,使得股价向上突破上轨线,根据布林线均值回归理论,股价极有可能止涨回调,回落至布林通道内。但是,诺德股份在5月底股价向上突破布林线上轨线后,并没有止涨回调,而是继续向上攀升。此时布林线根据股价的上涨变化调整通道宽度及方向,上轨线和中轨线向上运行。说明市场仍然处于强势行情之中,后市极有可能迎来一波上涨,投资者应该持股待涨,直到股价出现明显的见顶信号后再离场。

3.1.3 上轨线上方运行一段后拐头向下

股票处于上涨行情之中,股价向上急涨突破布林线上轨线,在上轨线上方运行一段时间后,如果K线突然止涨拐头向下,跌破上轨线,就需要引起投资者注意,说明股价的短期强势行情可能发生转变,短期内股价可能出现急跌,投资者要注意离场观望。

实例分析 ⇒
长城电工(600192)股价向上运行一段后拐头向下

如图3-3所示为长城电工2021年11月至2022年2月的K线走势。

从下图可以看到,长城电工股票前期处于窄幅横盘波动的沉闷走势之中。2021年12月上旬,下方成交量突然放量,推动股价急涨,股价向上突破布林线上轨线后继续上行,K线连续多个涨停,将股价拉升至8.00元附近,此时涨幅已超50%,股价涨势强烈。

2021年12月22日,股价高开低走,下方成交量放量,紧接着第二天,股价低开低走,K线收出一根大阴线,且阴线下穿上轨线。随后股价止涨小幅下跌,此时查看布林线发现上轨线、中轨线和下轨线走平,说明该股的短期强势行情极有可能结束,后市将转入弱势行情之中,投资者应该及时离场,将前期收益落袋为安。

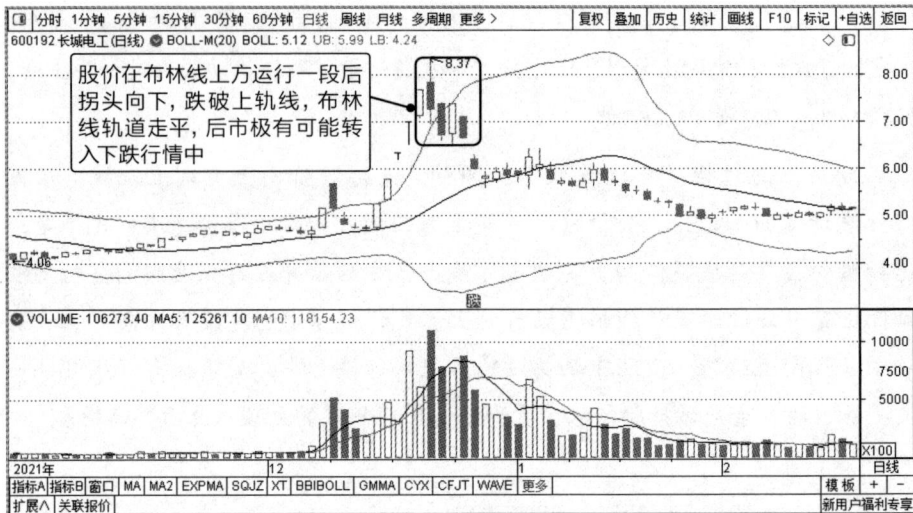

图 3-3　长城电工 2021 年 11 月至 2022 年 2 月的 K 线走势

3.1.4　获中轨线支撑后再破上轨线

　　股价在中轨线和上轨线之间内波动上行，说明市场处于强势行情。此时股价止涨回调，当股价跌至中轨线附近时获得支撑，止跌后再次回升，且上穿上轨线，则说明股价进入了强势上攻行情，投资者要把握这一短期急涨行情。

实例分析　⇒

敦煌种业（600354）股价获中轨支撑后再上穿上轨

　　如图 3-4 所示为敦煌种业 2021 年 2 月至 7 月的 K 线走势。

　　从下图可以看到，敦煌种业 2021 年 4 月初转入上升趋势之中，股价上行运行于中轨线和上轨线之间。5 月中旬，下方成交量放大，推动股价进一步上涨，一根高开低走的大阴线上穿上轨线后股价止涨回调，但下跌至中轨线附近后获得支撑止跌。

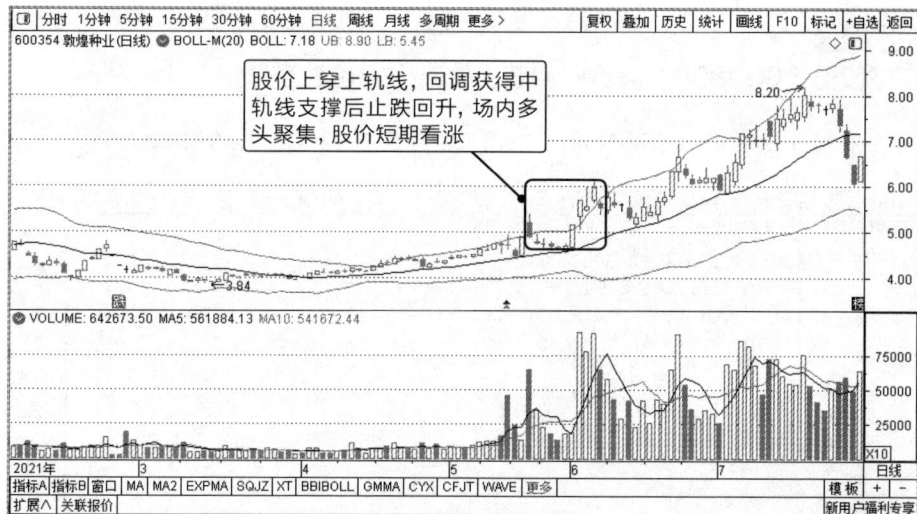

图 3-4 敦煌种业 2021 年 2 月至 7 月的 K 线走势

此时下方的成交量放大量，K 线连续收出阳线，推动股价向上急涨，再次上穿上轨线，说明场内多头势能聚集，股价进入了短期急涨行情，后市看涨。

从后市的走势来看，股价上穿上轨线后开始震荡向上，1 个多月的时间最高上涨至 8.20 元，涨幅超 30%。

3.1.5 获上轨线支撑再度上行

我们知道，股价上穿布林线上轨线是股市行情强势的特征，一般情况下，股价上穿布林线上轨线后会出现一个回调行情，使得股价回落到布林通道内运行。

但是如果股价上穿布林线上轨线后出现回调，股价跌至上轨线附近时没有下穿上轨线，反而在上轨线上获得支撑再度上行，则说明市场处于极强的行情之中，后市可能迎来一波大幅上涨。

实例分析 ⇒

京城股份（600860）股价回调获上轨线支撑止跌回升

如图 3-5 所示为京城股份 2021 年 10 月至 2022 年 1 月的 K 线走势。

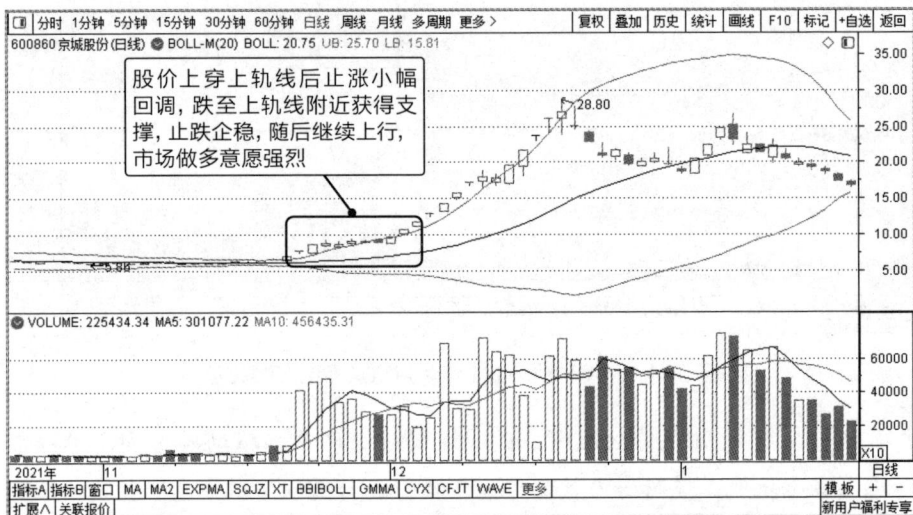

图 3-5　京城股份 2021 年 10 月至 2022 年 1 月的 K 线走势

从上图可以看到，股价前期行情处于极度弱势之中，波动幅度较小，布林线通道极窄。2021 年 11 月底，成交量突然放大，股价向上急涨，上穿布林线上轨线，随后股价止涨小幅回调，但并没有跌破上轨线回到布林通道内，反而在跌至上轨线附近时获得上轨线支撑，在上轨线上企稳并沿着上轨线上行。

由此说明，该股的做多意愿比较强烈，市场多头聚集，短期内该股即将迎来一波上涨行情，投资者可积极跟进，持股待涨。

3.1.6　上轨线向上突破前高

当股价上升到某一水平位置时，市场似乎对股价起到一定的压力作用，影响股价继续上涨，这一位置我们通常称为压力位。如果股价多次上涨至同一水平位置时均受到压力而止涨下跌，就说明这一价位为重要的压力位。而当股价再次运行至压力位附近时，上轨线继续向上不拐头，且突破压力位，说明股价可能迎来一波短期上涨行情，投资者可以在此位置加仓。

实例分析 ⇒

浙文互联（600986）上轨线突破前高继续上行

如图 3-6 所示为浙文互联 2019 年 7 月至 2022 年 3 月的 K 线走势。

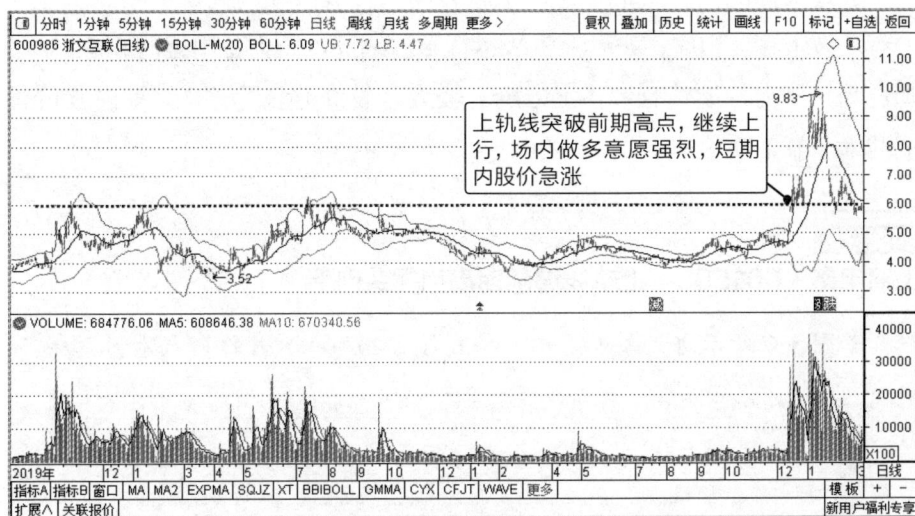

图 3-6 浙文互联 2019 年 7 月至 2022 年 3 月的 K 线走势

从上图可以看到，2019 年 8 月，浙文互联股价处于上升行情中，股价上涨至 6.00 元价位线附近后止涨，小幅回调一段后再次上冲，但上涨至 6.00 元附近再次止涨下跌。说明股价在 6.00 元位置受到上方压力而止涨。

2020 年 5 月中旬，股价再次向上攀升，下方成交量放量。当股价再次上涨至 6.00 元价位线附近时又受阻止涨，横盘一段后拐头向下，转入下跌趋势之中，再一次确认了 6.00 元压力位的有效性。

2021 年 12 月，浙文互联再一次向上攀升，下方成交量放出巨量推动股价上行，当股价运行至 6.00 元附近时继续上行，上轨线也向上运行，没有拐头迹象，一举突破前期 6.00 元高位，说明场内做多意愿强烈，短期可能迎来一波上涨行情。

从后市走势来看，布林线上轨线向上突破前期 6.00 元高点后继续上行，股价沿着上轨线向上攀升，创出 9.83 元的高价，涨幅较大。

3.1.7　上轨线遇前期高点拐头向下

通过前面的内容我们知道，上轨线向上突破前期高点，说明股价短期内有一波上涨。相反，如果上轨线运行至前期高点压力位附近时拐头向下，则说明该压力位继续有效，上方压力较大，股价上涨乏力，短期内股价可能迎来一波下跌行情。

实例分析 ⇒
上海电影（601595）上轨线遇前期高点拐头向下

如图 3-7 所示为上海电影 2019 年 6 月至 2020 年 8 月的 K 线走势。

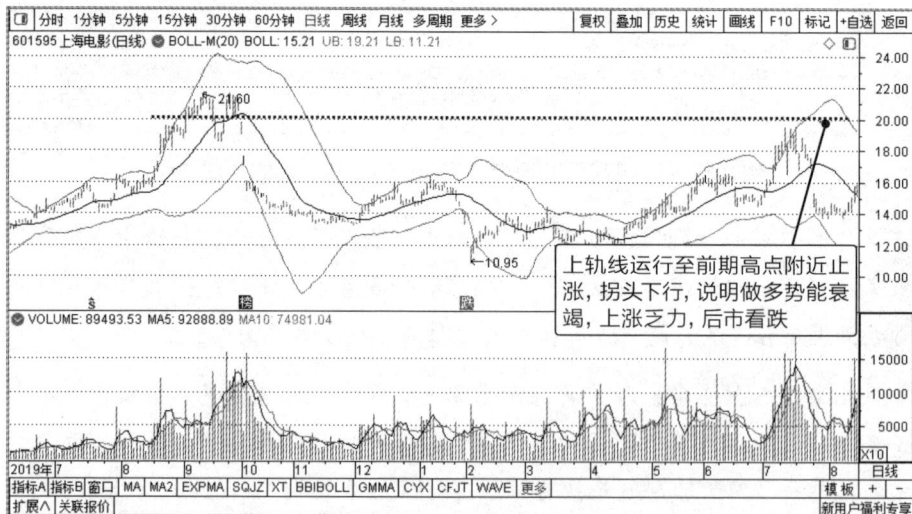

图 3-7　上海电影 2019 年 6 月至 2020 年 8 月的 K 线走势

从上图可以看到，上海电影前期处于上升趋势之中，股价波动上行，运行至 20.00 元价位线附近止涨，创下 21.60 元的高价后便拐头向下转入下跌趋势之中。

2020 年 4 月初，股价结束低位横盘后再次上行，在布林线上轨线和中轨线之间波动。当股价运行至 20.00 元附近时止涨横盘后跌破中轨线，上轨线拐头下行。说明股价在此位置受阻，上方压力较大，股价上涨乏力，短期内可能迎来一波下跌，投资者应尽快离场。

如图 3-8 所示为上海电影 2019 年 9 月至 2021 年 8 月的 K 线走势。

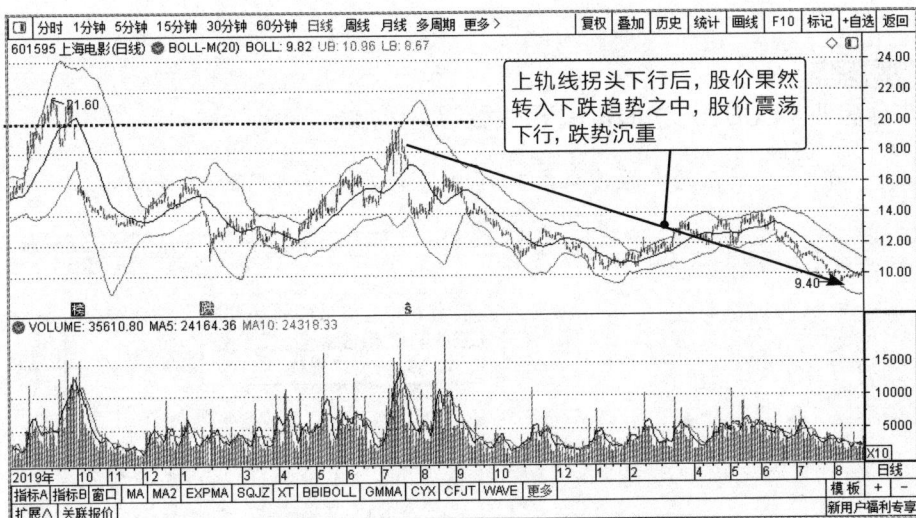

图 3-8　上海电影 2019 年 9 月至 2021 年 8 月的 K 线走势

从上图可以看到，上轨线在前期高点 20.00 元附近拐头向下后转入下跌趋势之中，股价震荡下行，跌幅较大。

3.2　中轨线使用策略

中轨线是均价线，通常为 20 日均价线，股价大部分情况下围绕中轨线波动运行，有时候中轨线对股价起支撑作用，有时候中轨线对股价起压力作用，可以视为股价强弱的分水岭。因此，在实战投资中，中轨线具有重要的分析意义。

3.2.1　股价由下向上突破中轨线

股价在布林线下轨线和中轨线之间波动运行，随后由下向上突破中轨线，说明股价的强势特征开始显现，股价即将迎来一波上涨行情，投资者应及时买进，持股待涨。

实例分析 ⇒

丰原药业（000153）股价由下向上突破中轨线

如图 3-9 所示为丰原药业 2020 年 8 月至 2021 年 5 月的 K 线走势。

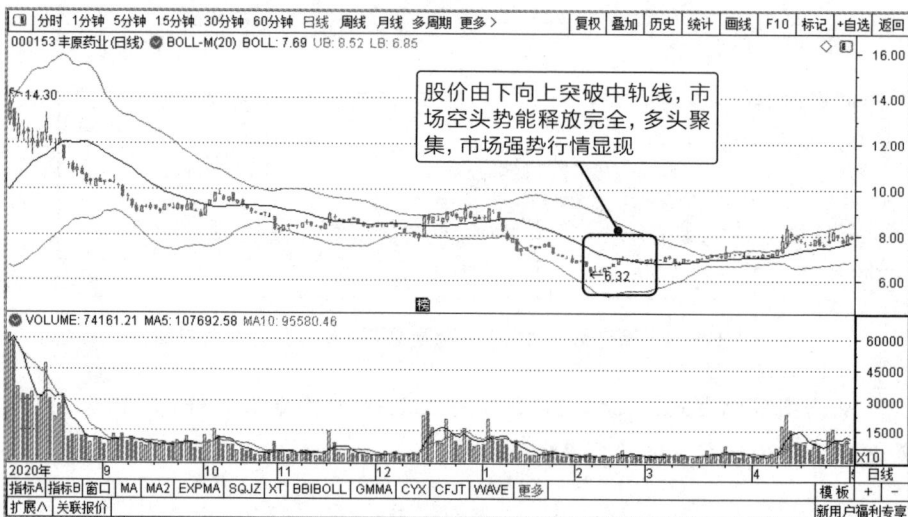

图 3-9　丰原药业 2020 年 8 月至 2021 年 5 月的 K 线走势

从上图可以看到，丰原药业前期经过一轮下跌行情后，股价从 14.00 元上方下跌至 8.00 元价位线附近跌势减缓，并在 8.00 元价位线横盘波动运行。2021 年 1 月，股价进一步下跌，跌至中轨线下方，在中轨线下方波动下行，说明市场处于极度弱势之中。

2021 年 2 月上旬，股价创出 6.32 元的新低后止跌回升，由下向上突破中轨线，运行至中轨线上方，说明股价的空头势能释放完全转入多头行情中，该股的强势特征开始显现，后市即将迎来一波上涨行情，此时为投资者投资买进的好机会。

如图 3-10 所示为丰原药业 2021 年 2 月至 9 月的 K 线走势。

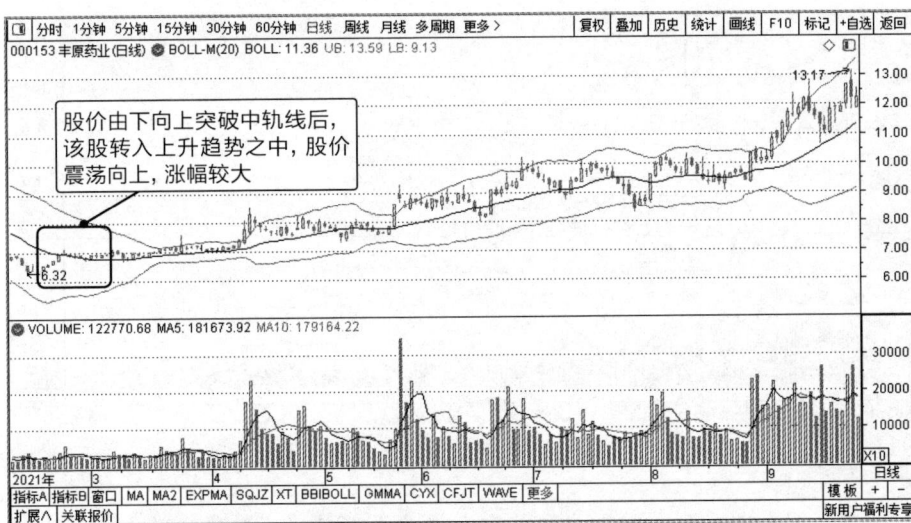

图 3-10　丰原药业 2021 年 2 月至 9 月的 K 线走势

从上图可以看到，丰原药业股价由下向上突破中轨线后转入上升趋势之中，开启了一轮大幅上涨行情，股价在中轨线和上轨线之间波动上行，最高上涨至 13.17 元，涨幅较大。

3.2.2　股价由上向下跌破中轨线

当股价从布林线指标的中轨线上方向下跌破中轨线时，说明该股的这一轮上涨行情已经结束，股价的中期下跌趋势已经形成，后市极有可能转入下跌之中，场内的持股投资者应该及时卖出股票，了结出局。如果此时布林线的上轨线、中轨线和下轨线都出现向下拐头的迹象，则更能说明股价下跌趋势形成。

⇒

常山北明（000158）股价由上向下跌破中轨线

如图 3-11 所示为常山北明 2021 年 4 月至 2022 年 1 月的 K 线走势。

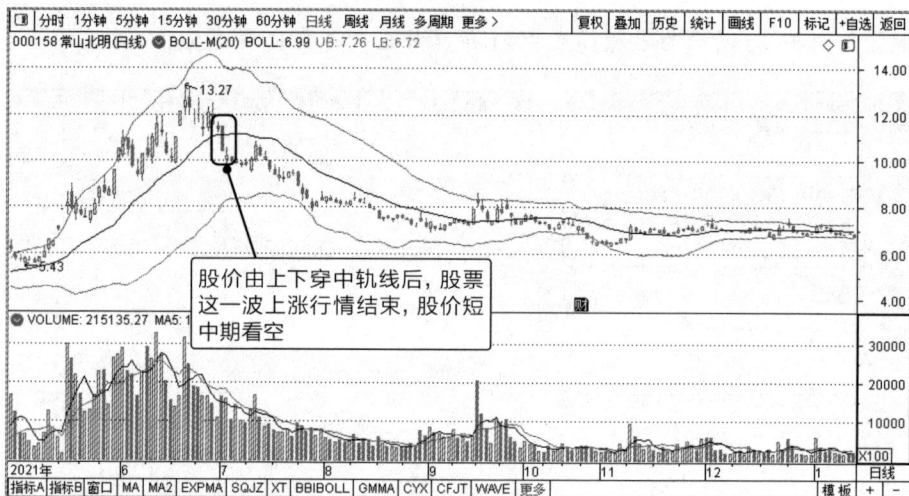

图 3-11 常山北明 2021 年 4 月至 2022 年 1 月的 K 线走势

从上图可以看到，常山北明前期表现为上涨行情，股价波动上行，当股价上涨至 12.00 元价位线上方时止涨横盘。2021 年 7 月 1 日，K 线收出一根跌停大阴线，使得股价由上下穿中轨线，打破之前的横盘平衡。说明常山北明的这一轮上涨行情已经结束，后市看空。

与此同时，查看布林线上、中、下轨线发现，上轨线出现明显拐头向下迹象，而中轨线和下轨线则走平，进一步确认了该股中短期行情趋势发生变化，后市看跌这一信号的准确性。

从后市的走势来看，股价由上下穿中轨线后，该股确实转入下跌趋势之中，股价波动下跌，跌幅较大。

3.2.3　股价回调至中轨线获得支撑

当股价在布林线中轨线和上轨线区间内波动，且和中轨线一起向上运行时，说明股价处于强势上涨行情之中。但是股价上涨往往不是直线上涨，而是波动上行，也就是说为了更好地拉升，股价往往会上升一段后回调，回调结束后再上升，如此反复。

回调的时间有长有短，回调的幅度有大有小，为了避免回调吃掉前期过多的投资收益，投资者要注意观察回调时股价的波动情况。如果股价回调至中轨线时获得支撑，则说明回调结束，场内的上涨行情并未发生改变，继续持股是较好的投资决策。反之，回调跌破中轨线则考虑中短期行情发生改变，后市看跌。

实例分析 ⇒
仁和药业（000650）股价回调至中轨线获支撑止跌

如图 3-12 所示为仁和药业 2021 年 1 月至 7 月的 K 线走势。

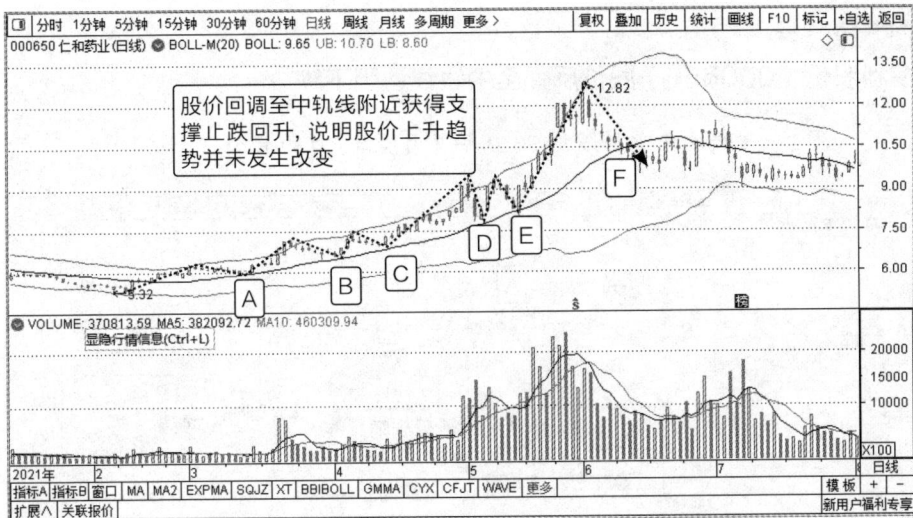

图 3-12　仁和药业 2021 年 1 月至 7 月的 K 线走势

从上图可以看到，仁和药业前期经过一轮下跌行情后运行至 6.00 元价位线下方的低位区域，2021 年 2 月上旬，股价止跌回升上穿中轨线转入上升行情之中。

在股价波动上升的过程中，多次回调至中轨线附近获得支撑止跌回升，如图中A、B、C、D、E点位置，说明股价的上升行情并未发生改变，投资者可以继续持股。

2021年6月上旬，股价再次回调至中轨线附近F点时跌破中轨线，说明这一轮上升行情结束，股价短中期看跌，投资者应尽快离场。

3.2.4　股价反弹至中轨线遇阻

因为布林线中轨线是行情的分水岭，通常股价在中轨线以下波动时说明股价处于弱势之中，并不建议投资者入场。如果股价转入下跌行情中，运行至中轨线下方，投资者错失了离场机会，那么当股价止跌反弹回升至中轨线附近遇阻止涨下跌时为典型的卖出信号，是投资者离场的机会。

实例分析 ⇒

金科股份（000656）股价反弹至中轨线遇阻下跌

如图3-13所示为金科股份2020年7月至12月的K线走势。

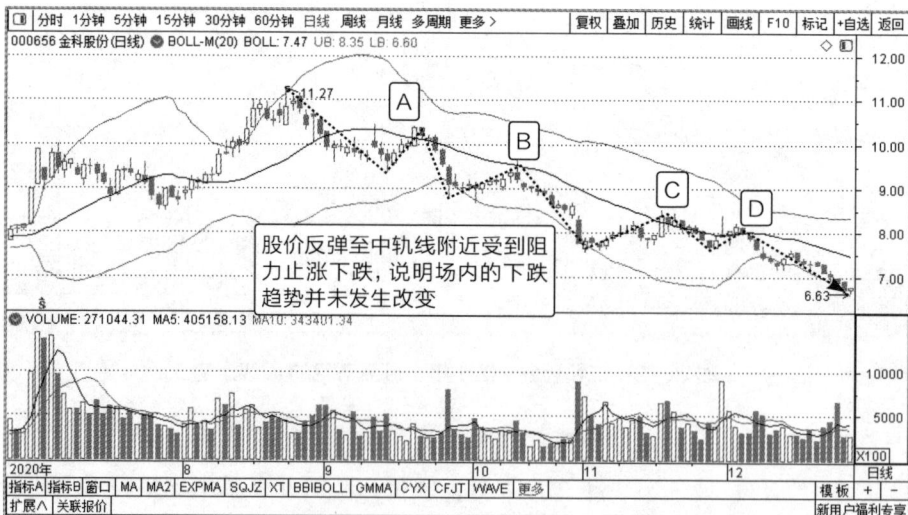

图3-13　金科股份2020年7月至12月的K线走势

从上图可以看到，金科股份前期表现为上涨行情，当股价上涨至 11.00 元附近后止涨下跌，股价下穿中轨线运行至中轨线下方。此时，上轨线和中轨线拐头向下，发出转势信号，股价中短期看跌。

如果投资者在 11.00 元股价止涨横盘位置错失卖出机会，直到股价跌破中轨线向下才发现转势信号，那么 9 月中下旬，股价止跌小幅回升至中轨线遇阻止涨，此时则为投资者的卖出机会，如 A 点。股价反弹回升至中轨线附近遇阻，随后跌回中轨线下方，说明股价的下跌趋势并未发生改变，后市仍然看跌，可能迎来一波大幅下跌行情。

从后市的走势来看，股价跌破中轨线转入下跌趋势后，在中轨线下方运行，中轨线变成压力线，股价多次反弹回升至中轨线附近时均受到压力而止涨，转而继续下跌，如图中的 A、B、C、D 点。如果投资者在第一次反弹至中轨线附近止涨时没有离场，将遭受重大的经济损失。

3.3　下轨线使用策略

布林线下轨线是股价正常波动的最低范围，也是投资者判断股价行情波动变化的重要工具，利用布林线下轨线也可以帮助投资者在市场中找寻合适的买卖位置。

3.3.1　股价向下跌破下轨线并继续向下

股价跌破下轨线通常是因为急速下跌而形成的，且跌破下轨线后会止跌反弹回升至布林通道内。如果股价跌破下轨线后没有止跌回升，反而继续下行，则说明场内极有可能出现了重大的利空消息而导致股价下跌，后市股价可能还会继续下跌，且布林线通道可能开启新一轮下跌通道。因此，投资者面对这样的走势不能盲目抄底入场，应在场外持币观望，待行情稳定后再决定。

实例分析 ⇒
泛海控股（000046）股价跌破下轨线继续下行

如图 3-14 所示为泛海控股 2020 年 10 月至 2021 年 7 月的 K 线走势。

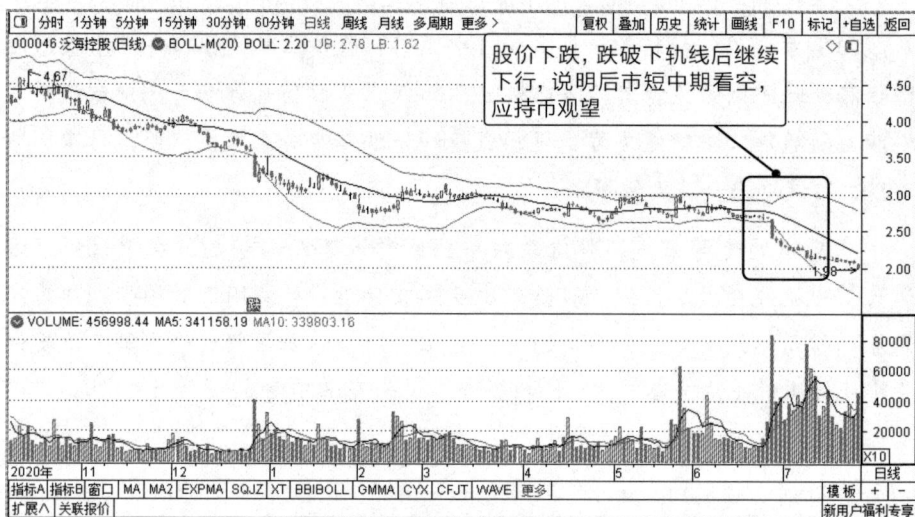

图 3-14　泛海控股 2020 年 10 月至 2021 年 7 月的 K 线走势

从上图可以看到，泛海控股处于下跌行情之中，股价一路下行跌至 3.00 元价位线附近后止跌，随后在 2.50 元至 3.00 元区间横盘波动运行，布林线通道变窄，股价波动减缓。

2021 年 6 月 28 日，K 线低开低走收出一根放量跌停大阴线，使得股价由上向下穿过下轨线。随后几天 K 线连续收出阴线，使得股价在布林线下轨线下方继续下行，并未回到布林线通道内。

此时查看布林线通道发现，布林线通道变宽，且中轨线和下轨线出现明显的下行迹象，说明该股的空头势能尚未释放完全，后市即将展开一波新的下跌行情，尽管股价有跌势减缓的迹象，但是仍然不能盲目抄底，否则极有可能被深套其中。

如图 3-15 所示为泛海控股 2021 年 6 月至 2022 年 3 月的 K 线走势。

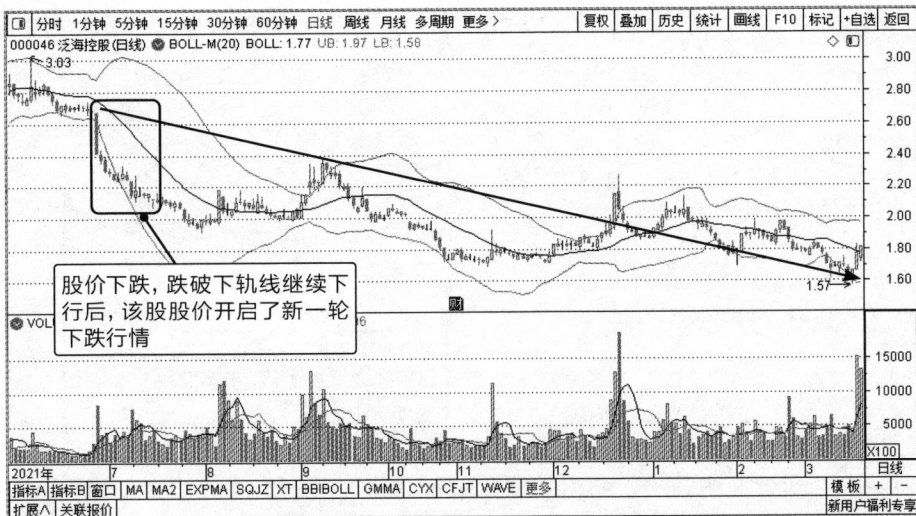

图 3-15 泛海控股 2021 年 6 月至 2022 年 3 月的 K 线走势

从上图可以看到,股价下穿下轨线后继续下行,说明股价处于极度弱势之中,从后市走势来看,股价继续表现下跌,最低跌至 1.50 元附近,下跌持续了近 10 个月。如果投资者在股价下穿下轨线时抄底,则极有可能被深套。

3.3.2 股价下穿下轨线迅速被拉回

股价跌破下轨线并不都是市场极弱的象征,如果股价跌破下轨线后又被迅速拉升回来,说明此时的下穿下轨线只是技术调整,场内的空方力量已经被消耗殆尽,已经没有多余的抛压继续打压股价了,因此后市极有可能转入上升行情中,此时投资者可以轻仓买进。

实例分析 ⇒

珠海港(000507)股价跌破下轨线迅速被拉回

如图 3-16 所示为珠海港 2020 年 8 月至 2021 年 4 月的 K 线走势。

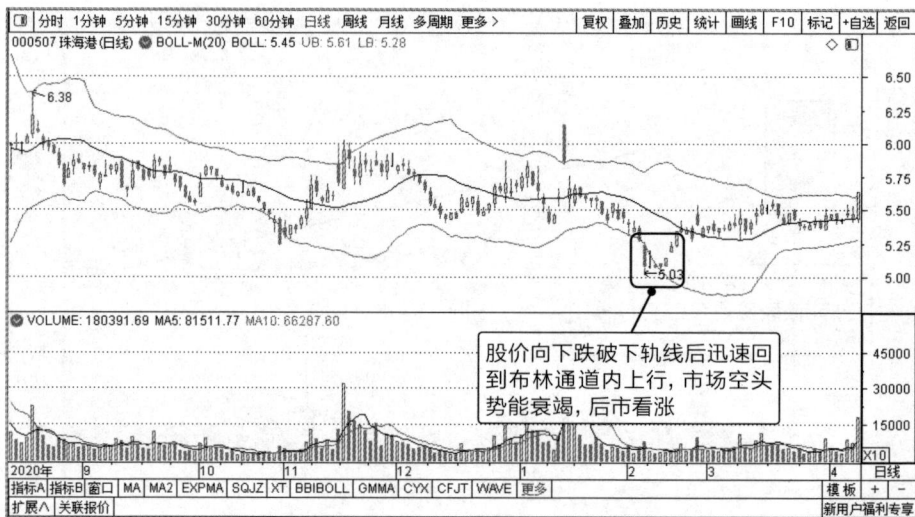

图 3-16　珠海港 2020 年 8 月至 2021 年 4 月的 K 线走势

从上图可以看到，珠海港股票处于下跌趋势之中，股价波动下行，当股价下跌至 5.50 元价位线附近后跌势减缓，在 5.50 元价位线波动横行。

2021 年 2 月 4 日，股价低开低走收出一根大阴线跌破布林线下轨线，运行至下轨线下方。紧接着第二天，K 线收出一根十字线使得股价止跌，回到布林线下轨线附近，随后股价被拉升回到布林通道内。

然后 K 线连续收出高开高走的阳线，向上拉升股价，使得股价向上突破中轨线，此时查看布林线中轨线和下轨线，发现中轨线和下轨线均出现拐头上行的迹象，说明场内的空头势能释放完全，多头占据主导优势，后市可能迎来一波上涨行情，投资者应积极买进做多。

如图 3-17 所示为珠海港 2021 年 2 月至 9 月的 K 线走势。

从下图可以看到，股价跌破布林线下轨线后被迅速拉回至布林线通道内，随后珠海港股票转入上升行情中。股价震荡向上，最高创出 8.22 元，涨幅较大。如果投资者在股价跌破布林线下轨线后被拉回时抄底买进，必然能够获得不错的投资回报。

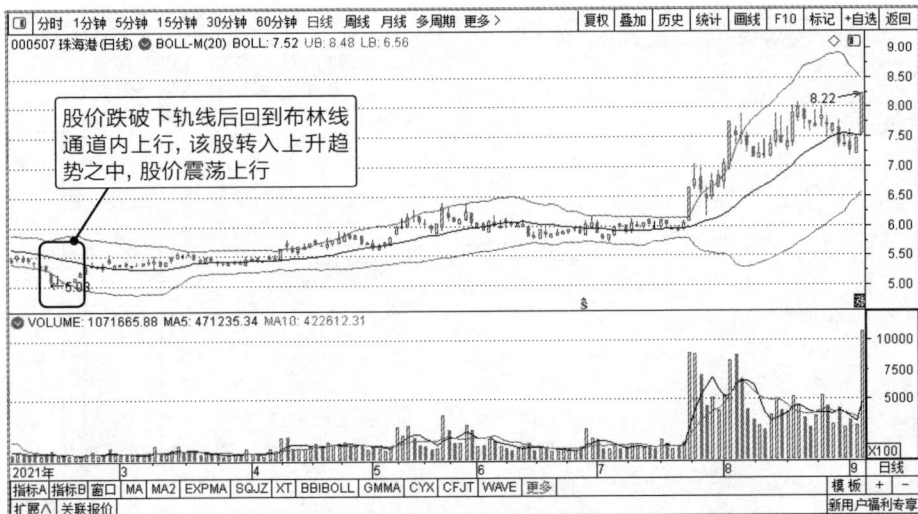

图 3-17　珠海港 2021 年 2 月至 9 月的 K 线走势

3.3.3　股价触及下轨线反弹后过中轨线

布林线的下轨线是股价波动的下限，所以很多时候下轨线对股价起到支撑作用，即股价下跌触及下轨线时，下轨线会对股价形成支撑使得股价止跌反弹。

当然，股价处于下跌趋势之中，即便出现反弹，也可能随时止涨回落。此时，我们可以借助中轨线来做进一步的判断，当股价经过一段时间的下跌后，运行至下轨线附近时获得支撑止跌回升，由下向上穿过中轨线，则说明股价存在中期走强的可能性。如果此时下方的成交量伴随放大，则进一步确认了行情上涨信号的准确性。

实例分析 ⇒

海德股份（000567）股价跌至下轨线反弹过中轨线

如图 3-18 所示为海德股份 2020 年 8 月至 2021 年 4 月的 K 线走势。

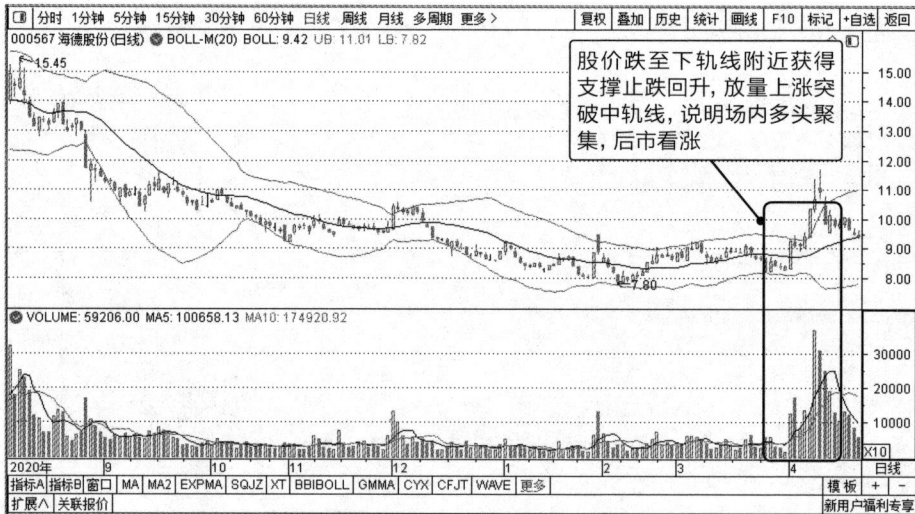

图 3-18　海德股份 2020 年 8 月至 2021 年 4 月的 K 线走势

从上图可以看到，海德股份处于下跌行情之中，股价震荡下行，重心不断下移，股价不断创出新低。2021 年 2 月上旬，股价跌至 8.00 元价位线附近，触及布林线下轨线，创出 7.80 元的新低后止跌回升。K 线收出连续阳线，使得股价上涨并上穿中轨线，但此时查看下方的成交量发现，成交量并没有伴随放大。说明这一波上涨并没有获得成交量的支撑，上涨动力不足，上涨难以长时间维持。

随后股价上涨至上轨线附近后，受到上轨线的压制转头继续下行，且跌破中轨线向下。当股价再一次下跌触及下轨线附近时获得支撑止跌回升。2021 年 4 月 1 日，K 线收出一根放量的涨停大阳线，使得股价上穿中轨线，随后股价继续上行，下方成交量伴随放大。说明场内多头聚集，占据优势，后市极有可能转入上升行情之中，此时为投资者建仓的大好机会。

如图 3-19 所示为海德股份 2021 年 3 月至 11 月的 K 线走势。

从下图可以看到，股价跌至下轨线获得支撑止跌回升上穿中轨线后，上升趋势得以确认。该股转入上升行情之中，股价震荡上行，不断向上攀升，最高创出 19.39 元的价格，这一波上涨涨幅较大，涨势猛烈。

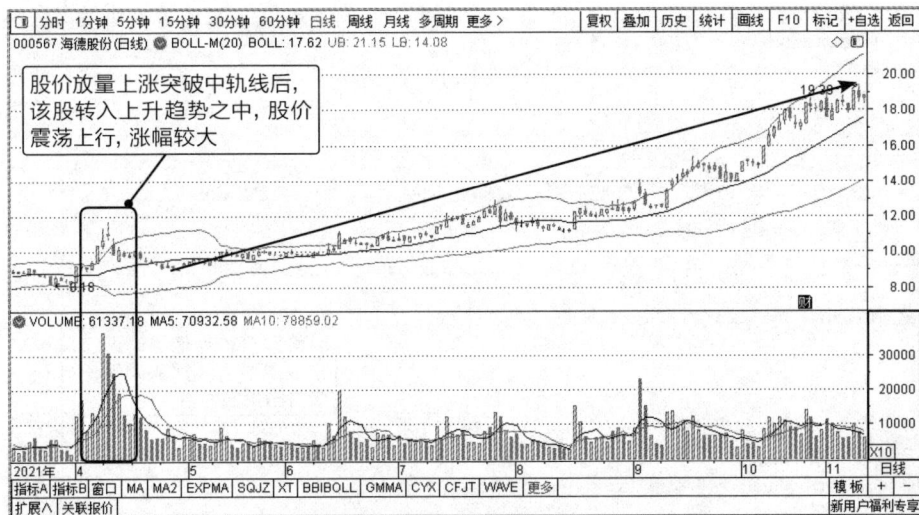

图 3-19　海德股份 2021 年 3 月至 11 月的 K 线走势

3.3.4　下轨线跌至前期低点拐头向上

当股价下跌至某一水平位置，市场似乎对股价起到一定的支撑作用，阻止股价继续下跌，使得股价止跌回升，形成低点，通常我们将这一位置称为支撑位。当股价再次下跌至前期低点位置附近时，如果布林线下轨线拐头向上，不再下行，就说明该股可能在此位置获得支撑，该股短中期看涨，后市极有可能迎来一波上涨行情。

实例分析 ⇒

大连友谊（000679）下轨线跌至前期低点附近拐头向上

如图 3-20 所示为大连友谊 2019 年 4 月至 2021 年 2 月的 K 线走势。

从下图可以看到，大连友谊股票的股价从 2019 年 4 月下旬开始转入下跌趋势之中，股价波动下行，重心不断下移。2020 年 5 月下旬，股价下跌至 2.50 元价位线附近，创出 2.35 元的新低后止跌回升。但是这一波上涨并没有维持太久，10 多个交易日后，股价运行至 4.00 元价位线附近后再次止涨回落。

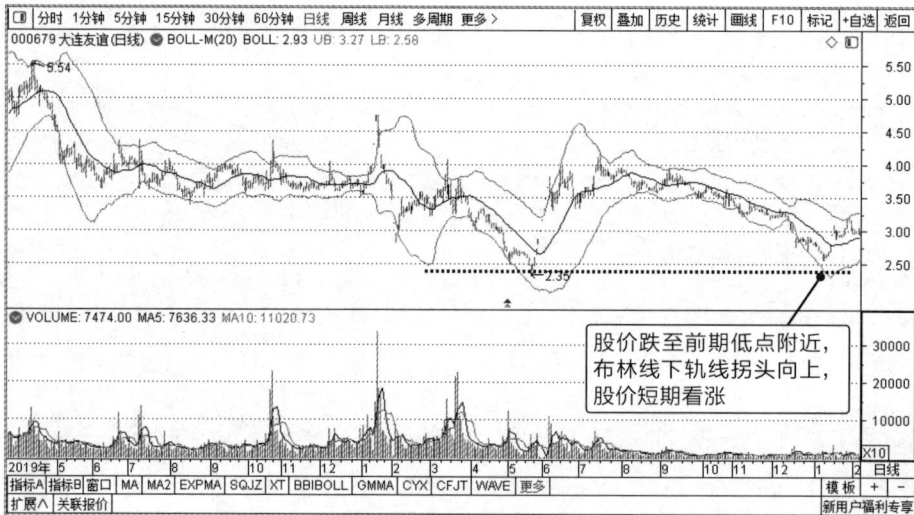

图 3-20　大连友谊 2019 年 4 月至 2021 年 2 月的 K 线走势

2021 年 1 月上旬，股价再次下跌至前期低点 2.50 元附近时止跌，布林线下轨线出现明显的向上拐头迹象，说明股价在该价位线附近获得支撑，后市股价可能迎来一波上涨，所以该股股价短期看涨，投资者应积极跟进。

如图 3-21 所示为大连友谊 2020 年 5 月至 2021 年 6 月的 K 线走势。

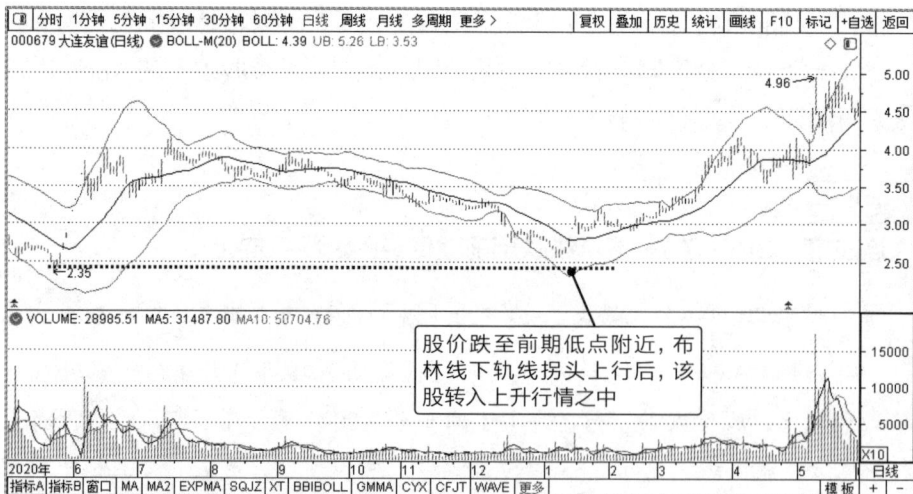

图 3-21　大连友谊 2020 年 5 月至 2021 年 6 月的 K 线走势

从上图可以看到，布林线下轨线在前期低点位置拐头向上后，布林线上轨线、中轨线也纷纷拐头向上，大连友谊股票转入上升趋势之中，股价波动上行，不断向上拉升股价。

3.3.5　下轨线跌破前期低点

股价处于下跌趋势之中，当股价运行至前期低点附近时没有出现明显的止跌迹象，布林线下轨线继续下行并跌破前期低点，则说明场内的空头势能并未释放完全，后市继续看空，投资者应以场外持币观望为主。

实例分析 ⇒

贝瑞基因（000710）下轨线跌破前期低点分析

如图 3-22 所示为贝瑞基因 2018 年 4 月至 2021 年 8 月的 K 线走势。

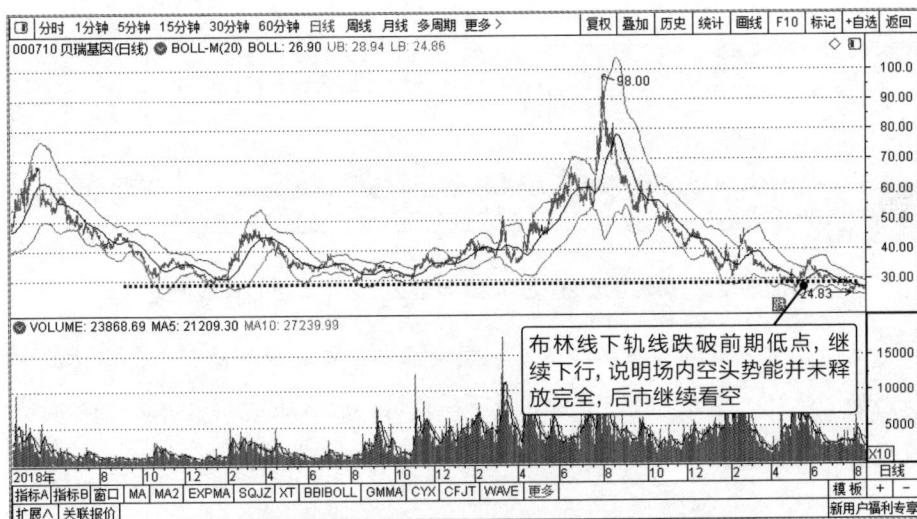

图 3-22　贝瑞基因 2018 年 4 月至 2021 年 8 月的 K 线走势

从上图可以看到，贝瑞基因股价在前期的波动运行中多次在 30.00 元价位线获得支撑，止跌反弹，说明 30.00 元价位线是一个有力的支撑位。

2021 年 5 月上旬，经过新一轮的上升回落行情后，股价再一次运行至 30.00 元价位线附近。股价跌至 30.00 元价位线附近后止跌回升，但仅维持了几个交易日后再次下跌，布林线下轨线则跌破前期 30.00 元低点继续下行，说明该股的下跌趋势并未发生改变，场内的空头势能并未释放完全，尽管现在跌幅已经超 60%，后市仍然有可能继续表现下跌行情，投资者不要盲目抄底，以免被深套其中。

如图 3-23 所示为贝瑞基因 2018 年 10 月至 2022 年 4 月的 K 线走势。

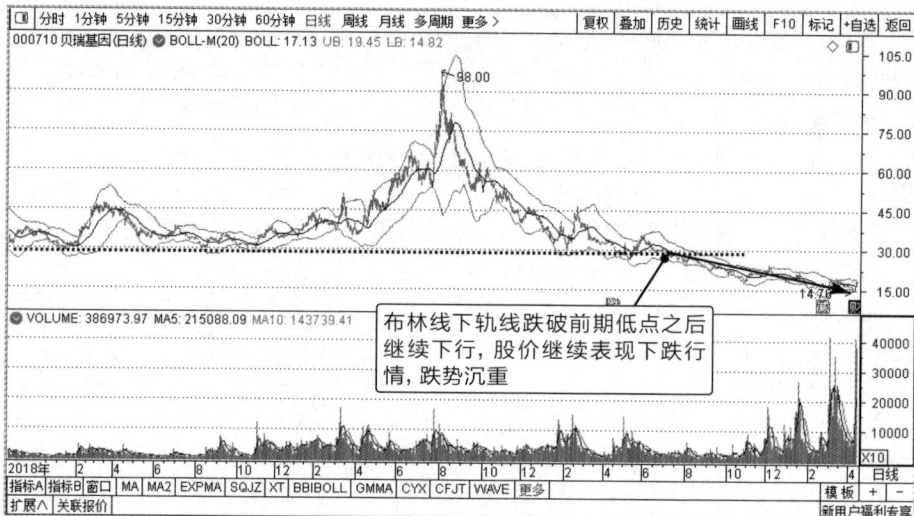

图 3-23　贝瑞基因 2018 年 10 月至 2022 年 4 月的 K 线走势

从上图可以看到，布林线下轨线跌破前期低点之后继续下行，布林线中轨线和上轨线也纷纷下行，股价表现下跌行情，最低跌至 14.70 元。如果投资者在 30.00 价位线附近抄底跟进，则将面临近 50% 的损失。

3.4　上、中、下轨线之间的关系

除了可以从单根上轨线、中轨线和下轨线来对股价的走势进行分析外，还可以根据上、中、下轨线之间的运行关系来对股价的运行方向做一个判断分析。

3.4.1　上、中、下轨线同时上行

当布林线的上轨线、中轨线和下轨线同时上行时，说明股价处于强势上涨行情之中，股价短期内将继续上涨，此时投资者应坚定持股待涨或逢低买进。

实例分析 ⇒
双汇发展（000895）三轨线上行

如图 3-24 所示为双汇发展 2018 年 11 月至 2019 年 12 月的 K 线走势。

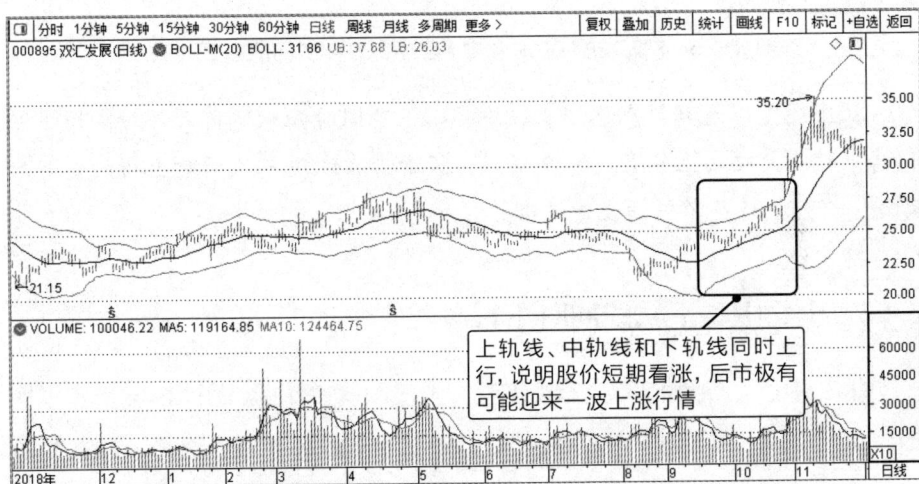

图 3-24　双汇发展 2018 年 11 月至 2019 年 12 月的 K 线走势

从上图可以看到，双汇发展的股价前期在 25.00 元价位线横盘波动运行了很长一段时间，股价后市走势不明。2019 年 9 月，布林线上轨线、中轨线和下轨线纷纷拐头上行，形成三轨上行的走势。此时股价由下向上上穿中轨线，运行至中轨线和上轨线区间内，并向上突破 25.00 元价位线，打破平衡，下方成交量放量。说明场内多头占据优势，该股股价短中期看涨，投资者可以逢

低买进，持股待涨。

如图 3-25 所示为双汇发展 2019 年 8 月至 2020 年 7 月的 K 线走势。

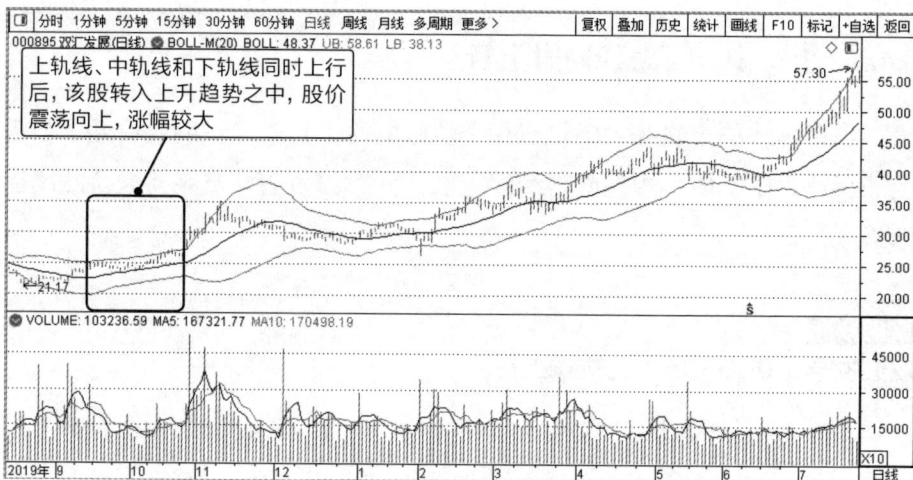

图 3-25　双汇发展 2019 年 8 月至 2020 年 7 月的 K 线走势

从上图可以看到，布林线上、中、下三轨同时向上运行后该股表现上涨行情，股价大幅向上攀升，涨势猛烈，投资者在发现三轨同时上行的走势后跟进，必然能获得不错的投资回报。

3.4.2　上、中、下轨线同时下行

上、中、下轨线同时下行则与上、中、下轨线同时上行相反，它说明股价处于强势下跌的行情之中，股价短期内将继续下跌且跌势猛烈，投资者应尽快离场。

实例分析 ⇒
云内动力（000903）三轨线下行

如图 3-26 所示为云内动力 2020 年 1 月至 12 月的 K 线走势。

从下图可以看到，云内动力前期经过一轮大幅上涨行情后，股价运行至 8.00 元附近的高位区域。但股价并没有继续上行，反而在创出 8.76 元的高价

后止涨下跌，股价下跌至 6.00 元价位线附近后止跌横盘波动。

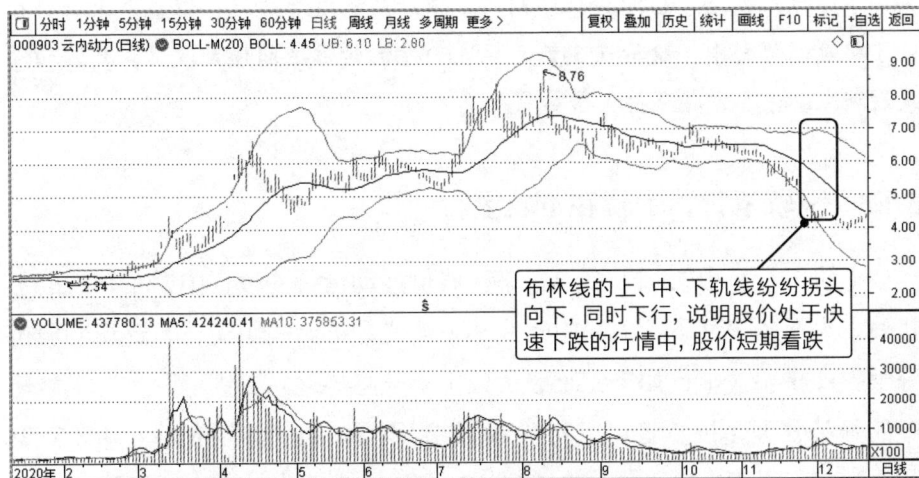

图 3-26　云内动力 2020 年 1 月至 12 月的 K 线走势

2020 年 11 月初，股价再次下跌，此时观察发现布林线的上轨线、中轨线和下轨线纷纷拐头向下，同时向下运行，说明股价处于快速下跌的行情之中，股价短期看跌，后市极有可能继续下跌，投资者应尽快离场，避免遭受更大的经济损失。

如图 3-27 所示为云内动力 2020 年 10 月至 2022 年 4 月的 K 线走势。

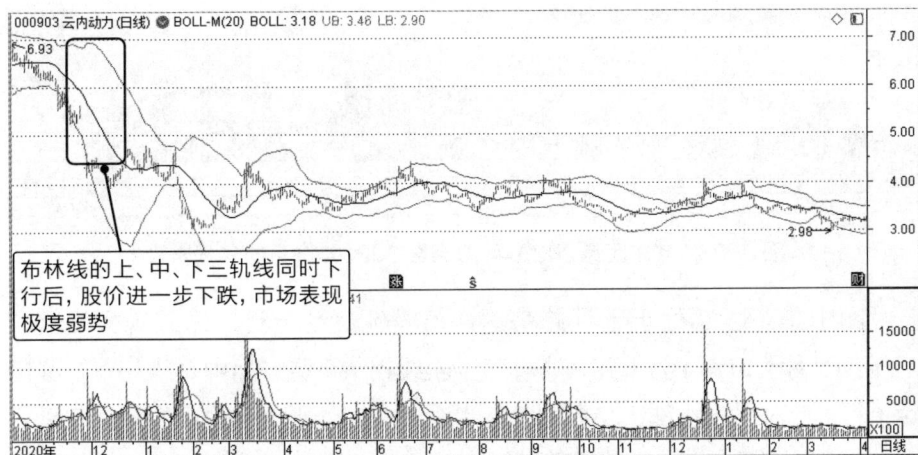

图 3-27　云内动力 2020 年 10 月至 2022 年 4 月的 K 线走势

从上图可以看到，布林线上、中、下三轨线同时下行后，云内动力股价进一步下挫，跌至 3.00 元价位线附近。随后虽然跌势减缓，但整个市场仍然处于极度弱势之中，股价在 3.00 元至 4.00 元的价位区间横盘波动，且波动幅度逐渐减小，下方成交量逐渐萎缩。

3.4.3　上轨下行，中轨和下轨上行

上轨下行，中轨和下轨上行是指股价波动运行的过程中，布林线的上轨线率先拐头表现下行，而中轨线和下轨线却仍然向上运行，这说明股价处于整理状态之中，如果此时股价处于上升趋势之中，则说明是在上涨途中的强势整理，投资者可以持股观望或者逢低买进短线操盘。如图 3-28 所示为华东医药（000963）2020 年 10 月至 2021 年 6 月的 K 线走势。

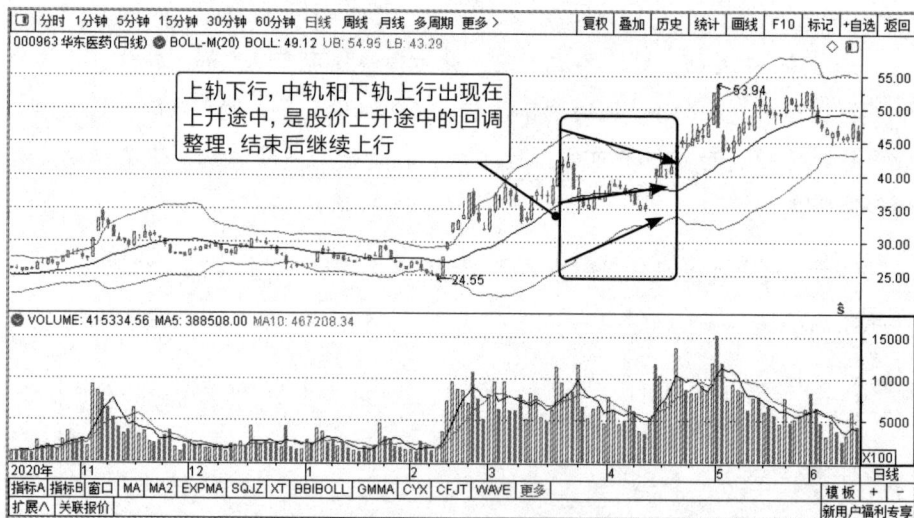

图 3-28　华东医药 2020 年 10 月至 2021 年 6 月的 K 线走势

图中华东医药处于上升趋势之中，股价波动上行，仔细观察发现，2021 年 3 月下旬到 4 月上旬，布林线上轨线拐头下行，而中轨线和下轨线仍然上行，此时股价止涨，小幅回跌，说明股价正处于上升途中的回调整理，一旦整理结束便会继续之前的上涨行情。

如果上轨下行，中轨和下轨上行发生在股价下跌的趋势之中，则说明股价仍然处于下跌行情中，短期看跌。

如图 3-29 所示为华东医药 2021 年 6 月至 2022 年 4 月的 K 线走势。

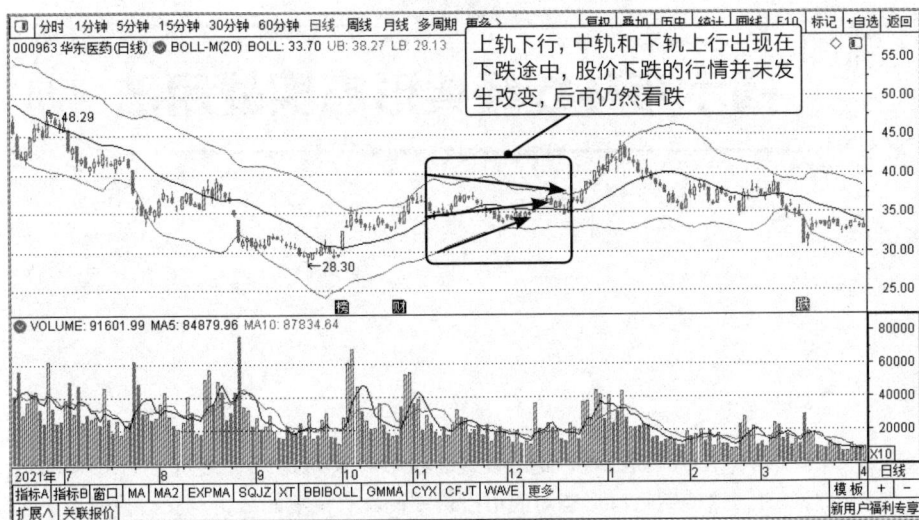

图 3-29　华东医药 2021 年 6 月至 2022 年 4 月的 K 线走势

从图中可以看到，华东医药处于下跌行情之中，股价下行至 30.00 元价位线附近时止跌反弹。此时观察布林线指标发现，布林线的上轨线很快拐头向下，而中轨线和下轨线继续上行，说明场内的下跌行情并未发生改变，后市仍然看跌。从后市走势来看，股价反弹至 45.00 元附近便止涨再次转入下跌趋势之中。

第4章

揭示布林线经典形态实战用法

布林线指标在随着股价波动变化的过程中，其轨道线会形成一种经典的形态——喇叭口，这些喇叭口形态对股市投资来说具有重要的分析意义，投资者不仅需要了解各个喇叭口形态的市场意义，还需要通过喇叭口形态找到投资买卖点。

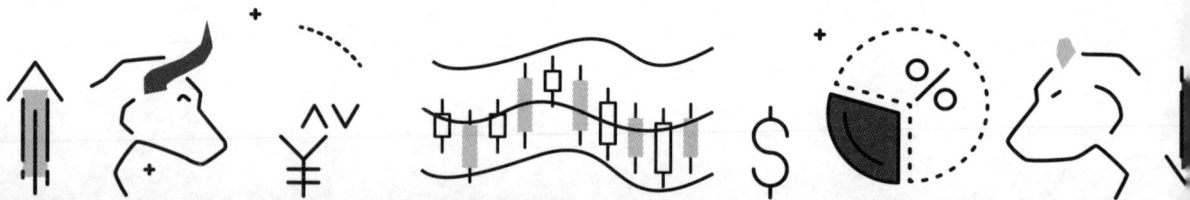

4.1　布林线的几种喇叭口形态

所谓布林线喇叭口，是指布林线指标的上轨线和下轨线分别从两个相反的方向与中轨线大幅扩张或靠拢而形成的类似于喇叭口的一种特殊形态，是布林线指标研判市场行情的独特工具。

根据布林线上轨线和下轨线运行方向及所处位置的不同，布林线喇叭口又分为开口形喇叭口、收口形喇叭口和紧口形喇叭口，下面我们来具体认识这些喇叭口形态。

4.1.1　开口形喇叭口形态

当股价经过长时间的整理后，布林线指标通道变窄，布林线的上轨线和下轨线逐渐收缩，上下轨线之间的距离也越来越小。然后股价突然向上出现急涨，此时，布林线的上轨线也同时向上急速上扬，反观下轨线却在向下加速运行，如此一来，布林线指标的上轨线和下轨线就形成了一个类似于大喇叭的特殊形态，也就是开口形喇叭口。

开口形喇叭口通常出现在短期内暴涨行情的初期，是股价经过长时间低位横盘筑底之后，面临向上变盘时出现的一种形态。市场中一旦出现这种形态，说明场内的多头力量强劲，空头力量衰竭，一波强势上涨行情即将到来，股价短期看涨，投资者若能抓住这一波上涨，必然能够获得不错的投资收益。

实例分析 ⇒

萃华珠宝（002731）布林线上下轨线形成开口形喇叭口

如图 4-1 所示为萃华珠宝 2020 年 7 月至 2021 年 11 月的 K 线走势。

从下图可以看到，前期萃华珠宝处于下跌行情之中，股价波动下行。2021 年 2 月，股价创出 5.43 元的新低后止跌小幅回升至 6.00 元价位线上，并在该价位线上横盘窄幅运行。

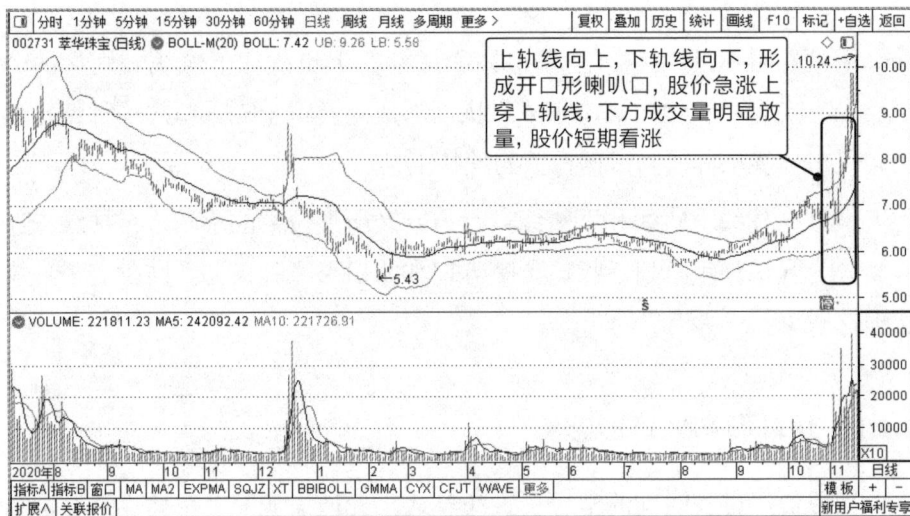

图 4-1　萃华珠宝 2020 年 7 月至 2021 年 11 月的 K 线走势

2021 年 8 月初，股价出现小幅上涨，K 线由下向上穿过中轨线运行至中轨线上方，说明此时萃华珠宝行情可能发生转变，转入上升趋势之中。2021 年 11 月初，下方成交量突然明显放量，推动股价向上急涨，自下而上穿过上轨线。

此时查看布林线指标发现，布林线上轨线随着股价上行，而下轨线却拐头下行，形成了典型的开口形喇叭口形态。开口形喇叭口形态的出现进一步确认了萃华珠宝的短期上涨行情，说明该股短期内可能迎来一波大幅上涨行情，投资者应积极追涨。

如图 4-2 所示为萃华珠宝 2021 年 9 月至 2022 年 4 月的 K 线走势。

从下图可以看到，布林线开口形喇叭口形态出现后，K 线收出多根阳线，几个交易日便将股价拉升至 12.00 元附近，涨幅超 80%。可见这一波短期上涨的势头有多猛烈。尽管股价上涨至 12.00 元附近止涨，但上升的趋势并未发生改变，股价回调整理一段时间后便继续上涨，最高上涨至 16.00 元附近。如果投资者利用开口形喇叭口形态抓住这一波上涨行情，必然能够获得不错的回报。

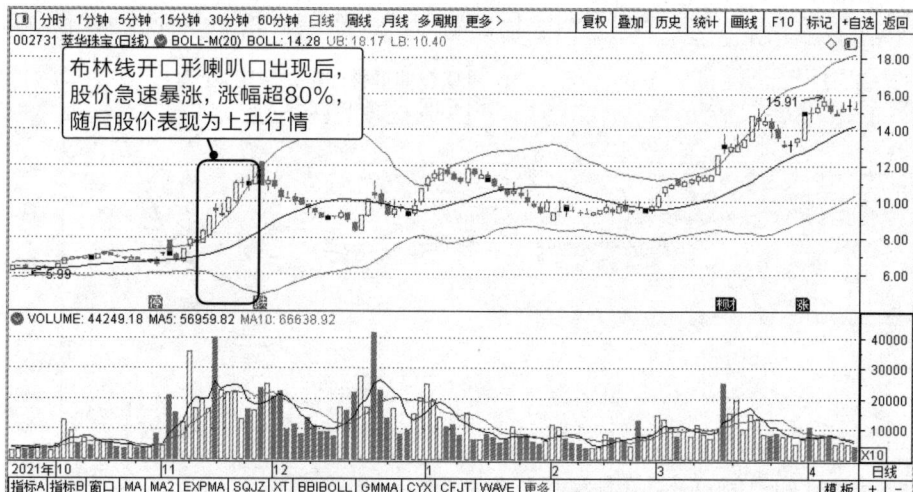

图 4-2　萃华珠宝 2021 年 9 月至 2022 年 4 月的 K 线走势

开口形喇叭口在实际的投资操盘中，投资者应注意以下 4 个问题。

◆　**股价上涨空间大小与整理平台长度相关**

前期股价下跌的幅度越大，股价缩量整理的平台越长，布林线出现开口形喇叭口后股价未来上涨的空间也越大，如图 4-3 和图 4-4 所示的分别是跃岭股份（002725）和昇兴股份（002752）的布林线开口形喇叭口。

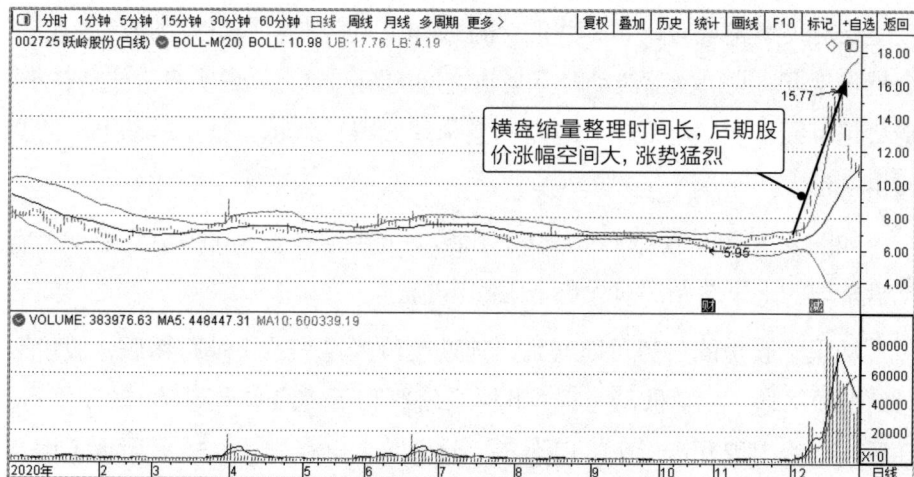

图 4-3　跃岭股份 2020 年 12 月至 2021 年 12 月的 K 线走势

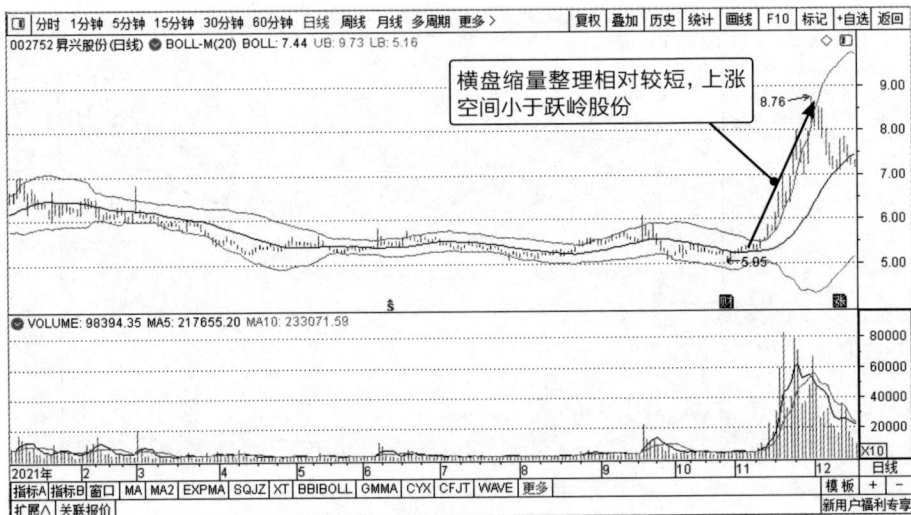

图 4-4　昇兴股份 2021 年 1 月至 12 月的 K 线走势

　　跃岭股份前期股价缩量横盘整理了近 10 个月的时间，开口形喇叭口出现后股价向上急涨，涨幅超 140%。昇兴股份前期经过近 6 个月的缩量横盘整理，开口形喇叭口出现后股价急涨，涨幅近 60%。因此，前期横盘整理平台越长的股票，投资者越要引起注意，不要轻易放过。

　　◆　横盘整理的上下轨距离影响未来上涨空间

　　股价缩量整理时，布林线的上轨线和下轨线随着股价波动放缓、距离会越来越近。股价横盘波动时上下轨之间的距离越近，说明股价波动越小，走势越沉闷，人气越低迷，场内的空头释放得也就越完全，后期上涨的空间也就越大。

　　如图 4-5 天际股份（002759）和图 4-6 浙江建投（002761）所示查看横盘整理的上下轨距离对股价上涨的影响。

　　从天际股份的走势可以看到，前期股价经过一波下跌行情后，股价运行至低位区域，横盘波动运行，此时上轨线和下轨线水平运行，表现平行。随后布林线出现开口形喇叭口形态，股价向上急涨，从 6.50 元附近上涨至最高 18.50 元，涨幅超 180%。

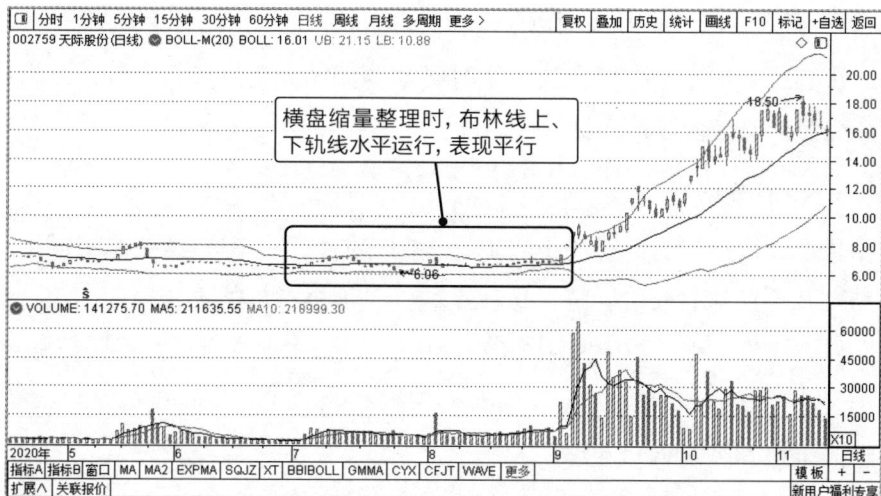

图4-5　天际股份2020年4月至11月的K线走势

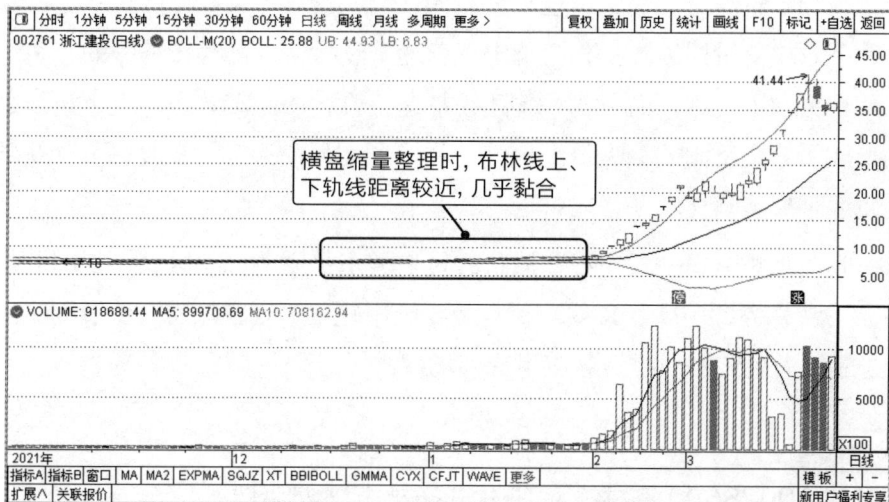

图4-6　浙江建投2021年11月至2022年3月的K线走势

而浙江建投股票前期股价经过一波下跌后运行至低位区，股价横盘波动运行。在股价横盘波动的过程中，布林线上下轨线几乎黏合，距离非常近，成交量表现极度缩量。随后布林线出现开口形喇叭口形态，股价向上急涨，从8.00元附近上涨至41.44元，涨幅超400%。说明上下轨线之间距离越小，后期上涨的动力就越大，涨幅空间也就越大。

◆ 有效上涨离不开成交量

布林线开口形喇叭口形态出现时必须要伴随成交量持续放量，如果没有成交量的支撑，股价无法形成急涨，上涨行情也难以持续。

◆ 持股策略

虽然开口形喇叭口是股价短期行情向好的信号，但是这一波短期上涨的结束并不意味着股价转势，也就是说，股价极有可能进入中期上涨行情中，只要股价上涨过程中回调不破中轨线，投资者就可以一直持股待涨。

4.1.2　收口形喇叭口形态

股价经过一段大幅拉升行情之后，布林线的上轨线和下轨线逐渐扩张，上轨线和下轨线之间的距离也越来越大。当股价运行至高位区域，上涨减缓，下方成交量逐渐减少，股价出现急速下跌行情，此时布林线的上轨线开始拐头向下急跌，而下轨线却还在加速上升，由此布林线的上下轨线之间形成了一个反向的喇叭口，也就是收口形喇叭口形态。当股价下行跌破中轨线时形态确立。

收口形喇叭口一般出现在股价经过一波上涨后的高位区域，说明股价进入下跌趋势，一旦有 K 线下行有效跌破中轨线，则意味着股价短期将出现急速下行的走势，投资者应尽快离场规避风险。

实例分析 ⇒
星帅尔（002860）布林线上下轨线形成收口形喇叭口

如图 4-7 所示为星帅尔 2021 年 5 月至 2022 年 1 月的 K 线走势。

从下图可以看到，星帅尔处于上升趋势之中。2021 年 11 月上旬，成交量放量，股价急速上涨，布林线上轨线和下轨线扩张，距离不断增大。当股价上涨至 30.00 元价位线附近，创下 29.61 元的新高后，股价止涨小幅滑落，跌至 25.00 元价位线附近，跌破中轨线。

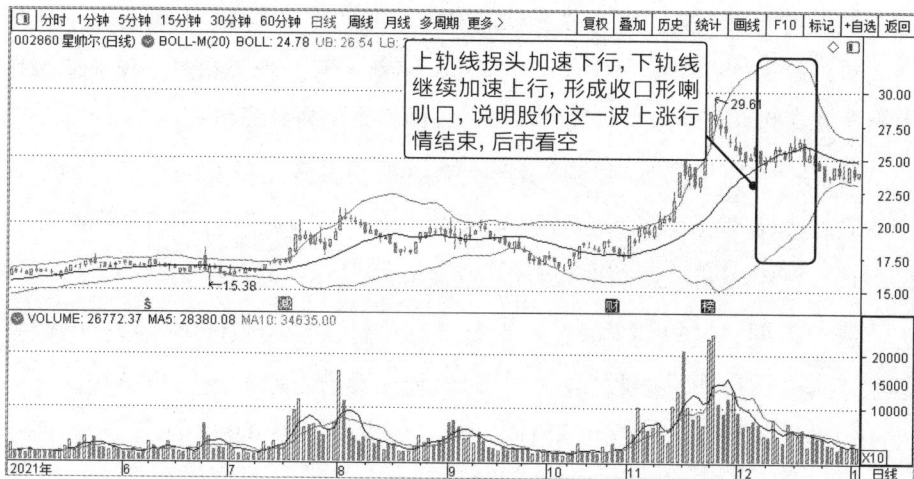

图 4-7　星帅尔 2021 年 5 月至 2022 年 1 月的 K 线走势

此时查看布林线指标发现，上轨线拐头向下加速下行，而下轨线则继续加速上行，形成了收口形喇叭口形态，说明股价的这一波上涨已经结束，后市极有可能转入下跌趋势之中，该股短期内即将迎来一波下跌行情。

如图 4-8 所示为星帅尔 2021 年 11 月至 2022 年 4 月的 K 线走势。

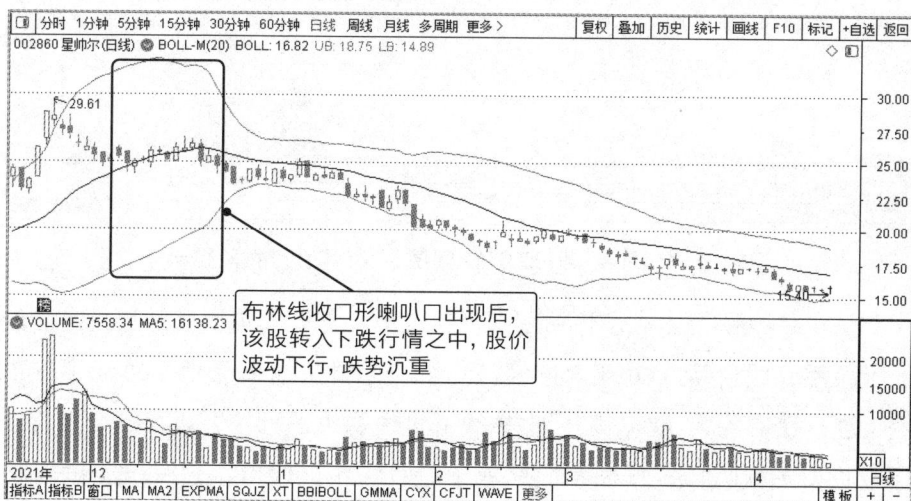

图 4-8　星帅尔 2021 年 11 月至 2022 年 4 月的 K 线走势

从上图可以看到，布林线收口形喇叭口出现后，星帅尔股票转入下跌行情之中，股价下行跌破中轨线向下，重心不断下移，跌势猛烈。投资者如果前期没有在收口形喇叭口出现时离场，将面临重大的经济损失。

可见，收口形喇叭口与开口形喇叭口是一种截然相反的走势，预示着空头力量逐渐增强而多头力量逐渐减弱。收口形喇叭口与开口形喇叭口一样，在投资中需要注意前期拉升的幅度与后期下落幅度的关系。

股价前期经过短期大幅拉升运行至高位处，前期股价向上拉升的幅度越大，那么后市布林线收口形喇叭口出现，股价下跌的空间也就越大。如图 4-9 华联控股（000036）和图 4-10 京基智农（000048）所示。

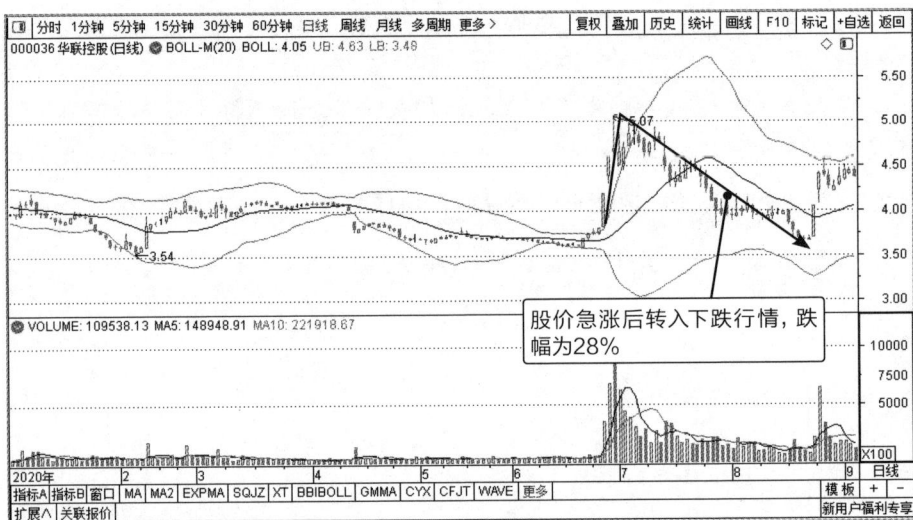

图 4-9　华联控股 2020 年 12 月至 2021 年 9 月的 K 线走势

从华联控股的 K 线走势图可以看到，2021 年 7 月成交量放量推动股价向上急涨，股价从 3.60 元附近经过几个交易日快速上涨至 5.00 元附近止涨下跌，涨幅约为 39%。随后布林线上轨线拐头下行，下轨线继续上行，形成收口形喇叭口，华联控股转入下跌行情中，股价经过一波下跌跌至 3.60 元附近止跌，此番下跌吞掉了前期急涨的空间，跌幅为 28%。

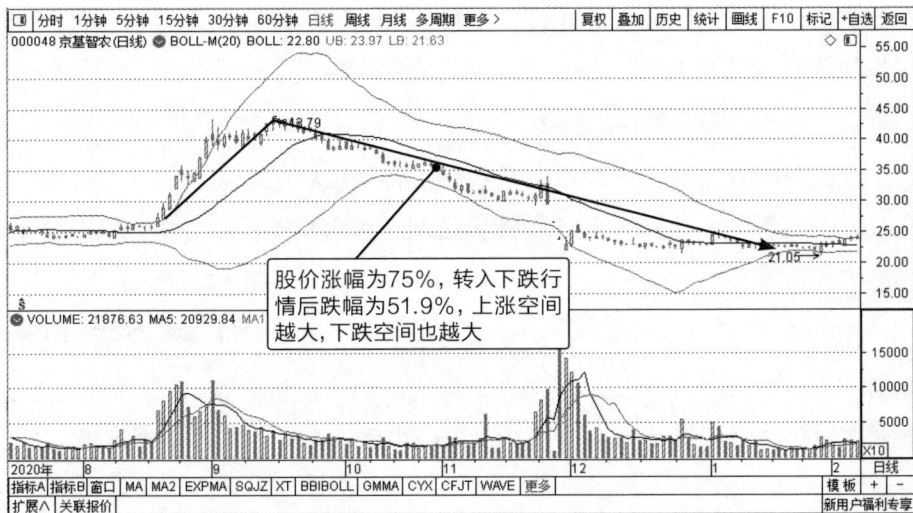

图 4-10　京基智农 2020 年 7 月至 2021 年 2 月的 K 线走势

从京基智农的 K 线走势可以看到，股价从 25.00 元附近上涨至 43.79 元后止涨下跌，涨幅达到 75%。此时查看布林线发现，上轨线拐头向下，下轨线则加速上行，形成收口形喇叭口，京基智农转入下跌行情中，股价经过一波下跌后跌至 21.00 元附近，创下 21.05 元的新低后止跌，跌幅达到 51.9%。

可以看到，同样的下跌中，明显京基智农股票因为前期上涨的空间更大，使得股价后市的下跌空间也更大。因此，投资者在前期收益较丰厚的情况下，应注意了结出局，锁定前期收益，否则面临后市的急跌行情可能损失惨重。

此外，收口形喇叭口与开口形喇叭口不同，它没有成交量的要求，一旦确立收口形喇叭口信号，股价便开始下挫，且跌势猛烈，所以尽快离场才是最佳决策。

4.1.3　紧口形喇叭口形态

股价经过长时间的下跌行情之后，布林线指标的上轨线和下轨线逐渐向中轨线靠拢，上、下轨线之间的距离越来越小，下方成交量越来越小，股价在低位反复震荡波动。此时，布林线的上轨线还在向下运行，而下轨线却开始向上缓慢上升，上下轨线之间的形态形成了一个类似于倒置的小喇叭，我们将其称为紧口形喇叭口。

紧口形喇叭口通常出现在股价经过大幅下跌后的低位区域，预示着多空双方的力量逐渐达到平衡，股价将长期小幅盘整筑底，处于横盘整理的行情中。

在股价下跌后的低位区，成交量极度萎缩，布林线上下轨之间的距离逐渐缩小，就可以判断紧口形喇叭口形成。面对这样的喇叭口形态，投资者通常以场外观望等待为主，当然也可以少量建仓，等待行情到来。

实例分析 ⇒
海王生物（000078）布林线上下轨线形成紧口形喇叭口

如图 4-11 所示为海王生物 2020 年 7 月至 2021 年 4 月的 K 线走势。

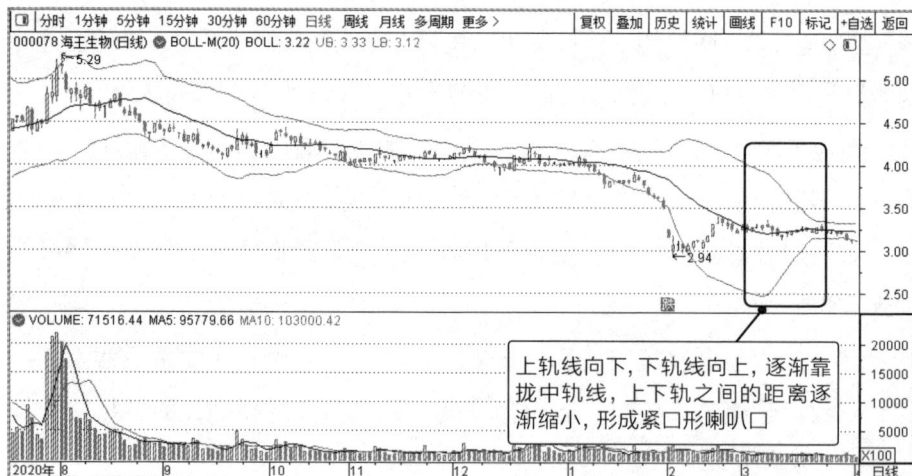

图 4-11　海王生物 2020 年 7 月至 2021 年 4 月的 K 线走势

从上图可以看到，海王生物经过一轮大幅下跌行情之后，股价运行至低位区域。2021 年 2 月初，股价创出 2.94 元的新低后止跌小幅回升至 3.30 元价位线附近后止涨横盘。

此时查看布林线指标发现，布林线上轨线向下，下轨线向上，纷纷向中轨线靠拢，上下轨之间的距离越来越近，形成紧口形喇叭口形态。并且下方的成交量表现缩量，说明经过一轮大幅下跌之后，场内的空头动能释放完全，多头和空头达成新的平衡，后市可能迎来一波横盘调整走势，投资者不要盲目抄底。

如图 4-12 所示为海王生物 2020 年 10 月至 2021 年 12 月的 K 线走势。

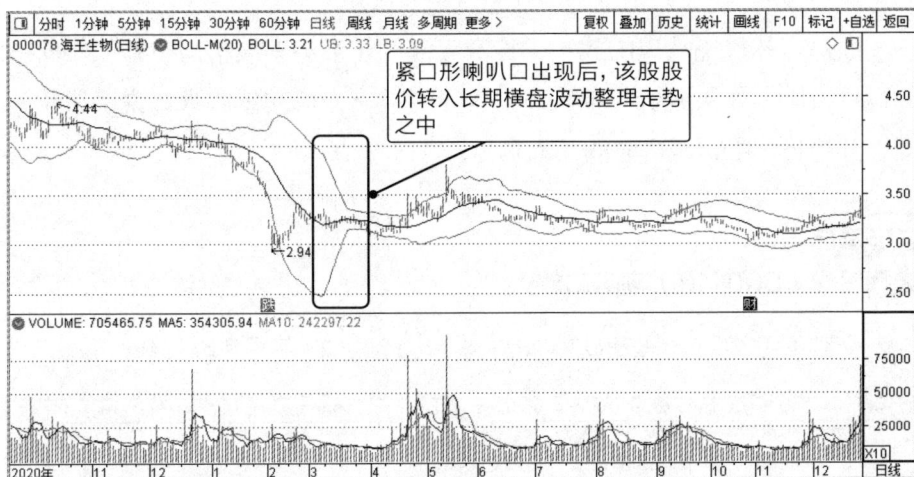

图 4-12　海王生物 2020 年 10 月至 2021 年 12 月的 K 线走势

从上图可以看到，布林线紧口形喇叭口形成后，海王生物转入为期近 9 个月的横盘整理走势之中，股价在 3.00 元至 3.50 元区间横盘窄幅波动，布林线上轨线、中轨线和下轨线大致呈水平运行。如果投资者前期贸然抄底，将被套其中，难以脱身。

4.2　喇叭口变化与股价的关系

除了喇叭口的基本形态外，布林线喇叭口的变化情况也是重要的股市行情研判工具。喇叭口的变化情况与股价有着密切的关系，投资者能够从喇叭口放大与收缩中寻找股价变化规律，进而做出正确的投资决策。

4.2.1　喇叭口放大与股价上涨

布林线指标喇叭口逐渐放大，说明布林通道逐渐变宽，股价由原本的低波动性转为高波动性，股价的波动幅度也会增加，预示着股价可能走出一波大幅上涨的行情，或者是大幅下跌的行情。

面对布林线喇叭口的放大，投资者需要仔细观察股价与布林线中轨线的运行方向，如果股价与中轨线同步上行，下方成交量放大，说明股价处于上升趋势之中，是可靠的买入信号。

实例分析 ⇒
诺德股份（600110）喇叭口放大

如图 4-13 所示为诺德股份 2020 年 12 月至 2021 年 9 月的 K 线走势。

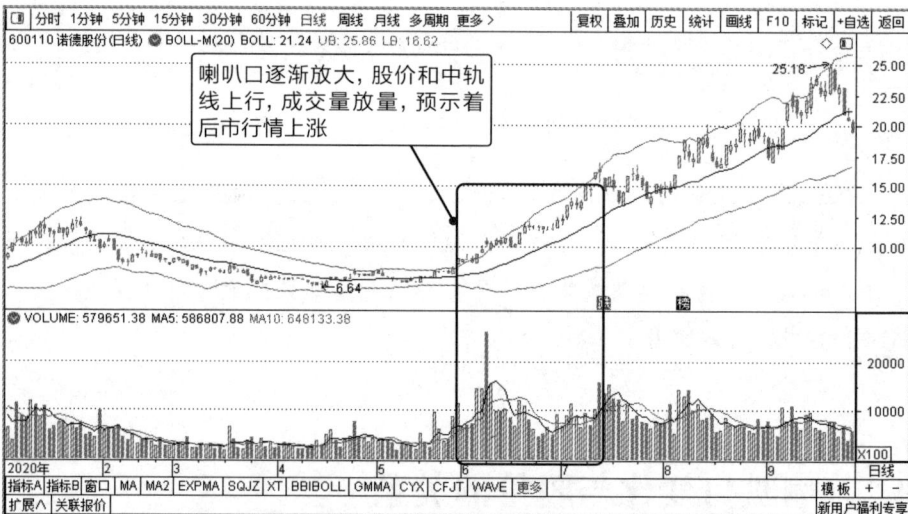

图 4-13　诺德股份 2020 年 12 月至 2021 年 9 月的 K 线走势

从上图可以看到，诺德股份在 2021 年 5 月下旬表现出由下跌转为上升的

反转走势，股价从中轨线下方向上穿过中轨线上行，而中轨线也随着股价的
上行而上移，下方的成交量明显放大。

此时查看布林线通道指标发现，布林线喇叭口放大，上下轨线之间的距
离逐渐增大，说明股价波动幅度较大，该股处于上升行情之中，后市行情看涨，
投资者应积极跟进。

4.2.2　喇叭口放大与股价下跌

在前面一节的内容中我们提到过，喇叭口的放大有可能意味着股价上
涨行情的到来，但有可能也意味着股价下跌行情的来临。当布林线喇叭口
放大，上下轨线之间的距离逐渐增大，股价波动幅度变大，股价下行下穿
下轨线后，继续下行，说明股价正在下跌，且下跌的速度越来越快，未来
还将有一波持续下跌行情。

实例分析 ⇒

金发科技（600143）喇叭口放大

如图 4-14 所示为金发科技 2021 年 2 月至 9 月的 K 线走势。

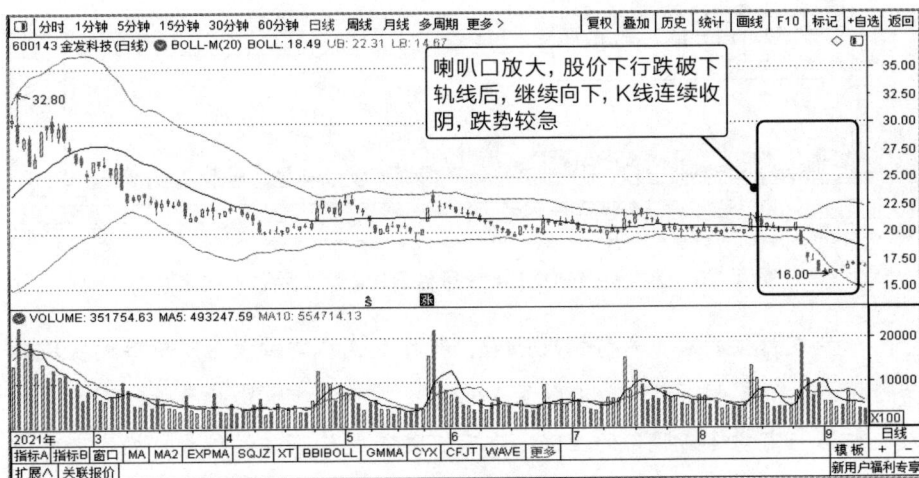

图 4-14　金发科技 2021 年 2 月至 9 月的 K 线走势

从上图可以看到，金发科技股票经过一波上升行情后，股价上涨至 32.00 元上方，随后止涨转入下跌趋势中。股价在布林线中轨线与下轨线通道内波动下行，当股价跌至 20.00 元价位线附近后跌势减缓，并在该价位线上横盘窄幅波动。此时，布林通道上下轨线距离逐渐拉近走平。

2021 年 8 月 26 日，K 线收出一根放量跌停大阴线，使得股价跌破布林线下轨线，随后 K 线继续收阴，使得股价运行至布林线下轨线下方。与此同时，布林线上轨线向上，下轨线向下，上下轨线之间的距离逐渐增大，布林线喇叭口放大。说明股价下跌打破了原本场内暂时的平衡状态，金发科技的这一波下跌行情并未结束，后市继续看空，短期内金发科技股价极有可能进一步下跌，投资者不要盲目抄底。

如图 4-15 所示为金发科技 2021 年 8 月至 2022 年 4 月的 K 线走势。

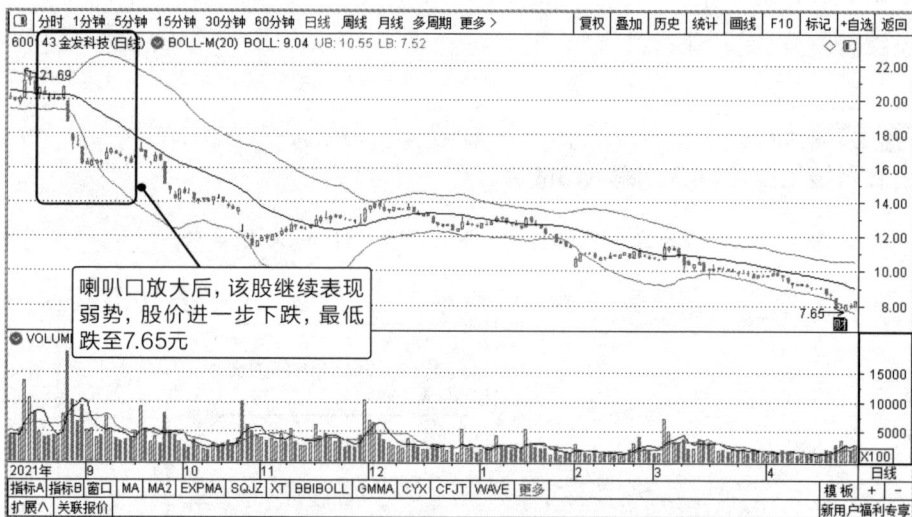

图 4-15　金发科技 2021 年 8 月至 2022 年 4 月的 K 线走势

从金发科技的后市走势情况来看，布林线喇叭口放大后股价继续表现弱势行情，股价震荡下行，最低跌至 7.65 元，跌势沉重。由此可见，喇叭口的放大并不一定意味着股价的上涨，也有可能是股价下跌的信号，投资者要根据股价实际的走势情况来做具体的分析。

4.2.3　喇叭口收缩与股价变化

喇叭口除了放大外，还可能出现收缩，它是指股价从高波动性运动转为低波动性运动，股价波动幅度逐渐减小，上下轨线之间的距离逐渐拉近的一种波动情况。

对于喇叭口收缩，很多投资者的第一反应就是股价发生横向整理，进入了横盘整理阶段，但其实对于喇叭口的收缩不能单纯地判断为横向整理，它也可能出现单边上涨或者是单边下跌行情。

下面我们用具体的例子来进行说明。

实例分析 ⇒

乐凯胶片（600135）喇叭口收缩股价上涨

如图 4-16 所示为乐凯胶片 2020 年 12 月至 2021 年 9 月的 K 线走势。

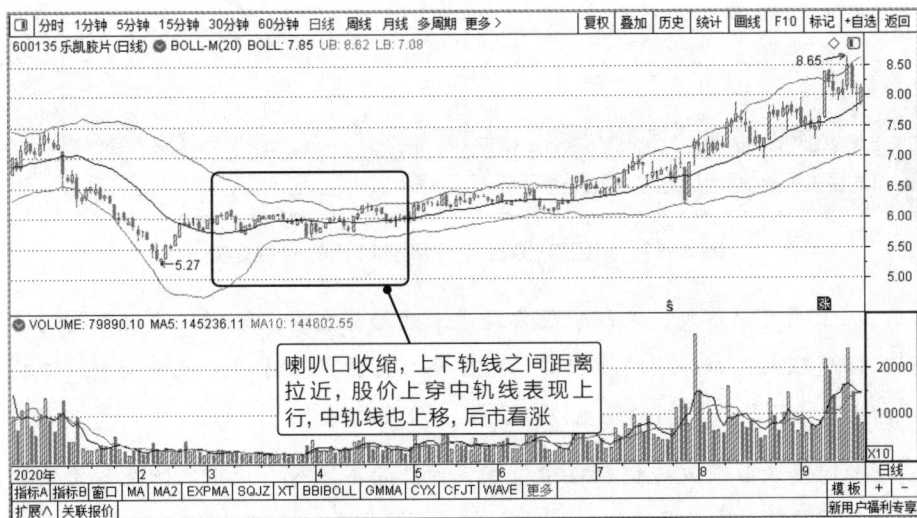

图 4-16　乐凯胶片 2020 年 12 月至 2021 年 9 月的 K 线走势

从上图可以看到，乐凯胶片经过一波下跌行情后运行至低位区域，股价创出 5.27 元的新低后止跌回升。此时，布林线指标喇叭口收缩，上轨线向下，下轨线向上，上下轨线之间的距离逐渐拉近，但中轨线在运行的过程中出现上行迹象，股价也在波动中上穿中轨线并运行至中轨线上方，在中轨线和上轨线之间波动运行。说明场内的空头势能释放完全，多头开始聚集，市场转入多头，为转势信号，后市看涨。

实例分析 ⇒
泉阳泉（600189）喇叭口收缩股价下跌

如图 4-17 所示为泉阳泉 2021 年 6 月至 11 月的 K 线走势。

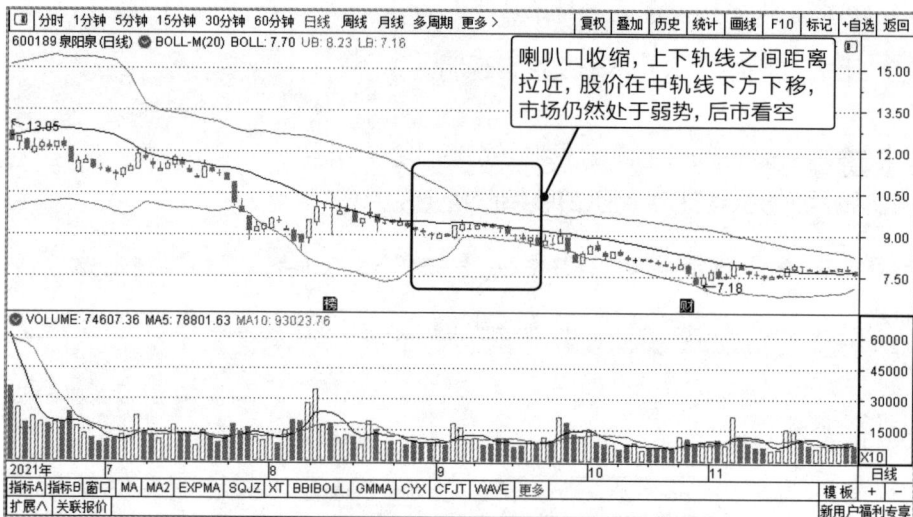

图 4-17　泉阳泉 2021 年 6 月至 11 月的 K 线走势

从上图可以看到，泉阳泉股票处于下跌趋势之中，股价在波动下行的过程中幅度较大，布林线通道较宽。2021 年 8 月底，布林线上轨线向下，下轨线向上，上下轨线之间的距离逐渐靠拢，喇叭口收紧。

此时查看股价发现仍然在中轨线下方并向下运行，说明泉阳泉股票仍然处于下跌趋势之中，后市继续看跌。

实例分析 ⇒
烽火电子（000561）喇叭口收缩股价横盘整理

如图 4-18 所示为烽火电子 2021 年 1 月至 7 月的 K 线走势。

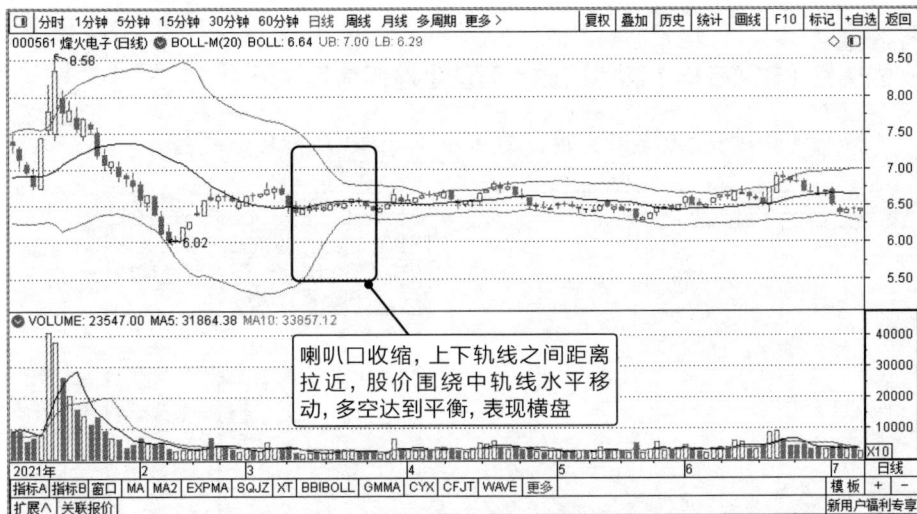

图 4-18　烽火电子 2021 年 1 月至 7 月的 K 线走势

从上图可以看到，烽火电子经过一波下跌行情后，股价下跌至 6.00 元价位线附近，创下 6.02 元的新低后止跌回升，上涨至 6.50 元价位线附近后止涨。

此时查看布林线发现，布林线上轨线向下，下轨线向上，喇叭口收缩，上下轨线之间的距离逐渐拉近，中轨线水平移动。股价在上下轨线形成的狭窄通道内围绕中轨线低波动运行，下方成交量表现极度缩量。说明市场中的空头势能释放完全，多空形成新的平衡，股价未来走势不明，表现横盘整理，在没有出现明显的上涨迹象之前，投资者不应贸然入场。

4.2.4　喇叭口放大假涨

喇叭口放大股价上涨可能是投资者利用布林线追涨时常见的一种诱多陷阱，即股价启动上涨，股价运行至中轨线上方，同中轨线一起上行，布林线喇叭口同步放大，后市看涨。

但是，投资者追涨买进后，股价却止涨拐头向下，表现下跌行情，跌破中轨线，继续下行，使得投资者被套高位难以脱身。

实例分析 ⇒

奥园美谷（000615）喇叭口放大股价上涨假信号

如图 4-19 所示为奥园美谷 2021 年 5 月至 10 月的 K 线走势。

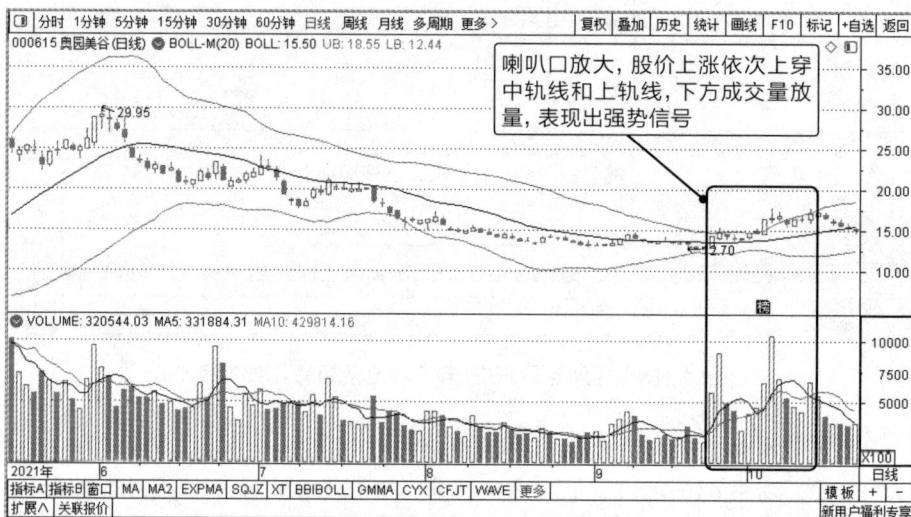

图 4-19　奥园美谷 2021 年 5 月至 10 月的 K 线走势

从上图可以看到，奥园美谷经过一轮下跌行情之后，从最高价 29.95 元跌至最低 12.70 元，跌幅超 50%。当股价跌至 16.00 元价位线附近时，跌势减缓，布林线上下轨线逐渐靠拢，距离越来越近。

2021 年 9 月底，下方成交量明显放量，带动股价上涨，上穿布林线中轨线运行至中轨线上方，随后继续上行，上穿上轨线，表现强势特征。布林线喇叭口放大，上轨线向上，下轨线向下，上下轨线之间的距离逐渐加大，说明市场转入强势之中，后市可能转入上涨行情。

如图 4-20 所示为奥园美谷 2021 年 9 月至 2022 年 4 月的 K 线走势。

从下图可以看到，2021 年 10 月，股价上涨至 18.00 元附近，创下 17.89 元的高价后便止涨继续之前的下跌行情，股价波动下行，最低跌至 6.84 元，跌势沉重。

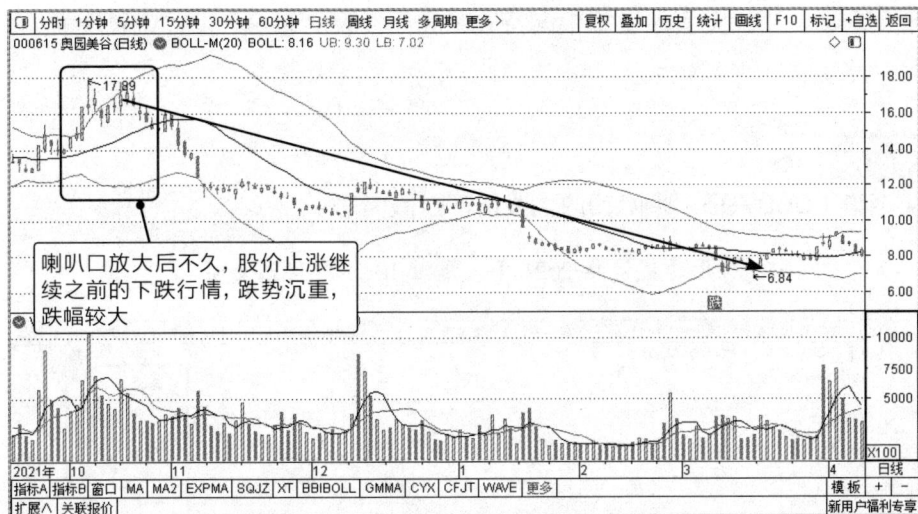

图 4-20　奥园美谷 2021 年 9 月至 2022 年 4 月的 K 线走势

观察布林线指标发现，喇叭口放大后不久，上轨线、中轨线和下轨线三线纷纷拐头下行，表现出极度弱势。根据喇叭口放大信号追涨买进的投资者将遭受重大的经济损失。

从案例可以看到，喇叭口放大股价上涨也可能是主力诱多、高位接盘的假涨信号，为避免高位被套，投资者应注意以下几点。

①在做市场信息研判时应结合其他技术指标综合分析，仅靠单一指标做技术分析容易出现判断失误。

②中轨线是股价中短期运行趋势线，投资者追涨买进后，发现中轨线运行方向发生变化，由之前的上行变为走平或向下就要引起注意，一旦股价下跌有效跌破中轨线，说明下跌行情出现，投资者应立即离场，及时止损。

4.2.5　喇叭口放大假跌

喇叭口放大股价下跌与喇叭口放大股价上涨相似，它可能是一个诱空陷阱，从股价走势信息来看，布林线喇叭口放大，股价向下跌破中轨线下行，预示一波下跌行情即将到来。这一现象的出现使得场内的持股投资者纷纷抛售离场，当投资者清空手中的持股离场后，股价却拐头上行，表现强势，且一路上扬，涨幅较大。

实例分析 ⇒
英洛华（000795）喇叭口放大股价下跌假信号

如图 4-21 所示为英洛华 2021 年 3 月至 10 月的 K 线走势。

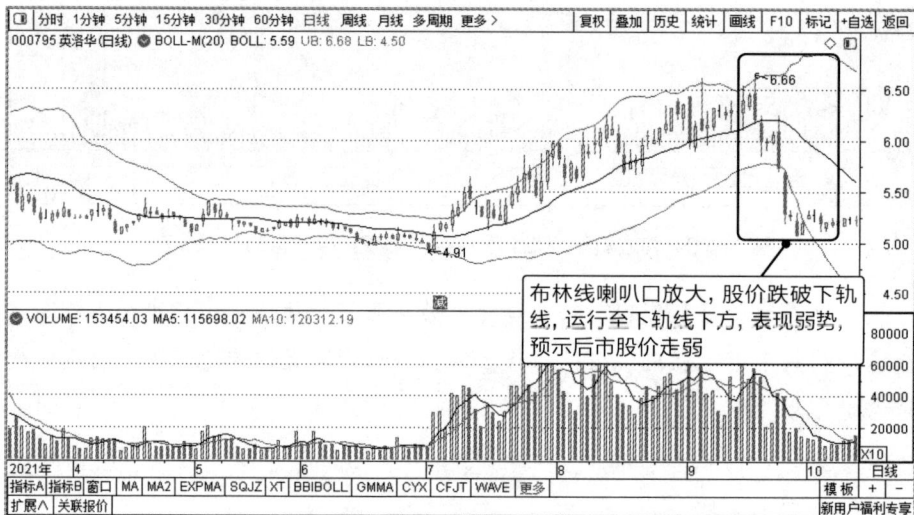

图 4-21　英洛华 2021 年 3 月至 10 月的 K 线走势

从上图可以看到，英洛华经过一段下跌行情后股价在 5.00 元价位线附近止跌，并在该价位线上横盘波动运行。2021 年 7 月，下方成交量放量，带动股价上涨，股价上穿中轨线运行至中轨线上方，在中轨线和上轨线区间内波动上行。

2021 年 9 月，当股价上涨至 6.50 元价位线附近后止涨，随后 K 线收出多根大阴线，使得股价依次下穿中轨线和下轨线，运行至下轨线下方。此时布林线上轨线向上，下轨线向下，喇叭口放大，上下轨线之间的距离逐渐增大，说明股价短期看空，后市极有可能迎来一波下跌。

如图 4-22 所示为英洛华 2021 年 7 月至 12 月的 K 线走势。

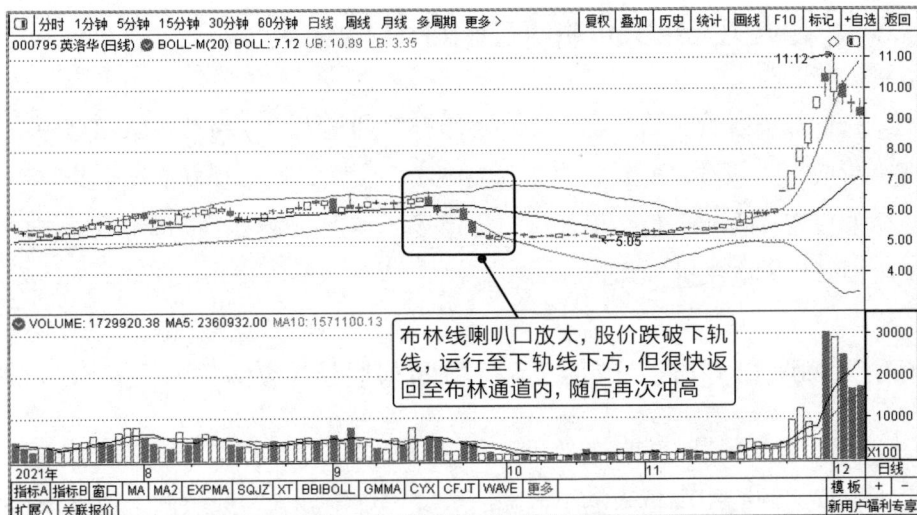

图 4-22　英洛华 2021 年 7 月至 12 月的 K 线走势

从图中可以看到，2021 年 9 月下旬，布林线喇叭口放大，股价跌破下轨线，运行至下轨线下方，当股价跌至 5.00 元价位线附近后便止跌，在该价位线上横盘整理一段后，股价再次上穿中轨线向上拉升，最高上涨至 11.12 元，涨幅超 120%。前期如果投资者根据喇叭口放大信号判断股价下跌而离场，将错失这一收益空间。

从案例可以看到，喇叭口放大、股价下跌也有可能是主力诱空行为，目的在于吸收场内浮筹，以便后市更好地拉升股价。投资者在面对喇叭口放大、股价下跌走势时应注意以下几点。

①投资者在实盘分析时应该结合其他技术指标进行综合分析，这样才能使判断更准确。

②中轨线是判断股价运行趋势的重要工具，当股价跌破中轨线运行至中轨线下方，我们判断了股价可能转入下跌趋势之中，所以卖出股票，那么当股价再次上涨，上穿中轨线时就是加仓跟进的机会。

③为避免错过后市可能出现的上涨行情，投资者可以抛售部分持股，锁定前期大部分收益，余下部分继续持有，以应对可能出现的行情。

4.3 喇叭开口方向释放出的市场信号

我们知道股价波动幅度大小影响布林线通道大小，当布林线通道由小变大形成喇叭口时，说明股价波动幅度由小变大，运动越发活跃，此时市场中的投资操作机会也会增加。对于市场后市走向变化，投资者可以根据喇叭口开口方向来进行判断。

4.3.1 喇叭口开口，上轨线运行方向与股价一致

股价经过一段时间的整理行情后，布林线的上轨线和下轨线逐渐靠拢，上下轨线之间的距离越来越小，随后成交量逐渐放大，股价向上急涨，布林线喇叭口呈放大形态，即上轨线向上，下轨线向下，上下轨线之间的距离逐渐增大。此时，如果股价的运行方向与上轨线一致，则说明市场中多头占据优势，拉升股价向上，后市看涨。

实例分析 ⇒
远兴能源（000683）喇叭口开口，上轨线和股价上行

如图 4-23 所示为远兴能源 2020 年 9 月至 2021 年 3 月的 K 线走势。

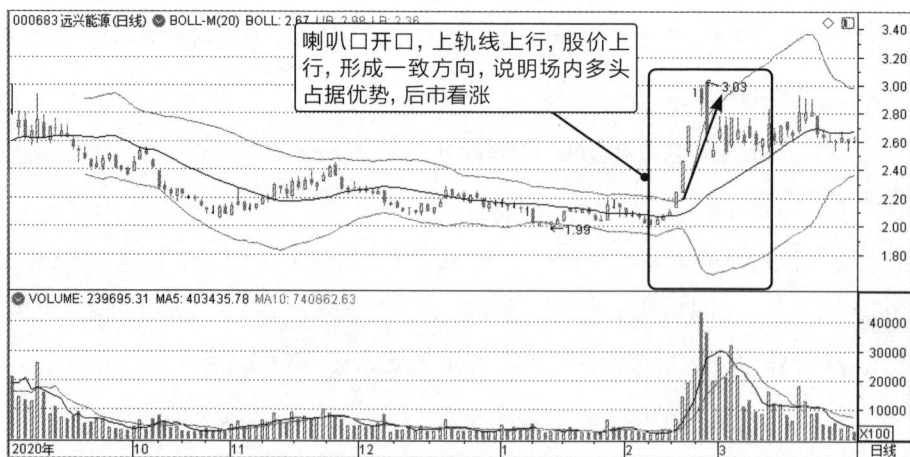

图 4-23 远兴能源 2020 年 9 月至 2021 年 3 月的 K 线走势

从上图可以看到，远兴能源经过一波下跌行情后，股价运行至 2.20 元价位线附近，跌势渐缓，股价波动幅度逐渐变小。布林线上下轨线逐渐靠近，上下轨线之间的距离越来越近，下方成交量极度萎缩，市场冷清。

2021 年 2 月中旬，下方成交量明显放量，推动股价向上急涨，股价上行上穿中轨线和上轨线，运行至上轨线上方。此时，布林线上轨线拐头向上，下轨线拐头向下，喇叭口呈开口状态，说明股价波动幅度变大，市场活跃，并且股价上行与布林线上轨线运行方向一致。说明经过一段下跌行情后，市场中的空头势能释放完全，多头完全占据优势，拉升股价向上，后市看涨，投资者可以积极跟进。

如图 4-24 所示为远兴能源 2021 年 2 月至 9 月的 K 线走势。

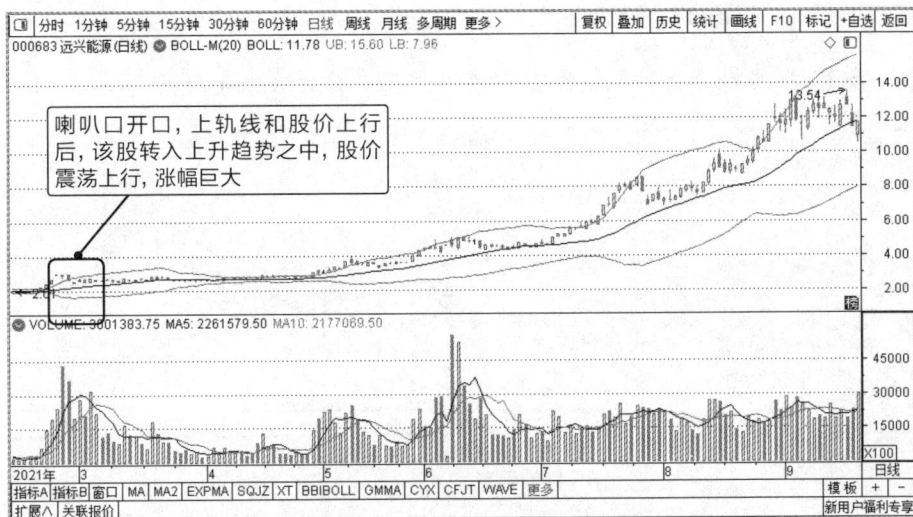

图 4-24　远兴能源 2021 年 2 月至 9 月的 K 线走势

从上图可以看到，经过喇叭口开口，股价与上轨线一致上行后，确认了股价的转势信息，该股转入上升趋势之中，股价震荡向上，不断上移，最高上涨至 13.54 元，涨幅巨大。投资者如果能通过喇叭口开口且股价与上轨线一致上行，准确判断市场信号，必然能够获得丰厚的投资回报。

4.3.2 喇叭口缩口，多空较量变盘

喇叭口缩口说明股价转入震荡整理走势中，这是股价变盘的信号，需要引起投资者注意。因为每一次的缩口震荡都是多空双方较量的过程，缩口之后就会出现开口，而开口的方向意味着多空一方的获胜。

此时我们可以根据缩口时中轨线和股价的位置来进行判断。如果布林线上、中、下三轨线中有两条轨线向上，则说明多方在较量中胜出，占据优势，短期看涨；如果布林线上、中、下三轨线中有两条轨线向下，则说明空方在较量中胜出，占据优势，短期看空。

实例分析 ⇒
鞍钢股份（000898）喇叭缩口，多方胜出

如图 4-25 所示为鞍钢股份 2021 年 3 月至 9 月的 K 线走势。

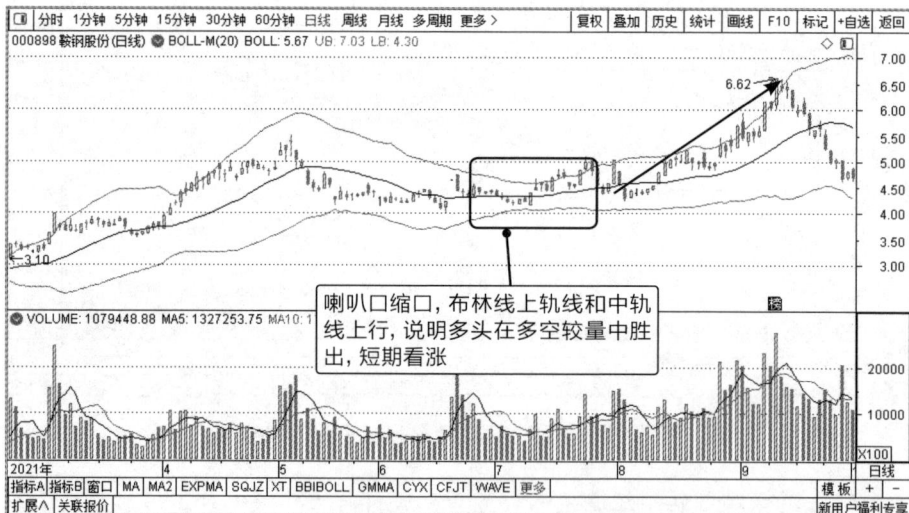

图 4-25　鞍钢股份 2021 年 3 月至 9 月的 K 线走势

从上图可以看到，鞍钢股份经过一波上涨后，股价运行至 5.50 元价位线附近止涨，小幅下跌后在 4.50 元价位线上横盘整理。此时，观察布林线指标发现，在横盘整理过程中，上轨线向下，下轨线向上，上下轨线之间的距离

逐渐拉近，形成缩口喇叭口。再进一步仔细观察发现，喇叭口缩口后上轨线和中轨线出现明显上行，说明场内多头占据优势，该股短期看涨。

实例分析 ⇒
华工科技（000988）喇叭缩口，空方胜出

如图 4-26 所示为华工科技 2021 年 6 月至 12 月的 K 线走势。

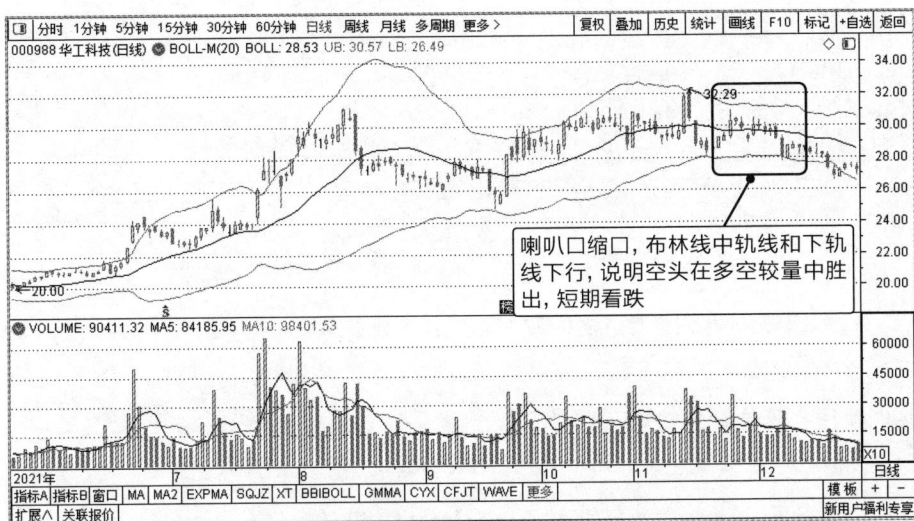

图 4-26　华工科技 2021 年 6 月至 12 月的 K 线走势

从上图可以看到，华工科技股票前期经过一段时间的大幅上涨行情后，股价运行至 30.00 元附近涨势减缓，随后表现出横盘整理走势。在横盘整理的过程中，布林线通道逐渐变窄，上下轨线距离越来越近。

2021 年 11 月，股价波动幅度进一步变小，在 30.00 元价位线上保持低波运行，此时布林线上轨线向下，下轨线向上，形成缩口喇叭口。仔细查看发现，喇叭口缩口时，布林线的中轨线和下轨线明显下行，说明股价的这一波下跌并未结束，场内的空头势能并未释放完全，在多空较量中空方仍然占据优势，该股短期仍然看跌。

如图 4-27 所示为华工科技 2021 年 9 月至 2022 年 4 月的 K 线走势。

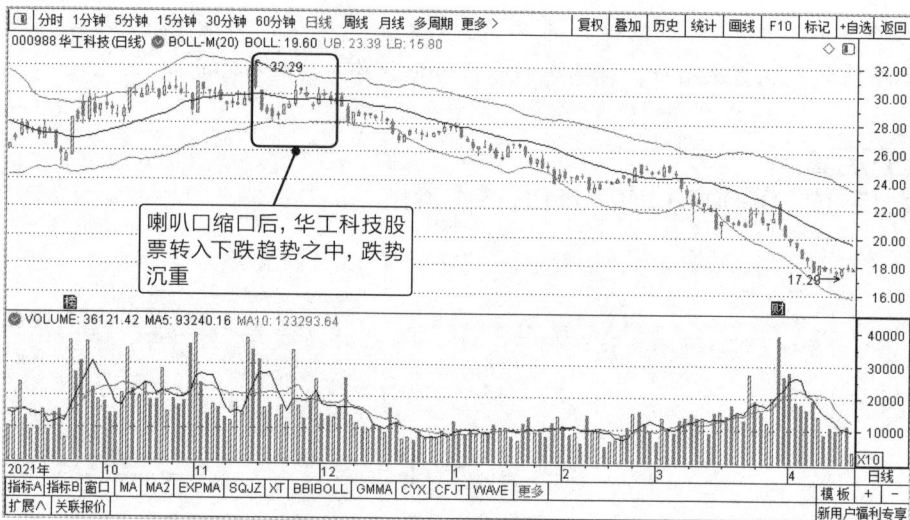

图 4-27　华工科技 2021 年 9 月至 2022 年 4 月的 K 线走势

从上图可以看到，喇叭口缩口后，华工科技股票转入下跌行情之中，股价从 30.00 元附近开始下跌，最低跌至 17.29 元，跌幅较大。因此，布林线的缩口往往是股价行情改变的信号，投资者要注意，提前做好相关投资决策。

4.3.3　喇叭口开口，上轨线运行方向与股价不一致

股价经过一段时间的上涨后运行至高位区域，涨势减缓。随后布林线在高位出现喇叭口开口，即上轨线向上，下轨线向下，上下轨线之间的距离逐渐增大。此时股价向下运行，与上轨线反向运行，说明股价转入下跌行情，一波下跌行情启动，投资者需尽快离场。

实例分析 ⇒

华金资本（000532）喇叭口开口，上轨线和股价反向运行

如图 4-28 所示为华金资本 2021 年 7 月至 2022 年 3 月的 K 线走势。

从下图可以看到，华金资本经过一波上涨行情后股价运行至 18.50 元附近的高位区域，随后止涨横盘整理，布林线上轨线和下轨线靠近，布林通道变窄。

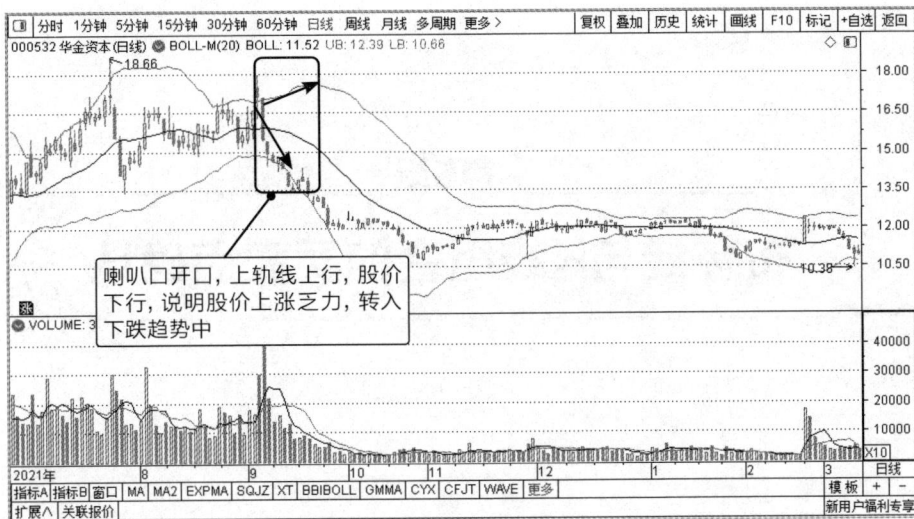

图 4-28　华金资本 2021 年 7 月至 2022 年 3 月的 K 线走势

2021 年 9 月，布林线上轨线上行，下轨线下行，喇叭口呈开口，说明之前的横盘整理平衡被打破。此时 K 线连续收出阴线，使得股价下跌。股价下行，上轨线上行，形成反向运行，说明股价上涨乏力，该股转入下跌趋势中，后市看跌。

从该股后市的走势来看，布林线喇叭口开口，股价和上轨线反向运行后，该股转入下跌趋势之中，跌势沉重，跌幅较大。

第5章

布林线与K线组合的买卖点确认

在实战投资中，以单一的技术指标分析进行买卖点确定，风险是非常大的，所以如果能够将布林线指标与其他指标结合做综合分析，可以提高投资判断的准确性。K线是股票分析中比较基础的一种技术分析方法，它在技术分析中的重要性不言而喻。本章就对K线和布林线进行组合分析，以判断市场中的买卖点信号。

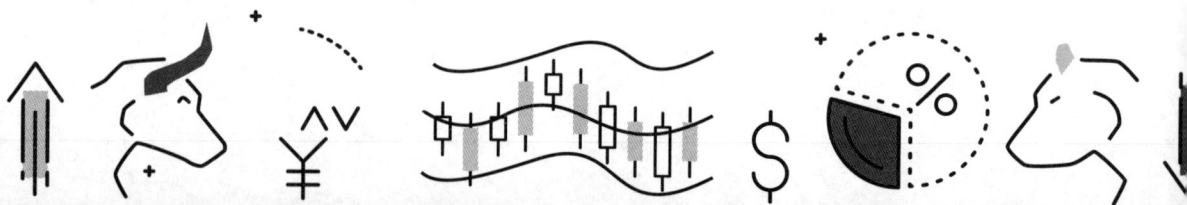

5.1　K 线突破布林线情况分析

K 线有阴阳和大小之分，且不同形态的 K 线具有不同的市场意义。K 线突破布林线轨线往往是市场行情发生变化的重要转折点。在前面的内容中，我们对股价行情走势做过简单的 K 线走势与布林线结合分析，当布林线轨道处于水平状态时，K 线向上运行，自下而上穿过下轨线，并穿过中轨线向上运行，视为涨势行情；K 线向下运行，自上而下穿过上轨线，并穿过中轨线向下运行，视为跌势行情；K 线围绕中轨线运行时，认为市场处于横盘整理走势中。这是一个比较简单的基本描述，实际投资过程中，我们可以进一步借助 K 线穿过布林线轨道时的形态以及变化形态来分析判断市场行情的走向。

5.1.1　K 线由阴转阳且逐渐放大

经过一轮下跌行情后，股价运行至布林线中轨线下方，随后 K 线收出阴线下穿下轨线，穿过后 K 线实体却没有继续放大，反而逐步萎缩到出现实体较小的阳线，接着阳线实体逐渐放大，自下而上穿过中轨线，向上运行。说明市场由弱转强，是市场强势的特征，短期内该股可能迎来一波上涨行情，投资者可积极跟进。

实例分析 ⇒
本钢板材（000761）K 线阴转阳且逐渐放大

如图 5-1 所示为本钢板材 2020 年 10 月至 2021 年 4 月的 K 线走势。

从下图可以看到，本钢板材前期处于下跌行情之中，股价波动下行，下方成交量极度萎缩。2021 年 1 月 29 日，K 线收出一根实体较长的大阴线下穿布林线下轨线，使 K 线运行至布林线下方，但随后的 K 线实体却没有继续放大，而是连续收出实体较小的小阴线或十字线，使得股价止跌回到布林线通道内。

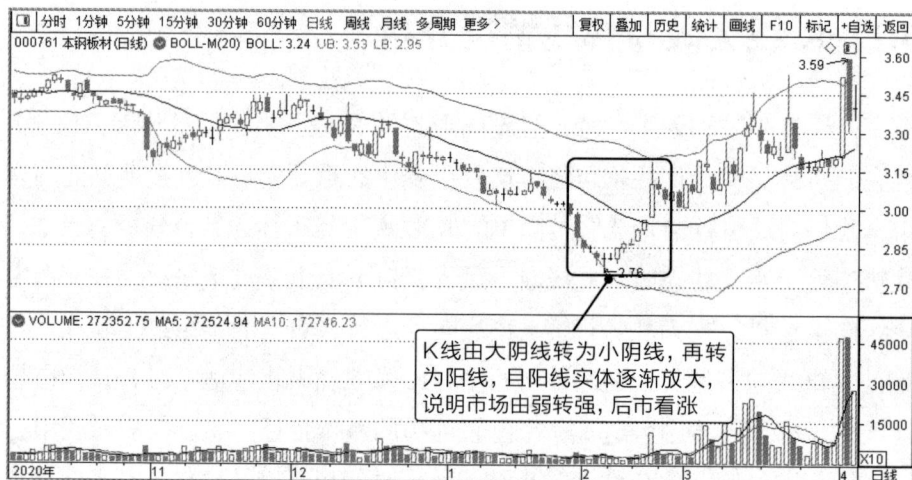

图 5-1 本钢板材 2020 年 10 月至 2021 年 4 月的 K 线走势

接着 K 线转为阳线，且阳线实体逐渐放大，向上拉升股价，使得 K 线自下而上穿过中轨线，在中轨线上方运行。此时，查看下方的成交量，发现成交量明显放量，说明本钢板材的这一波下跌行情已经结束，市场由弱转强，后市看涨。

如图 5-2 所示为本钢板材 2021 年 1 月至 9 月的 K 线走势。

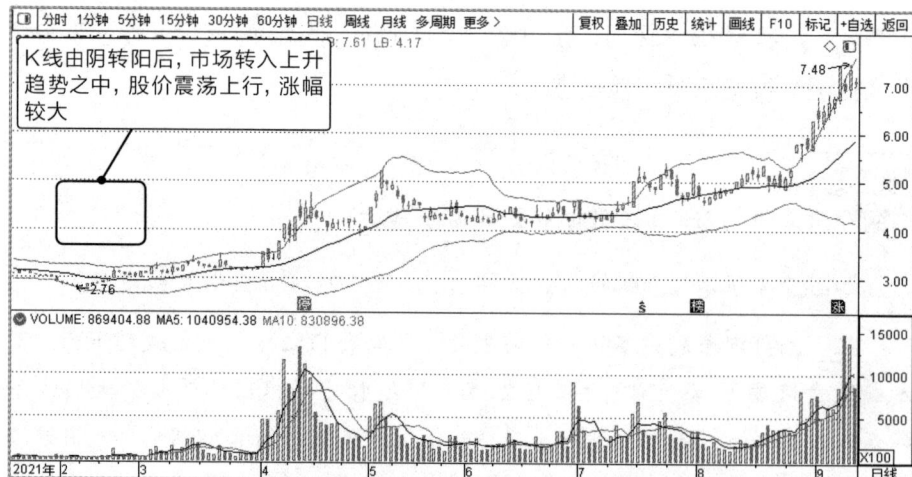

图 5-2 本钢板材 2021 年 1 月至 9 月的 K 线走势

从上图可以看到，K 线由阴转阳后，市场中的多头力量聚集，转入上升趋势之中，股价波动上行，最高上涨至 7.48 元，涨幅较大。由此可见，K 线由阴转阳且逐渐放大是市场由弱转强的信号，投资者抓住这一信号，此番投资可以获得不菲的回报。

5.1.2　K 线由阳转阴且逐渐放大

股价经过一波上涨后，K 线收出阳线上穿布林线上轨线后又回落至布林线通道内，并形成实体较小的阳线，随后 K 线由阳转阴，且阴线实体逐渐放大，股价下跌并下穿中轨线，运行至中轨线下方。这是股价由强转弱的信号，说明股价上涨乏力，多头势能衰竭，空头占据优势，后市转入下跌趋势之中。

实例分析 ⇒
云铝股份（000807）K 线阳转阴且逐渐放大

如图 5-3 所示为云铝股份 2021 年 3 月至 9 月的 K 线走势。

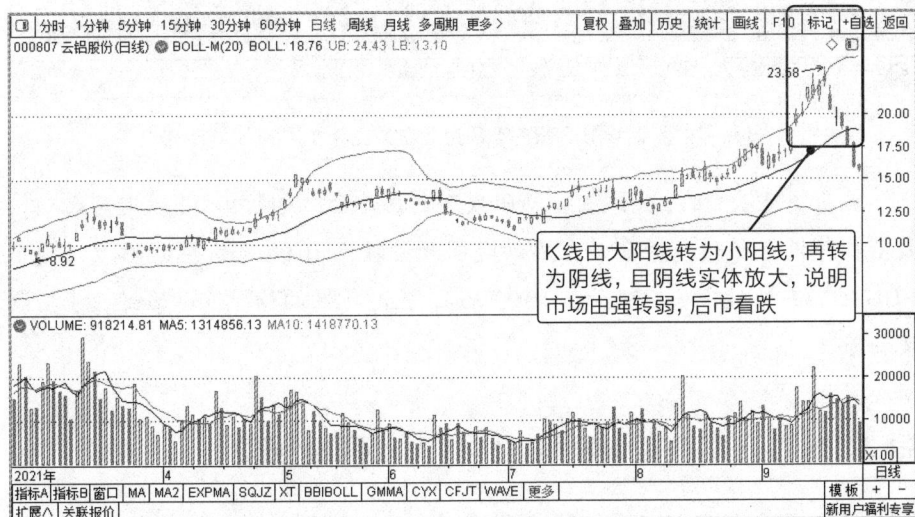

图 5-3　云铝股份 2021 年 3 月至 9 月的 K 线走势

从上图可以看到，云铝股份处于上升趋势之中，股价波动上行，重心不断上移。2021 年 9 月，K 线连续收出高开高走的阳线，使得股价快速上涨，并上穿布林线上轨线，运行至上轨线上方。随后 K 线由阳转阴，且阴线实体逐渐放大，使得股价回落至布林通道内，并继续下行下穿中轨线，运行至中轨线下方。说明股价上涨乏力，场内多头力量走弱，空头力量逐渐聚集，后市看跌。

如图 5-4 所示为云铝股份 2021 年 8 月至 2022 年 1 月的 K 线走势。

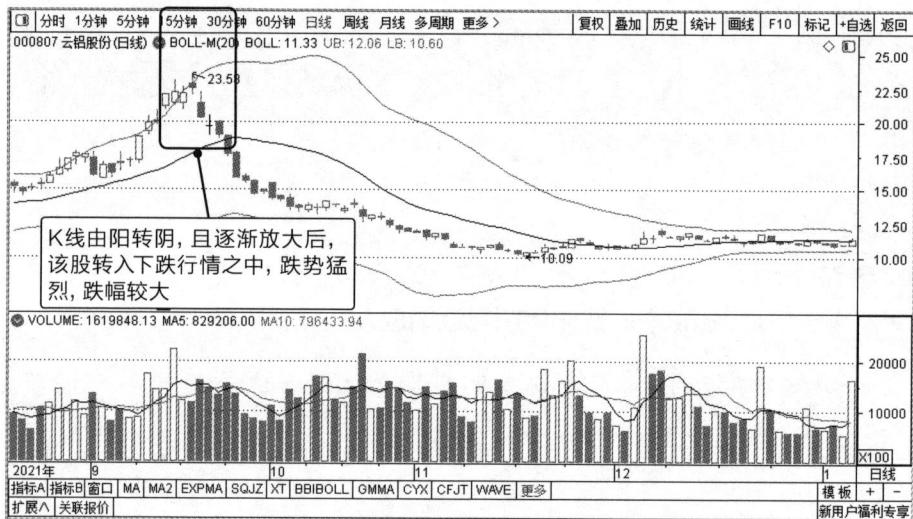

图 5-4 云铝股份 2021 年 8 月至 2022 年 1 月的 K 线走势

从上图可以看到，K 线由阳转阴且逐渐放大后，该股转入下跌趋势之中，股价跌势较为猛烈，两个月左右的时间股价跌至 10.00 元价位线附近，创下 10.09 元的新低后止跌，随后在 10.00 元至 12.50 元区间横盘波动运行，市场表现弱势。

5.1.3　K 线向下跌破中轨线，实体由大阴转小阳

股价经过一波上涨后，运行至相对高位区域后止涨，K 线收出大阴线股价下跌，并自上而下跌破中轨线，是市场由强转弱的信号。但是 K 线跌

破中轨线后，K 线的阴线实体并未继续放大，反而转为连续的小阳线，则说明市场中的多头能量并未消耗殆尽，此时的下跌极有可能是上涨过程中的回调，该股的上涨趋势并未发生改变，后市仍然看涨，是投资者的加仓机会。

实例分析 ⇒
许继电气（000400）K 线大阴转小阳

如图 5-5 所示为许继电气 2021 年 6 月至 10 月的 K 线走势。

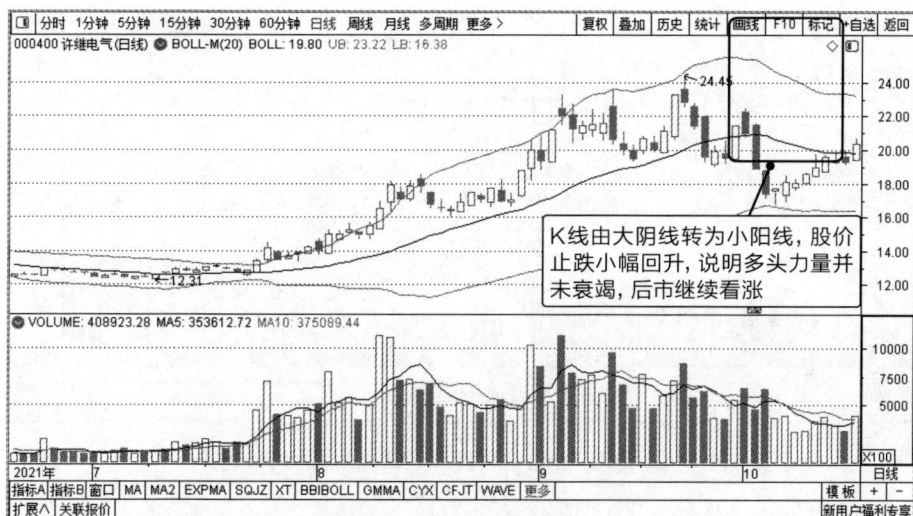

图 5-5　许继电气 2021 年 6 月至 10 月的 K 线走势

从上图可以看到，许继电气前期经过一波下跌行情后股价运行至 12.00 元价位线的低位区域，并在该区域低位横盘运行。2021 年 7 月下旬，成交量放量，推动股价上涨，该股转入上升趋势之中。

股价波动上行，两个月左右的时间运行至 24.00 元附近，创下 24.45 元的新高后止涨下跌。K 线连续收出实体较大的阴线使得股价自上而下跌破中轨线，运行至中轨线下方。这一信号的出现使得股价出现转势迹象，那么股价是不是就此止涨转入下跌趋势中了呢？

进一步观察 K 线发现，K 线收出大阴线跌破中轨线后，阴线实体并未继续放大下穿下轨线，而是由阴转阳，收出连续的小阳线，使得股价止跌并小幅回升至中轨线上。说明场内的多头力量并未消耗殆尽，此时的下跌极有可能是主力拉升过程中的洗盘行为，目的是清理浮筹，一旦回调整理结束，后市继续看涨，场内的持股投资者不必抛售股票，可以适当加仓。

如图 5-6 所示为许继电气 2021 年 7 月至 12 月的 K 线走势。

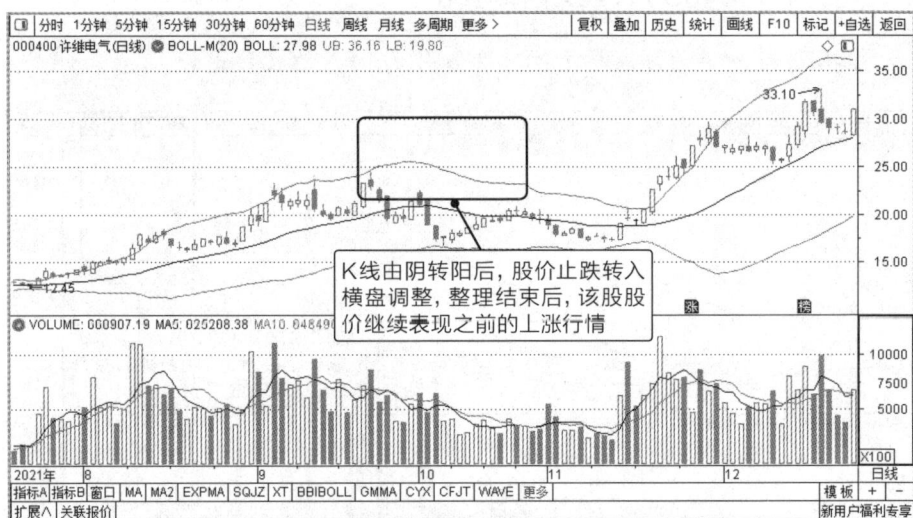

图 5-6　许继电气 2021 年 7 月至 12 月的 K 线走势

从上图可以看到，K 线下穿布林线中轨线，阴转阳后，股价围绕中轨线横盘波动运行。2021 年 11 月中旬，成交量再次放量，带动股价上涨，K 线连续收出阳线，许继电气继续表现之前的上涨行情，最高上涨至 33.10 元，涨幅较大。

5.1.4　K 线向上突破中轨线，实体由大阳转小阴

股价经过一番下跌后，运行至相对低位区域后止跌，K 线收出大阳线股价上涨，并自下而上突破中轨线，是市场由弱转强的信号。但是 K 线穿过中轨线后，阳线并未继续放大，反而转阴，收出连续的小阴线，说明市

场中空头仍然占据优势，此时的止跌回升只是诱多信号，后市仍然看跌。场内的持股投资者应借此机会及时离场脱身，场外的投资者不要贸然入场，避免被套。

实例分析 ⇒

广弘控股（000529）K 线大阳转小阴

如图 5-7 所示为广弘控股 2020 年 7 月至 2021 年 3 月的 K 线走势。

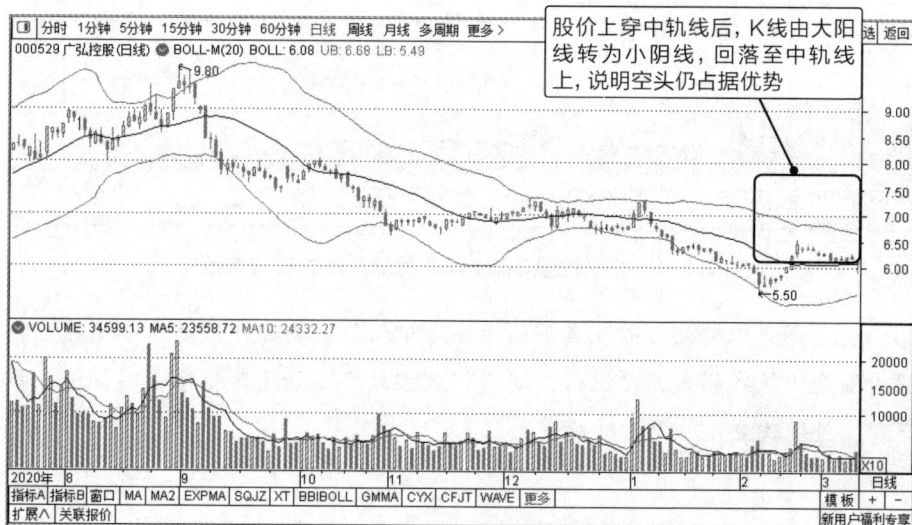

图 5-7　广弘控股 2020 年 7 月至 2021 年 3 月的 K 线走势

从上图可以看到，广弘控股经过一波上涨后股价运行至 9.00 元价位线上方，在创出 9.80 元的新高后止涨回落，转入下跌趋势之中，股价波动下行，重心不断下移。

2021 年 2 月初，股价创出 5.50 元的新低后止跌，K 线收出连续阳线带动股价上涨，使得股价自下而上穿过中轨线，出现行情转强的特征。但是，股价上穿中轨线后 K 线并未继续放大，K 线收出多根小阴线，使得股价小幅滑落至中轨线上。说明场内的空头势能并未释放完全，空头仍然占据优势，后市可能继续表现为下跌行情。

如图 5-8 所示为广弘控股 2021 年 2 月至 8 月的 K 线走势。

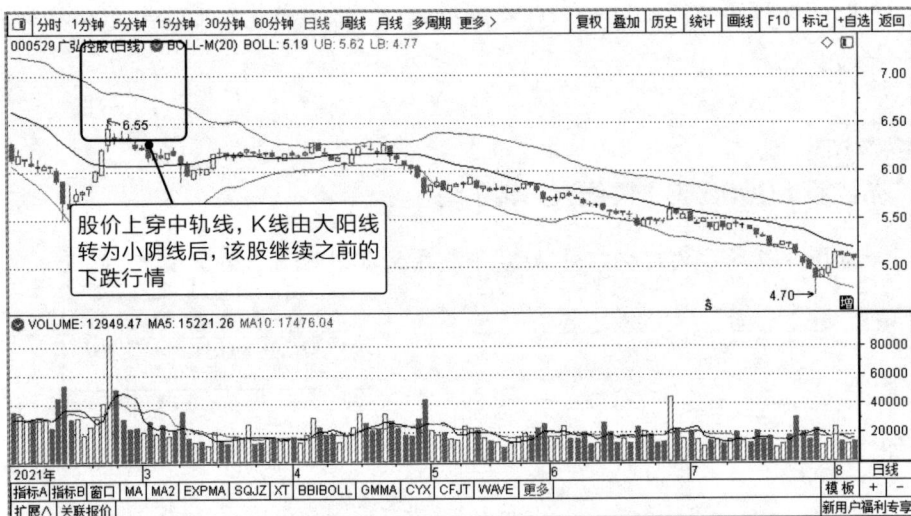

图 5-8　广弘控股 2021 年 2 月至 8 月的 K 线走势

从上图可以看到，K 线自下而上穿过中轨线，由大阳线转为小阴线后，股价围绕中轨线横盘波动运行，随后该股继续之前的下跌行情，股价进一步下跌，最低跌至 4.70 元，跌幅较大。

5.2　布林线与 K 线底部形态的综合分析

除了通过单根 K 线的阴阳状态和实体大小来判断行情外，还可以借助长期形态来进行市场分析。K 线经过长时间的运行会形成一些比较典型的、具有反转特征的形态，通过这些 K 线形态，投资者可以快速判断股价的底部和顶部位置，再与布林线指标进行综合分析，便能得到比较准确的买卖点信号位置了。

股价经过一段下跌行情之后运行至低位底部区域，随后主力开始进场吸收廉价筹码，但为了不让其他投资者发现自己的行为，主力会慢慢买进，所以 K 线底部往往不是一蹴而就的，而是需要经过反复震荡。只有当散户投资者对股价拉升已经不抱信心时，主力才会开始启动拉升。

虽然主力想要极力掩盖自己的行为，但是当主力开始陆续建仓时，K 线、成交量以及技术指标都会透露出一些信号，投资者通过这些信号就能比较容易识别出底部。

5.2.1　布林线与 K 线双重底形态

K 线双重底也被称为 W 底形态，是一个比较典型的底部反转形态，该形态通常出现在下跌行情的末期。双重底指的是股价连续两次下跌的低点大致相同时形成的 K 线走势形态，因为形似英文字母"W"，所以又被称为 W 底形态。如图 5-9 所示为双重底形态示意图。

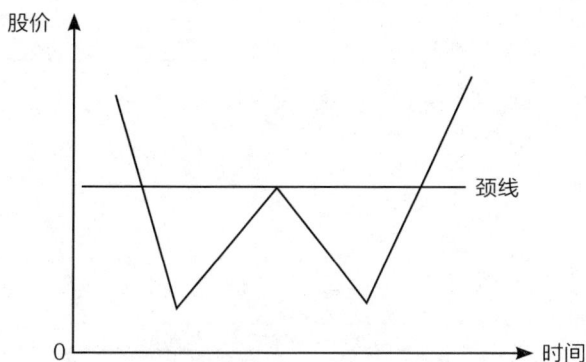

图 5-9　双重底

双重底形态作为经典的底部形态具有如下基本特征。

①双重底形态的两个低点通常在同一水平线上，股价第一次冲高回落后形成顶点称为颈部，当股价放量突破颈线时，行情可能见底回升。

②K 线双重底形态形成后，股价放量上涨突破颈线，超过 3 根 K 线收盘价在颈线之上，为有效突破。

③双重底形态形成之后，股价有可能出现回落的行情，但最终会在颈

部附近止跌企稳，后市看涨，投资者可在颈线处止跌回升后介入。

拓展贴士 *实战中的双重底形态*

在实际操作中，也会出现双重底的两个底点不在同一水平线上的情况，通常第二个底点都较第一个底点稍高，因为部分先知先觉的投资者在第二次股价回落时已开始买入，令股价无法再次跌回上次的低点。而且形态底部也会出现两个低点之间的距离不对称的情况。通常左底成交量大于右底，突破颈线若伴随放量，则上涨信号比较明确。此外，双重底形态在底部构筑的时间越长，其产生的回升效果就越强。完整形态的 W 底构筑时间至少需要一个月，过短的时间间隔有可能是主力设置的技术陷阱。

实例分析 ⇒
太龙药业（600222）双重底形态与布林线指标

如图 5-10 所示为太龙药业 2020 年 8 月至 2021 年 3 月的 K 线走势。

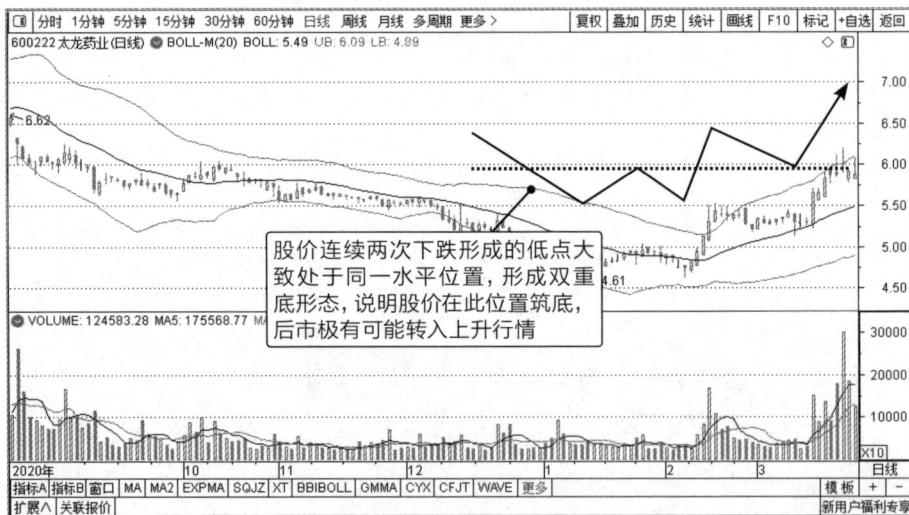

图 5-10 太龙药业 2020 年 8 月至 2021 年 3 月的 K 线走势

从上图可以看到，太龙药业处于下跌行情之中，股价波动下行，不断创出新低。2021 年 1 月中旬，股价创出 4.61 元的低价后止跌小幅回升至 5.00 元

附近后再次下跌。但此次下跌幅度不大，在前期低点附近便止跌回升。连续
两次的下跌回升形成了两个明显的低点，且两个低点大致处于同一水平位置，
形成了典型的双重底形态。说明股价在此位置筑底，后市极有可能转入上升
趋势之中。

　　进一步仔细观察发现，K 线止跌回升的过程中连续收出大阳线，下方
成交量明显放量，使得股价在向上拉升的过程中一举突破颈线位置，且突破
后超过 3 根 K 线收盘价在颈线之上，说明该突破为有效突破。随后股价止涨
小幅下跌，跌至颈线附近时止跌，进一步确认了双重底形态突破的有效性，
后市极有可能转入上升行情之中。

　　此时，我们再查看布林线指标发现，股价第一次下跌创出 4.61 元新低时，
触及下轨线，获得支撑反弹回升，接着成交量放量带动股价向上急涨，并自
下而上有效突破中轨线和上轨线，运行至上轨线上方，说明场内的多头力量
聚集占据优势，转为强势行情。随后股价回落至布林通道内，在中轨线和上
轨线区间波动运行，并且上轨线、中轨线和下轨线三线上行，说明市场处于
强势上升行情之中。投资者应在股价回踩颈线止跌企稳时积极买进。

　　如图 5-11 所示为太龙药业 2020 年 12 月至 2021 年 9 月的 K 线走势。

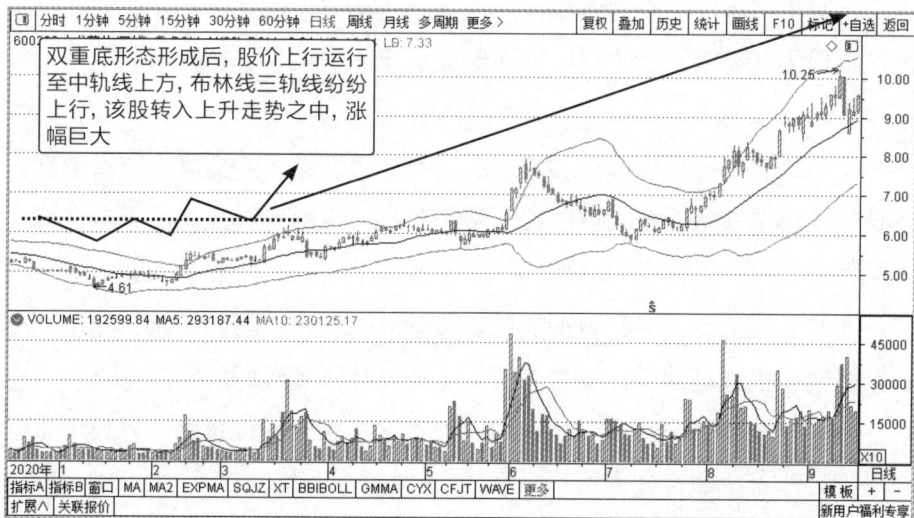

图 5-11　太龙药业 2020 年 12 月至 2021 年 9 月的 K 线走势

从上图可以看到，经过 K 线双重底形态确认了股价底部之后，再通过布林线轨道线确认行情转变情况，随后该股果然转入上升行情之中，股价波动上行，最高上涨至 10.25 元，涨幅超 100%，涨势猛烈。

5.2.2　布林线与 K 线头肩底形态

K 线头肩底形态是比较常见的一种底部反转形态，因为其形态与人体的头与肩的关系相似，所以被称为头肩底形态。头肩底形态通常出现在熊市行情的末期，其形态特征如下。

①股价经过长期下跌后再急速下跌，成交量出现放大迹象，随后止跌反弹，形成第一个波谷，也就是通常说的"左肩"。

②股价第一次反弹受阻，使得股价再次下跌，且价格低于左肩的最低价，成交量在下跌过程中未减少，甚至放大。股价在低位经过一段时间盘整，成交量则迅速萎缩，随后股价再次止跌反弹形成了第二个波谷，这就是通常说的"头部"。

③第二次反弹再次在第一次反弹高点处受阻，股价又开始第三次下跌，但股价到达第一个波谷相近的位置后便不再下跌，而是止跌回升，成交量出现极度萎缩，股价再次反弹形成了第三个波谷。这就形成了所谓的"右肩"。

④股价第一次反弹高点和第二次反弹高点，即由左肩高点至右肩高点用直线连起来就是一条阻碍股价上涨的颈线，当股价第三次反弹时在成交量配合下，向上突破这条颈线，站在颈线上方，"头肩底"形态便成立。

⑤头肩底形态成立是典型的股价底部回升信号，后市看涨，投资者要找准机会积极进场建仓。通常股价上涨放量冲破颈线时就可考虑做多，将其称为第一买点。股价突破颈线后回抽，并在颈线附近止跌回升再度上扬时可加码买进，通常称为第二买点。需要注意的是，股价向上突破颈线时需要成交量伴随放大，如果没有成交量作为支撑，可能是假性突破，投资

者应以观望为主，不要贸然入场，应等成交量明显放量后再考虑入场。

如图 5-12 所示为头肩底形态示意图。

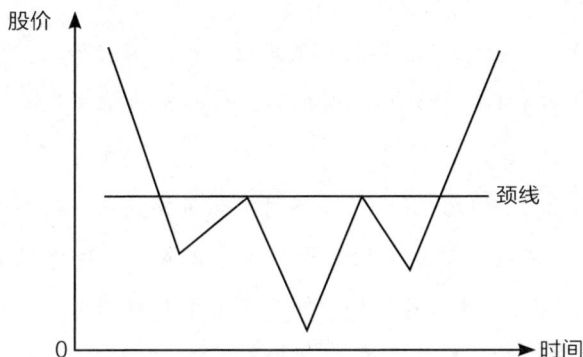

图 5-12　头肩底

实例分析 ⇒
南天信息（000948）头肩底形态与布林线指标

如图 5-13 所示为南天信息 2020 年 10 月至 2021 年 4 月的 K 线走势。

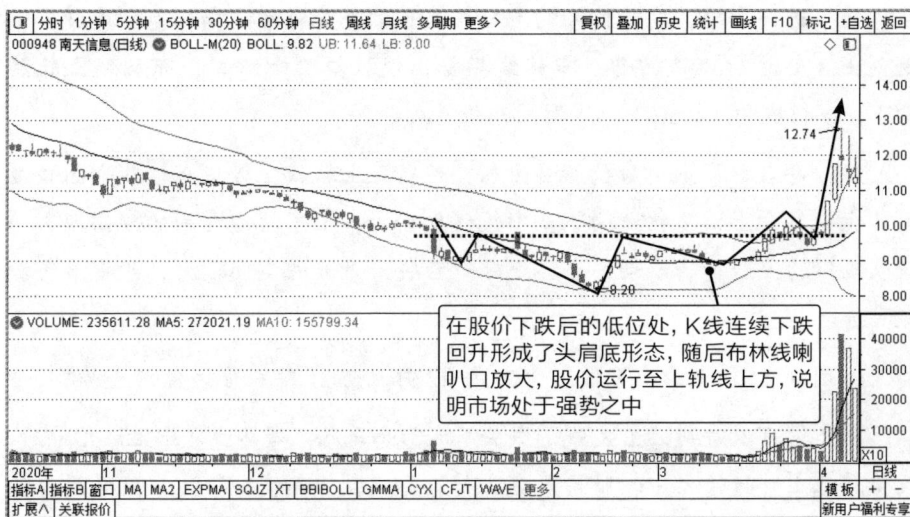

图 5-13　南天信息 2020 年 10 月至 2021 年 4 月的 K 线走势

从上图可以看到，南天信息股票处于弱势行情之中，股价波动下行，逐渐下跌。2021 年 1 月上旬，股价下跌至 9.00 元价位线附近后止跌，并小幅回升至 9.50 元附近后止涨再次下跌。

此次下跌股价创出了 8.20 元的新低后止跌回升，股价回升至上一次反弹高点 9.50 元附近后止涨，并开始小幅回落，当股价再次下跌至 9.00 元价位线附近后止跌回升。

股价连续 3 次下跌回升形成了 3 个明显的下跌低点和两个明显的反弹高点。3 个低点中左右两个低点大致在同一水平位置，中间低点的位置最低，另外，两个反弹高点大致上处于同一水平位置。由此可见，K 线在股价下跌后的低位区域，在震荡过程中形成了头肩底形态。

头肩底形态的出现，说明股价在此位置筑底，后市极有可能转入上升行情之中。2021 年 3 月下旬，下方成交量放量，推动股价向上拉升，股价一举突破颈线的压制运行至颈线上方。当股价上涨至 10.00 元附近后止涨小幅回落，股价在下跌触及颈线时获得支撑止跌企稳，随后成交量进一步放量，K 线收出大阳线，股价再次向上急涨，说明拉升行情启动。

为了进一步确认转势信号的准确性，我们查看布林线指标，发现股价下跌创出 8.20 元后止跌回升，布林线指标出现收口形喇叭口，布林线上轨线向下，下轨线向上，上下轨线之间的距离减小。

2021 年 3 月下旬，股价放量上涨，运行至上轨线上方，布林线喇叭口放大，上轨线向上，下轨线向下，中轨线也向上，上下轨线之间的距离增大，说明股价的上涨行情启动，布林线开口后股价上涨的空间较大，投资者可积极买进。

如图 5-14 所示为南天信息 2020 年 12 月至 2021 年 6 月的 K 线走势。

从下图可以看到，在 K 线形成头肩底形态筑底，布林线发出上涨信号后，股价转入上升行情之中，股价震荡上行，不断创出新高，下方成交量放大，交投活跃。如果投资者前期利用布林线和 K 线走势进行综合分析，及时买进，必然可以得到不错的投资回报。

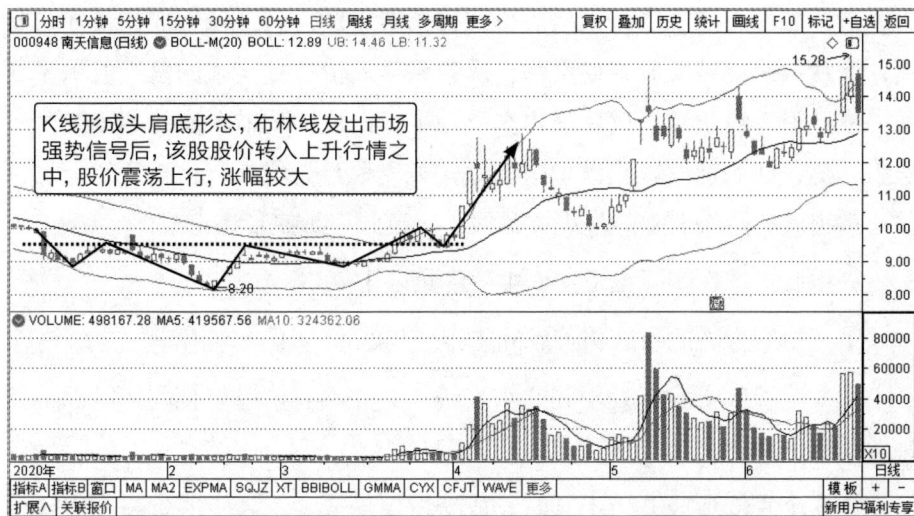

图 5-14 南天信息 2020 年 12 月至 2021 年 6 月的 K 线走势

5.2.3 布林线与 K 线三重底形态

三重底形态指的是股价在下跌的过程中，经过连续 3 次下跌受到了支撑反弹，形成了 3 个低点，并且 3 个低点的位置大致上处于同一水平线上。三重底形态的形成说明股价低位支撑非常强，是一个比较强烈的底部反转信号，如图 5-15 所示为三重底形态示意图。

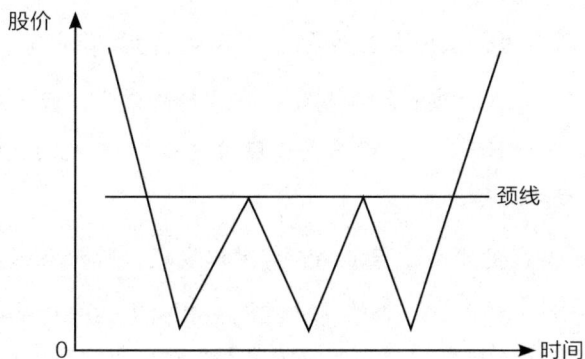

图 5-15 三重底

三重底形态的形成是因为股价经过长期下跌之后，随着成交量逐渐萎缩，下跌的速度减缓并开始反弹，反弹到某一价位处止涨回落，但下跌到前一低点附近时止跌，之后又再次反弹上行，反弹至前一次的高点时再次遇阻回落，回到前两次止跌位附近时，成交量开始增大、价格开始上涨，并一举突破前两次遇阻的高点（颈线），至此三重底形态形成。

三重底形态在实际投资操作中要注意以下 6 点。

①三重底形态的谷底与谷底间隔距离与时间并不一定相等。

②3 个谷底大致上处于同一水平线上，并不要求完全相同，所以不要刻板理解。

③3 个底部形成股价上升时，成交量伴随放大，表示股价将会突破颈线转入上升行情。

④股价前期底部形成的构筑时间越长，后期拉升的时间也就越长。

⑤三重底形态形成后，当股价放量上涨突破颈线时为投资者的买进机会。

⑥股价在突破颈线位置后回抽，进一步确认突破有效性后再拉升，是比较稳健的加仓机会。

实例分析 ⇒
金风科技（002202）三重底形态与布林线指标

如图 5-16 所示为金风科技 2021 年 2 月至 8 月的 K 线走势。

从下图可以看到，金风科技前期处于下跌行情之中，股价从相对高位处向下滑落，重心不断下移。2021 年 5 月，股价创出 11.30 元的新低后止跌，并在 12.00 元价位线波动横行。

仔细观察股价横盘波动过程中的走势可以发现，股价在横盘波动过程中出现了明显的 3 次下跌反弹，形成了 3 个低点和 2 个高点，并且 3 个低点大致处于同一水平位置（11.50 元）附近，两个高点处于同一水平位置（12.50 元）附近，由此形成了三重底形态。

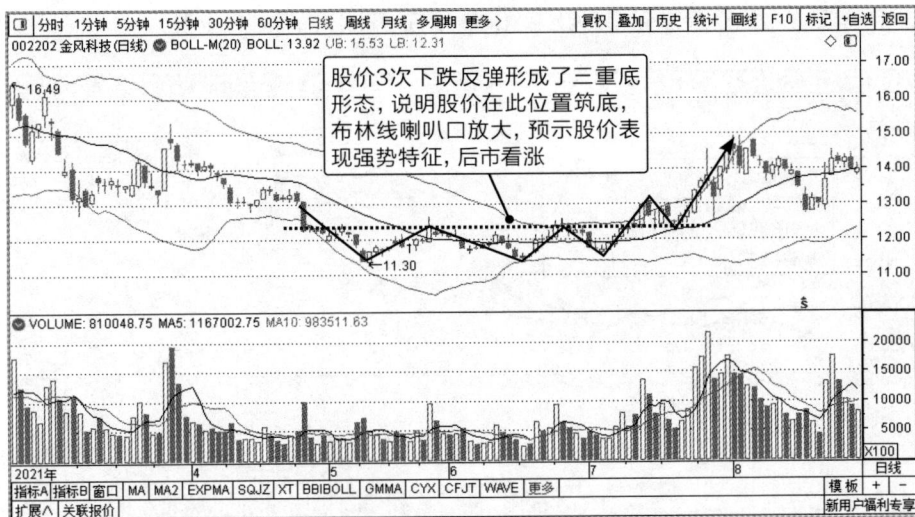

图 5-16　金风科技 2021 年 2 月至 8 月的 K 线走势

三重底形态形成后，2021 年 7 月上旬，成交量放量，股价向上拉升并一举突破三重底颈线，说明股价拉升在即，投资者可以在此位置积极跟进。谨慎一点的投资者可在此位置少量建仓。

股价向上突破颈线后上涨至 13.00 元附近止涨回落，跌至颈线位置附近时止跌企稳，下方成交量进一步放大，股价向上急涨，说明股价的拉升行情已经启动，后市即将进入大幅向上拉升阶段，此时投资者可以积极加仓跟进。

与此同时，我们查看布林线指标发现，随着股价下跌至 11.30 元止跌，布林线呈紧口喇叭口，股价进入横盘整理，上、中、下轨线呈水平方向运行。2021 年 7 月，成交量放量推动股价上涨，股价向上突破中轨线和上轨线，运行至上轨线上方。布林通道明显放大，上轨线、中轨线和下轨线纷纷拐头上行，说明该股的弱势行情结束，转入上升行情中，后市看涨。

股价上涨至 15.00 元附近后止涨回落，自上而下跌破中轨线，但很快企稳，并回到中轨线上方，上轨线、中轨线和下轨线继续表现上行，说明该股的上升行情并没有发生变化，后市继续看涨，投资者可以将其视为加仓信号。

如图 5-17 所示为金风科技 2021 年 4 月至 11 月的 K 线走势。

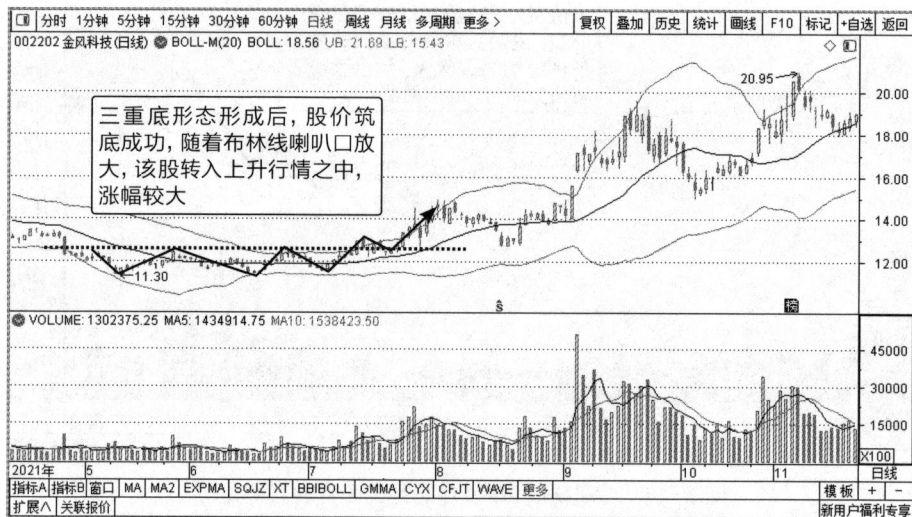

图 5-17　金风科技 2021 年 4 月至 11 月的 K 线走势

从上图可以看到，三重底形态形成后，股价在 12.00 元价位线附近筑底，随后转入上升趋势之中，布林线喇叭口放大，股价波动上行，表现强势行情特征。股价最高上涨至 20.95 元，涨幅较大。

5.3　布林线与 K 线顶部形态的综合分析

当股价经过一段时间的拉升上涨后便运行至高位顶部区域，而主力与散户投资者不同，他们的资金体量更大，所以想要安全撤出并不简单。因此，主力在顶部撤出时往往不是一蹴而就的，而是需要在频繁的震荡中悄无声息地离场，但此时通常会在成交量、技术指标以及 K 线形态中露出端倪，投资者可以根据 K 线形态来判断顶部，再结合布林线指标找到适合的卖出位置。

5.3.1　布林线与 K 线双重顶形态

K 线双重顶形态也常常被称为 M 头，是一种比较常见的顶部形态。它是由股价在某个时间段内连续两次拉升回落形成了两个高点，且两个高点大致上处于同一水平位置，就称为双重顶。价格回落形成的低点连线就是颈线，当股价跌破颈线会急速下滑，颈线也由支撑线变为阻力线。如图 5-18 所示为双重顶形态示意图。

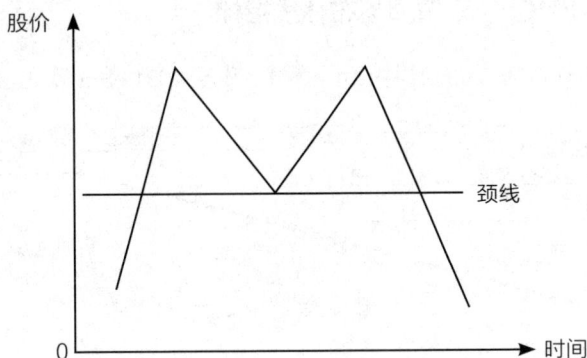

图 5-18　双重顶

双重顶具有如下所示的几点形态特征。

①形态的高点并不一定在同一水平位置，通常第二个顶点比第一个顶点稍高，是高位追涨筹码介入拉高的结果，由于主力借机出货，因此股价上涨力度不大。

②双重顶的第二个顶部成交量相较于第一个顶部明显减少，表明市场的购买力已经转弱。

③形态的两个顶点就是股价这一轮上升行情的最高点，当股价有效跌破形态颈线时行情发生逆转，投资者应果断卖出股票。

④股价跌破双重顶颈线后，通常会出现短暂的反方向移动（反抽），但只要反抽不高于颈线，形态依然有效。对于股价出现跳空高开的情况，投资者还是要非常小心的。

　　双重顶这种形态是一个比较复杂的形态，投资者稍有不慎便会落入主力的诱多计划中。这其中主要是当第一个顶部出现时，往往股价还处于比较强势的阶段，市场人气高涨，此时投资者因为大涨而降低警惕，结果被第二个顶部诱惑错失离场机会，成为高位接盘人。因此，投资者要注意警惕这种双重顶形态。

实例分析 ⇒

TCL 科技（000100）双重顶与布林线指标

　　如图 5-19 所示为 TCL 科技 2019 年 11 月至 2021 年 5 月的 K 线走势。

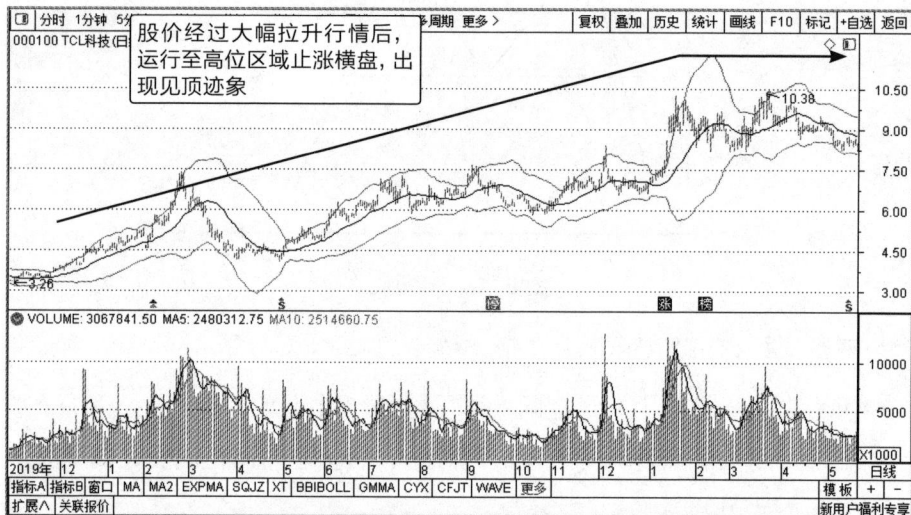

图 5-19　TCL 科技 2019 年 11 月至 2021 年 5 月的 K 线走势

　　从上图可以看到，TCL 科技从 2019 年 11 月底开始转入上升趋势之中，股价波动上行，涨幅空间较大。经过一波大幅上涨行情后，股价运行至 10.50 元价位线下方，随后止涨并在 9.00 元至 10.50 元区间横盘波动。

　　因为 TCL 科技这一波上涨行情已经维持了较长时间，且涨幅超 200%，股价随时可能见顶，所以对于这种高位横盘走势投资者要引起高度重视。我们进一步观察高位横盘的走势，如图 5-20 所示为 TCL 科技 2020 年 11 月至 2021 年 5 月的 K 线走势。

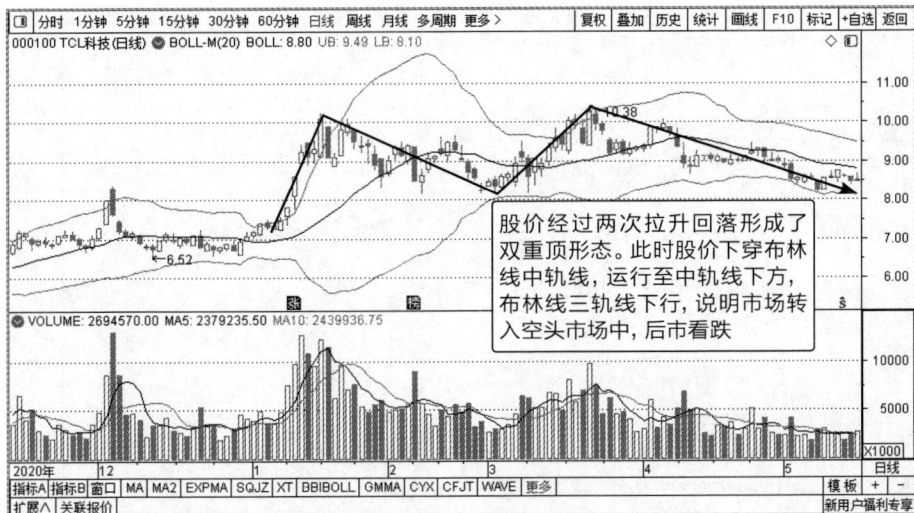

股价经过两次拉升回落形成了双重顶形态。此时股价下穿布林线中轨线，运行至中轨线下方，布林线三轨线下行，说明市场转入空头市场中，后市看跌

图 5-20　TCL 科技 2020 年 11 月至 2021 年 5 月的 K 线走势

从上图可以看到，股价上涨至 10.00 元附近后止涨小幅回落，跌至 8.00 元附近后止跌，随后股价再次上冲，但此番上涨并未持续较长时间，当股价上涨至 10.38 元后便止涨回落。

两次上涨回落形成了两个高点，且两个高点大致处于同一水平位置，形成了双重顶形态，这是典型的顶部形态，说明股价极有可能在此位置见顶，转入下跌趋势之中。

此时查看布林线指标发现，在第二个顶部阶段，股价止涨回落，自上而下跌破中轨线运行至中轨线下方，并沿着中轨线继续下行，布林线上、中、下三轨线纷纷下行，说明市场转入弱势之中，后市看跌，投资者应尽快离场。股价下穿中轨线时是最好的离场机会。

如果投资者在中轨线被跌破时未离场，那么股价下跌跌破双重顶颈线位置时就需要离场了，此时双重顶形态已经形成，对后市走势不要再迷恋，锁定前期收益落袋为安才是最明智的。

如图 5-21 所示为 TCL 科技 2021 年 1 月至 2022 年 4 月的 K 线走势。

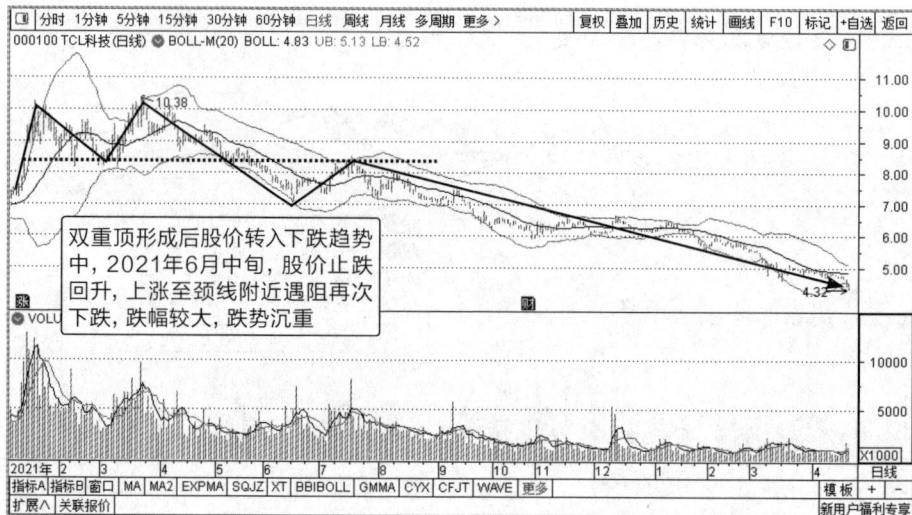

图 5-21　TCL 科技 2021 年 1 月至 2022 年 4 月的 K 线走势

从图中可以看到，双重顶形态形成后股价转入下跌趋势之中，股价在布林线中轨线和下轨线区间内波动下行。2021 年 6 月中旬，股价止跌反弹，当股价上涨至双重顶颈线位置时止涨再次下跌，前期未离场的投资者此时为最后的离场位置。随后，TCL 科技股价大幅下跌，最低跌至 4.32 元，跌势沉重。

5.3.2　布林线与 K 线头肩顶形态

头肩顶形态也是一种比较常见的顶部反转形态，通常出现在高位，它的出现往往预示着股价见顶，即将转入下跌趋势之中。头肩顶形态是连续 3 次的上涨回落导致的，具体如下。

股价从左肩处开始上涨，当上涨至一定高度后因为获利回吐又跌回原位，然后因为后市仍被看好，股价又开始在利好消息的鼓动下继续攀升，交易再度活跃，成交量继续放大。当股价重新上涨在超过左肩的高度形成头部后，因为多头力量的不足而又再度下跌回原位。经过整理后开始第三次上涨，当涨幅达到左肩高度形成右肩后开始第三次下跌，此次下跌力量较大，股价很快跌穿整个形态的颈线并不再回头。至此，头肩顶形态形成。

如图 5-22 所示为头肩顶形态示意图。

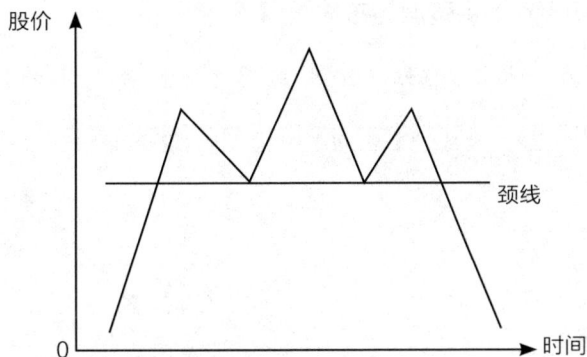

图 5-22　头肩顶

对于头肩顶形态，具有以下特征。

①从图形上看，头部最高点要比左肩、右肩的高点高，左右肩大致处于同一水平位置，但有时可能出现右肩略低于左肩或略高于左肩的情况。如果左肩或右肩的高点比头部还要高，那么形态不能成立。

②颈线的角度有时倾斜向上，有时倾斜向下，有时却是水平直线。如果颈线是向下倾斜的，往往意味着行情更加疲软。

③在股价没有跌破颈线之前，颈线位对股价形成支撑，一旦后期跌破颈线，那么颈线从之前的支撑线转化为压力线，对后期股价的反弹形成强有力的压制。

④当股价跌破颈线以后，通常会出现反向回抽确认颈线位的反弹，一旦反弹无量，投资者就可以借机逢高出局。头肩顶形态一旦成立，就意味着大势已去，投资者应该果断出局。

⑤头肩顶的卖出机会有两个：一是股价跌破头肩顶形态的颈线以后，说明空方开始占据优势，单边市下跌即将开始，投资者应尽快离场；二是股价反向回抽确认颈线位时逢高卖出，这是最后的离场机会，投资者需要好好把握。

实例分析 ⇒

东方盛虹（000301）头肩顶与布林线指标

如图 5-23 所示为东方盛虹 2020 年 12 月至 2021 年 11 月的 K 线走势。

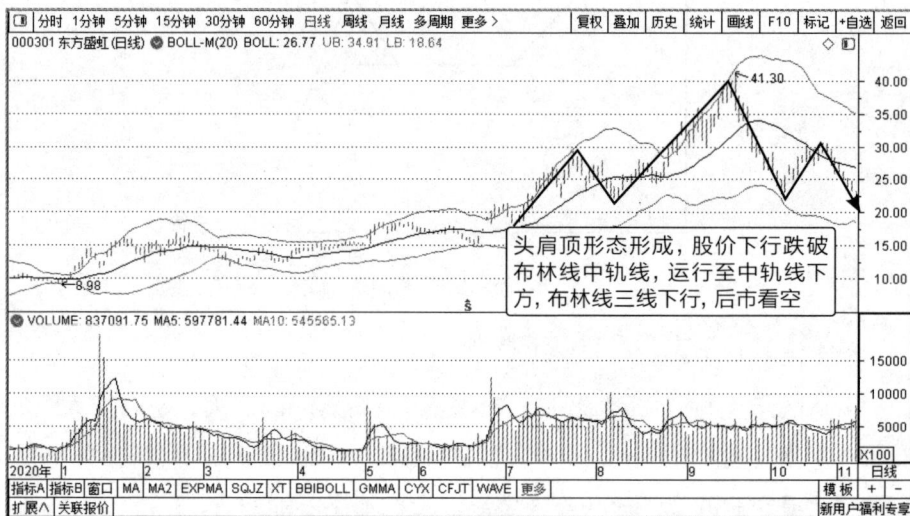

图 5-23　东方盛虹 2020 年 12 月至 2021 年 11 月的 K 线走势

从上图可以看到，东方盛虹从 2020 年 12 月底开始启动上升行情，股价波动上涨，涨幅巨大。2021 年 7 月下旬，股价上涨至 30.00 元价位线附近后止涨小幅回落，当股价跌至 22.00 元附近时止跌回升。随后股价再次上冲，上涨至 40.00 元价位线上方，创下 41.30 元的新高后止涨再次回落。当股价下跌至前期低点 22.00 元附近时再次止跌回升，但此次股价上涨明显动力不足，股价上涨至第一次高点 30.00 元附近便止涨回落。

仔细观察发现，股价的 3 次冲高回落形成了 3 个明显的高点，且中间的点最高，左右两边的高点大致处于同一水平位置，由此形成了典型的头肩顶形态。

头肩顶形态的形成是市场多头势能衰竭，上涨乏力，后市转跌的信号，在头肩顶形成之际，投资者应尽快离场，当股价下跌跌破头肩顶颈线时可能会加速下跌，投资者应抓住这一机会，及时离场。

此时查看布林线指标发现，股价在头肩顶头部位置时创出 41.30 元新高止涨回落，此时布林线上、中、下轨线拐头向下，纷纷下行，股价自上而下跌破中轨线，运行至中轨线下方，说明市场处于弱势之中，后市看跌。结合布林线指标和K线顶部形态信息，说明该股由强势转入弱势的可能性较大，后市看空。

如图 5-24 所示为东方盛虹 2021 年 7 月至 2022 年 4 月的 K 线走势。

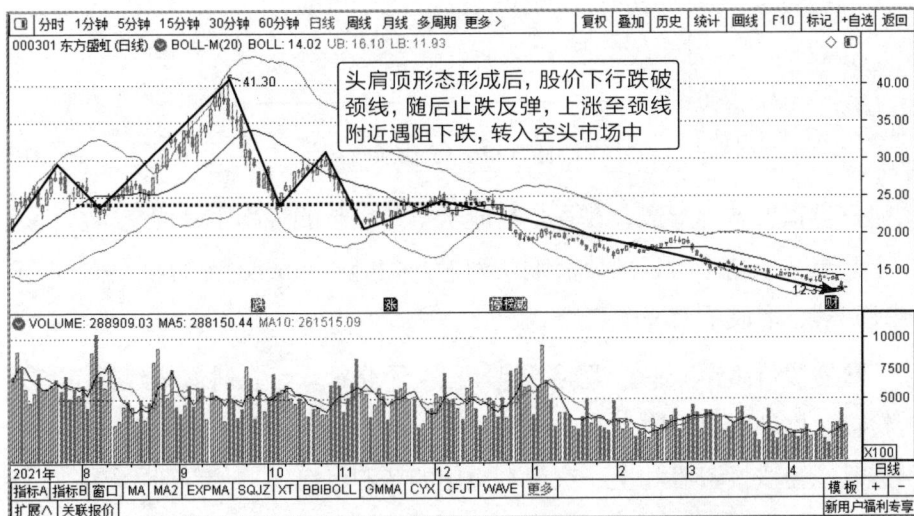

图 5-24　东方盛虹 2021 年 7 月至 2022 年 4 月的 K 线走势

从上图可以看到，K线形成头肩顶形态后，连续收阴跌破头肩顶颈线，随后止跌反弹，但上涨至颈线附近时遇阻再次下跌，随后东方盛虹转入空头市场中，股价波动下行，跌幅较大。

5.3.3　布林线与K线三重顶形态

三重顶形态常常也被称为三尊头，通常出现在股价上涨高位形成顶部的过程中，3 个高点相近的高峰形成 3 个顶点，中间有两次回落的过程。将这两次回落的低点连接，就得到了三重顶的颈线。只有股价成功跌穿颈线时，三重顶形态才能最终确认形成。

如图 5-25 所示为三重顶示意图。

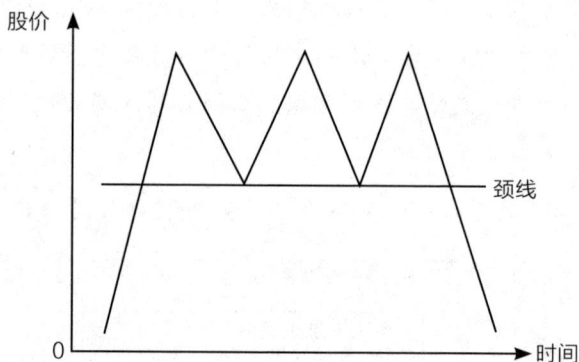

图 5-25　三重顶

三重顶形态的形成，首先是在股价不断上涨的过程中，成交量放大。当上升至某一高点时，部分前期获利盘开始抛售，成交量放出巨量，股价触顶回落，形成了第一个高峰。

接着股价跌至某一位置时，盘压已经不是很大，这时有短线投资者介入接盘，推动股价再次上涨，成交量开始放大。当股价上涨到前一个高点附近时，短线投资者和上一次没有卖出的获利盘纷纷抛售，股价再次受挫回落，形成了第二个高峰。

但是这一次的下跌仍然没有持续太长时间，当股价跌至上一次回落低点附近时，又一次被新的买盘托起，随后股价再次向上弹升。这一次股价上升到前两次高点附近时，再次遇到强大的阻力，股价在做空力量的打压下大幅下跌，跌破了前期低点，从而形成了第 3 个高峰。成交量在 3 个高峰的形成过程中通常会呈现逐级递减的态势，最后在跌破颈线时，一般不需要成交量的配合。

对于三重顶形态，投资者在操作时要注意以下几点。

①三重顶的顶峰与顶峰，谷底与谷底的间隔距离与时间不必相等。

②3 个顶点价格不必完全相等，大致上处于同一水平位置即可，但也

不能相差太大，否则三重顶形态不成立。

③三重顶的第 3 个顶，成交量非常小时，即显示出下跌的征兆。

④三重顶 3 个顶部之间应有一定的间隔，间隔大的有效性会更高，两顶之间的间隔一般应不少于 3 根 K 线。

⑤三重顶确认在于颈线的跌破。如果颈线没有被突破，即使 K 线形态看似三重顶，也不是三重顶形态。如果颈线被跌破，即可确认三重顶形态，但是在实际行情走势中，颈线被跌破后经常还有一个回抽确认的过程。如果回抽后价格继续呈下跌的趋势，同样意味着三重顶成立，反之则为假跌破。

⑥三重顶形态之前，价格上涨的幅度越大，那么相应的下跌幅度也会越大。

实例分析 ⇒

宇通重工（600817）三重顶与布林线指标

如图 5-26 所示为宇通重工 2020 年 8 月至 2021 年 5 月的 K 线走势。

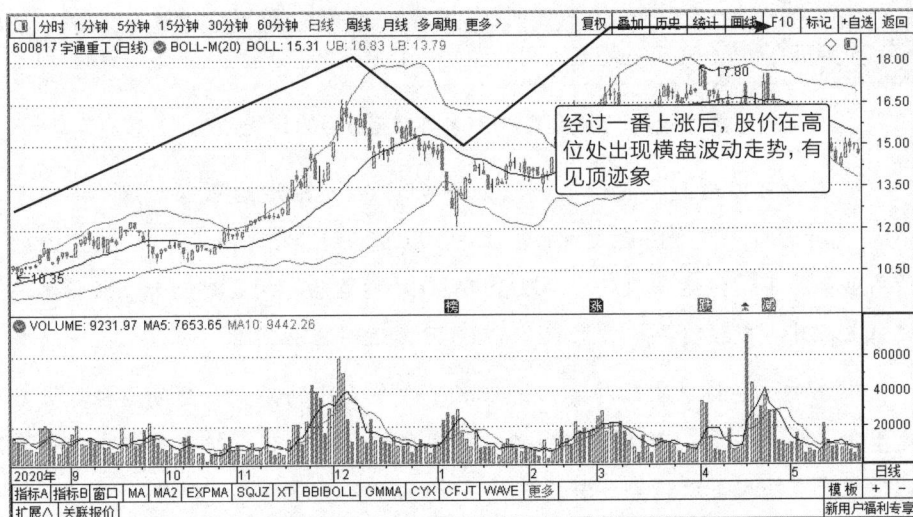

图 5-26　宇通重工 2020 年 8 月至 2021 年 5 月的 K 线走势

从上图可以看到，宇通重工处于上升行情之中，股价波动上行，涨幅较大。2020年12月，股价上涨至16.50元后止涨回调，当股价下跌至12.00元后止跌，股价再次上冲。随后股价上涨至17.00元附近止涨，并在16.50元价位线上下波动。

因为此时股价已经经历过一轮大幅上涨行情，涨幅较大，处于相对高位，所以此时的横盘更要谨慎对待，以免主力出货。如图5-27所示为宇通重工高位横盘波动时的K线走势。

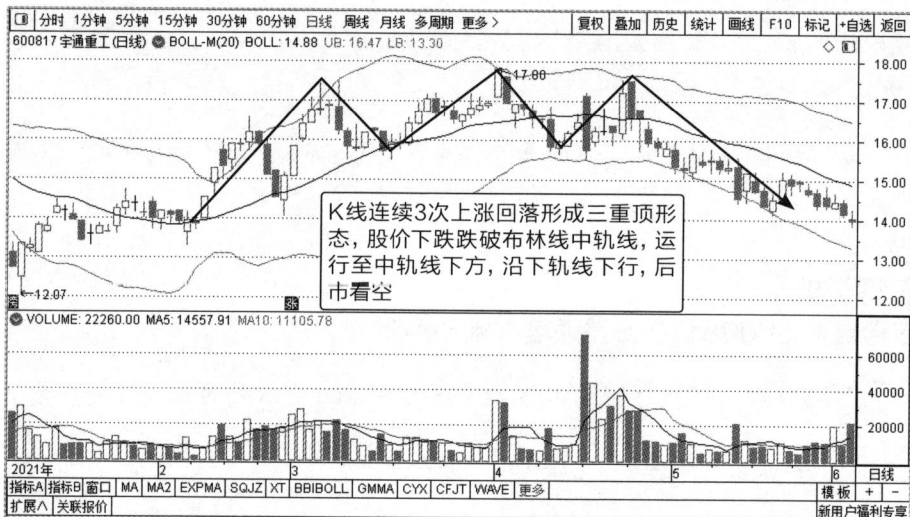

图5-27　宇通重工2021年1月至6月的K线走势

从图中可以看到，股价第一次上冲至17.00元附近后止涨回落，下跌至16.00元附近后止跌。随后股价再次上冲，上涨至17.00元附近创下17.80元的新高后止涨下跌，这一次股价又跌至16.00元附近后再次止跌回升。股价第三次向上拉升，当股价再一次上涨至17.00元附近时止涨回落。

宇通重工连续3次的冲高回落形成了3个明显的高点，且高点位置大致处于同一水平位置，形成了典型的三重顶形态，说明股价极有可能在此位置见顶，后市转入下跌趋势之中。

查看布林线指标发现，当股价开始高位横盘波动时，布林线通道逐渐变窄，股价在横盘波动过程中跌破中轨线，运行至中轨线下方，布林通道再次放大，布林线上轨线、中轨线和下轨线纷纷拐头下行，说明该股转入下跌趋势中，后市看空。股价下跌跌破三重顶形态颈线位置为离场的最佳机会。

如图 5-28 所示为宇通重工 2021 年 1 月至 2022 年 4 月的 K 线走势图。

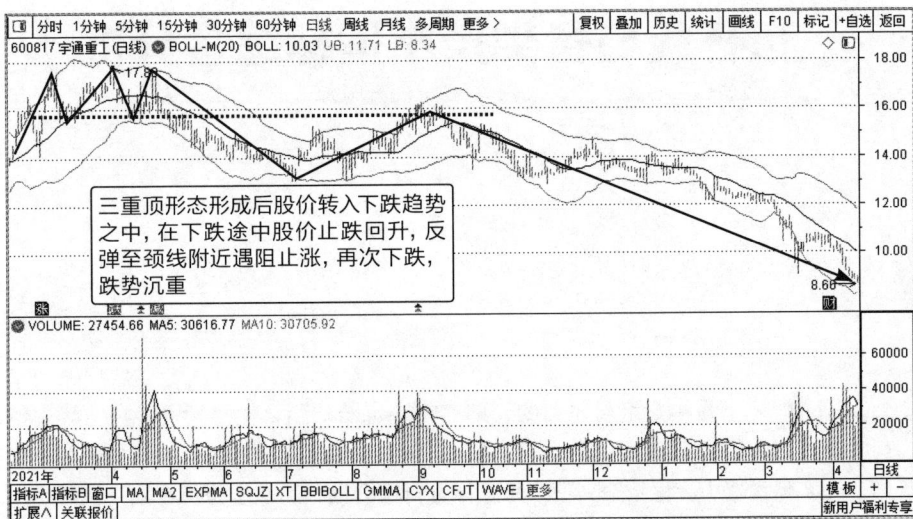

图 5-28　宇通重工 2021 年 1 月至 2022 年 4 月的 K 线走势图

从上图可以看到，三重顶形态形成后宇通重工转入下跌趋势之中，途中股价在 13.00 元位置止跌反弹，当股价回升至三重顶颈线位置附近时遇阻止涨下跌，进一步确认了三重顶形态，前期没有离场的投资者此时为最后的离场机会，随后股价转入波动下行的走势中，跌幅较深。

第6章

布林线与各类技术指标综合分析

没有哪一个指标是绝对完美的，都存在一定的缺陷，使得投资者在实战中使用时可能出现信号不准确或者延迟等情况，所以仅依靠单一指标做技术分析并不稳健。在实际投资中应该结合其他技术指标进行综合判断，多个指标在同一位置发出相同的买卖信号，这样的信号往往更准确，投资也更不容易出错。

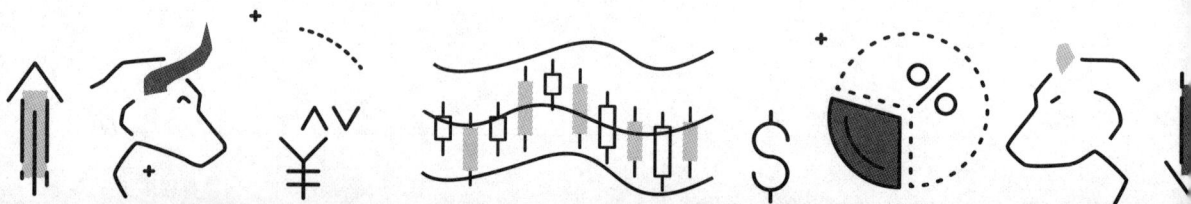

6.1　布林线与成交量指标结合使用

股市成交量是市场供需关系的表现，能够从中看出市场投资者的反应情况。当供不应求时，成交量自然放大；反之，当供过于求时，市场冷清，成交量势必萎缩。投资者可以根据成交量来判断市场交易的活跃程度，进而分析主力行为，判断股价走势。

6.1.1　成交量指标概述

成交量对于股价分析非常重要，股市流传着一句话"量行价先"，意思是成交量是股价的先行指标，成交量会先于股价表现出一些变化特征，而这种变化随后会反映在价格走势上。因此，作为股票投资者我们有必要掌握成交量的相关分析方法。

股市成交量指的是股票买卖双方达成交易的数量，用 VOL 表示。在使用成交量之前，需要认识一些成交量的基础知识。

（1）成交量的形态

根据不同的市场人气情况，成交量会形成不同的形态，这些形态具有不同的市场含义，且对股价走势分析具有重要作用。如表 6-1 所示为成交量形态介绍。

表 6-1　成交量形态

类　　型	描　　述	市场意义	形态示意图
逐渐放量	是指随着时间的推移，成交量总体趋势为逐步增大	在上涨初期出现逐渐放量，表示后市看好，投资者可在低位建仓；在上涨后期出现逐渐放量，行情可能出现转势，投资者需要认真分析，谨慎入市	

类 型	描 述	市场意义	形态示意图
逐渐缩量	是指随着时间的推移，成交量总体趋势为逐步减小	在上涨初期出现逐渐缩量，是主力清理浮筹的手段，后市还有一段上升行情；在上涨后期出现逐渐缩量，有可能是主力将股价拉升到高位后欲全部出货，是行情逆转的信号，后市看跌	
快速放大量	是指在持续较小成交量后突然出现很大的成交量	在上涨初期、中期或下降行情末期出现快速放大量，都表示后市看涨，投资者可逢低吸纳，积极做多；在上涨末期或下跌行情初期、中期出现快速放大量，这种情况下后市不被看好，投资者可以选择空仓观望	
快速出小量	是指在连续出现很多大的成交量后突然出现较小的成交量	在下降行情初期和中期出现快速出小量，后市将继续下跌，投资者此时不宜入市，应采取空仓观望的操作策略；在下降末期出现快速出小量，预示做空局势已经基本稳定，投资者应转空头为多头，分批建仓	
量平	是指在一段时间内，成交量的总体趋势趋于持平的状态，根据一段时间内成交量的大小可分为量大平、量中平和量小平	量大平：在上涨行情初期，是由于多方主力采取稳扎稳打的策略，逐步推高股价，后市看涨，投资者可跟着主力积极做多；在上涨行情末期出现量大平，是主力出货的表现	

续表

类　　型	描　　述	市场意义	形态示意图
量平	是指在一段时间内，成交量的总体趋势趋于持平的状态，根据一段时间内成交量的大小可分为量大平、量中平和量小平	量中平：在上涨行情中期出现量中平，投资者要谨慎做多；在下降行情中出现量中平是由于下跌趋势已经比较明显，持股者陆续出货造成的，后市继续看跌	
		量小平：在上涨行情中期出现量小平，说明主力很强，投资者可做多；在上涨行情末期出现量小平，投资者还可以持股一段时间，因为主力不可能在瞬间就完成出货；在下降行情初期或中期出现量小平，后市将继续下跌，投资者应全线做空；在下降行情末期出现量小平，是行情见底的表现	

（2）天量和地量

天量和地量是两种特殊的情况，股市常有"天量有天价，地量有地价"的说法，在股市分析中具有重要作用，下面来具体看看。

天量是指在一定时间周期内成交量达到一个非常大的数据，远远超过了前期的成交量，具体是近期成交量的两倍以上，多的甚至可能达到 10 多倍。

在不同位置出现天量具有不同的市场意义。当天量出现在上涨后的高位区域时，是股价见顶，随时可能转头下跌的信号，投资者应及时离场；当天量出现在股价底部低位，通常是主力为了洗盘而故意为之。如图 6-1 所示为成交量天量。

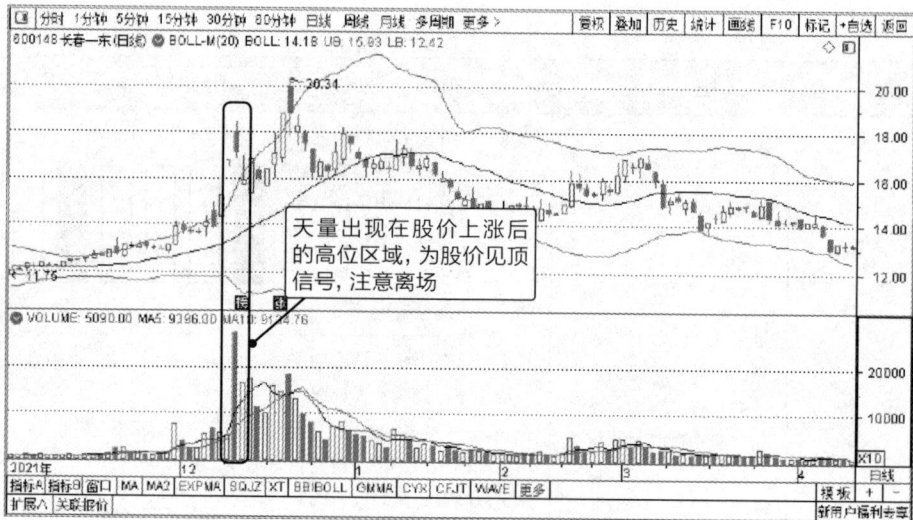

图6-1 成交量天量

从上图可以看到，在经过一轮上涨后的高位区域出现天量，且当日K线呈现冲高回落的走势，说明股价高位见顶，此时投资者要注意清仓出局，锁定利润。

地量与天量相反，它指的是成交量异常萎缩，低到不能再低的情况。通常地量出现在股价大幅度下跌之后的低位区域。在下跌过程中，散户经过了恐慌性抛售之后，场外的投资者也都在观望不愿意进场，这就造成了成交量异常低迷，当低到一定程度就出现了地量。

地量的出现虽然显示的是市场交投氛围不浓厚，但是一般都能发出变盘的预兆。当在下跌末期出现地量时，说明在前期的下跌过程中，抛压得到彻底释放，地量的出现就是行情见底的条件，投资者要做好抄底的准备；在上涨初期或途中出现地量成交，往往显示的是回调结束，预示着下一轮上涨即将来临，投资者可积极做多；在下跌途中的反弹过程中出现地量，表明股价的反弹没有成交量的配合，这样的反弹是不可信的上涨，后市继续看跌，投资者不能对此抱有期望。

如图 6-2 所示为成交量地量。

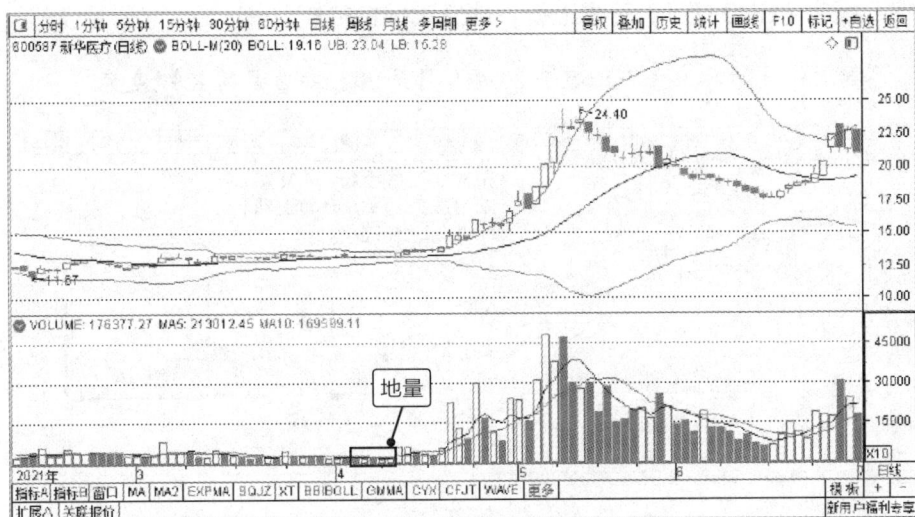

图 6-2 成交量地量

从上图可以看到，在股价经过一波下跌后的低位横盘区域出现地量，市场极度冷清，成交量低到不能再低的程度，随后该股转入上升行情之中，大幅向上攀升。

综上所述，成交量形态具有重要的分析意义，投资者可以从成交量形态的变化情况查看多空双方的力量变化，当成交量大时，说明多空双方分歧较大，交投活跃；当成交量小时，说明多空双方分歧较小，市场冷清。但在实际投资中，不仅需要查看成交量，还需要结合股价所处位置以及其他指标来进行组合判断，才能得出相对正确的结论。

6.1.2 三线上行，成交量温和放量

三线上行指的是布林线上轨线、中轨线和下轨线纷纷上行的一种走势，如果此时股价自下而上穿过中轨线向上运行，下方的成交量指标呈现温和放量，说明技术指标组合形成多头上涨趋势，后市即将迎来一波大幅上涨行情。

实例分析 ⇒
*ST运盛（600767）三线上行，成交量配合放量

如图6-3所示为 *ST运盛2020年8月至2021年3月的K线走势。

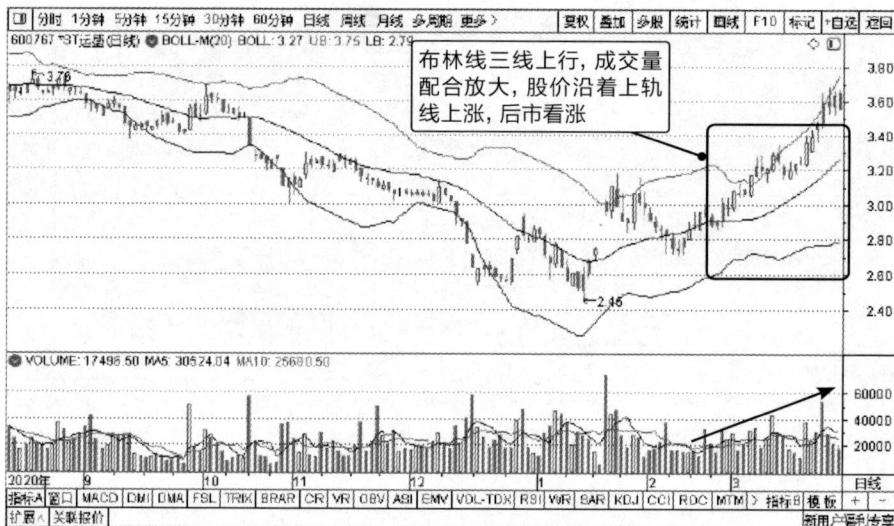

图6-3　*ST运盛2020年8月至2021年3月的K线走势

从上图可以看到，*ST运盛经过一轮大幅下跌行情后运行至低位区域，股价创出2.45元新低后止跌回升。股价急速上升自下而上突破布林线中轨线，然后继续上行突破上轨线，但很快落回到布林通道内，在中轨线和上轨线区间内沿着上轨线运行。此时，布林线上轨线、中轨线和下轨线纷纷拐头上行，表现上升，说明股价极有可能转入上升行情之中。

此时查看下方的成交量发现，股价沿着上轨线上行，布林线三线上行的过程中，成交量逐渐放大，呈现温和放量，支撑股价上行。说明场内大部分投资者看好 *ST运盛的后市发展，该股极有可能迎来一波上涨。结合这些信息来看，后市股价拉升上涨的可能性较大，投资者应逢低买进。

如图6-4所示为 *ST运盛2021年2月至8月的K线走势。

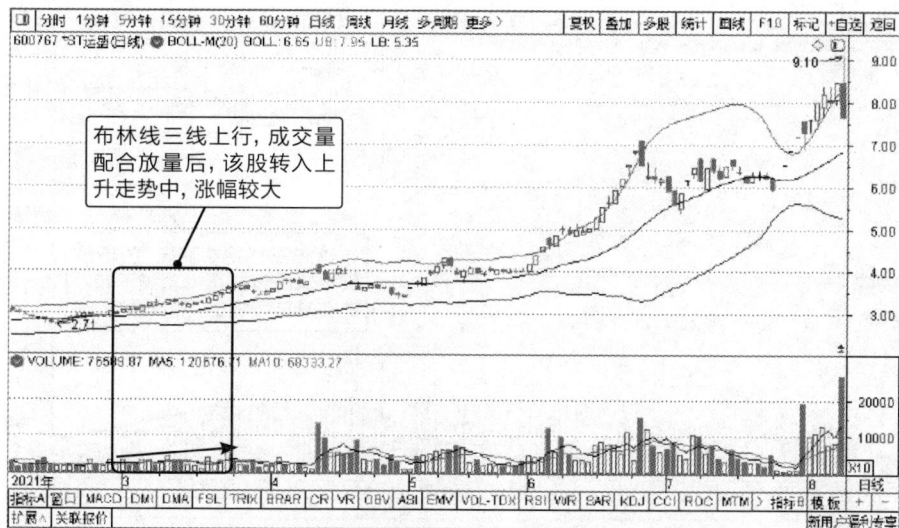

图 6-4　*ST 运盛 2021 年 2 月至 8 月的 K 线走势

从上图可以看到，布林线三线上行，下方成交量配合温和放量后该股表现多头行情，转入上升走势中，股价波动上行，最高上涨至 9.10 元，涨幅巨大。如果投资者能在三线上行、成交量配合放量时积极跟进，必然能获得不错的投资收益。

6.1.3　三线下行，成交量持续缩量

三线下行与三线上行相反，它指的是布林线上轨线、中轨线和下轨线均处于下行的走势中，股价自上而下穿过中轨线运行至中轨线下方。与此同时，成交量表现出持续缩量的态势，这样的技术指标组合说明市场形成了空头下跌趋势，后市看空。场内的持股投资者应尽快离场，避免遭受严重的经济损失。

实例分析 ⇒
南京熊猫（600775）三线下行，成交量持续缩量

如图 6-5 所示为南京熊猫 2018 年 12 月至 2019 年 7 月的 K 线走势。

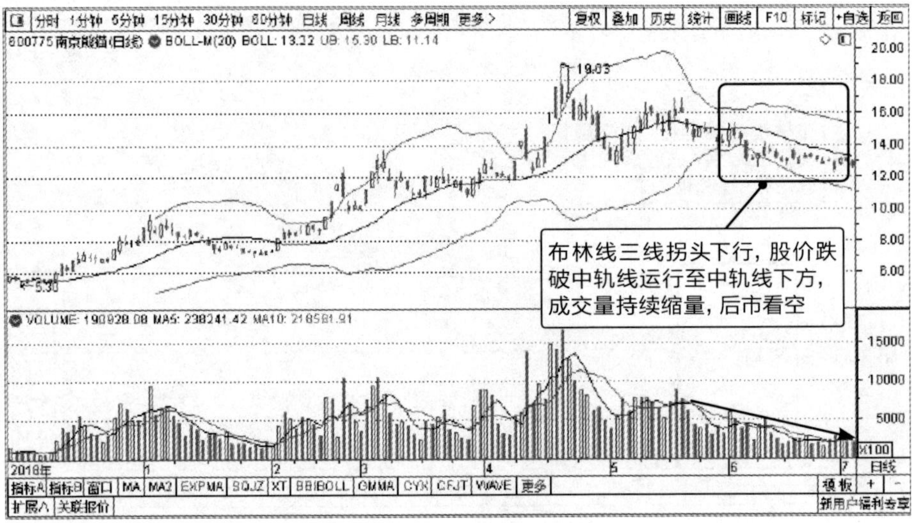

布林线三线拐头下行，股价跌破中轨线运行至中轨线下方，成交量持续缩量，后市看空

图6-5 南京熊猫2018年12月至2019年7月的K线走势

从上图可以看到，南京熊猫股票从2018年12月底开始转入上升行情中，从5.30元的低位处开始向上拉升，经过5个月左右的上涨后，股价运行至18.00元附近，创下19.03元的新高后止涨回落。此时股价的涨幅已经超过250%，随时有见顶的迹象。

股价自上而下跌破布林线中轨线后迅速返回至中轨线上方，给人以多头仍然强势的假象，随即股价再次下穿中轨线运行至中轨线下方，并沿着中轨线下行，布林线的上轨线、中轨线和下轨线纷纷下行，表现出极度弱势。

此时下方的成交量表现出持续缩量。在观察成交量持续缩量之前，成交量出现了阶段性高峰，说明股价形成头部的可能性较大，后市极有可能转入下跌行情，场内的持股投资者应尽快离场。

根据技术指标组合信息，判断该股转入空头市场的可能性较大，后市极有可能迎来一波大幅下跌行情，是卖出信号。如图6-6所示为南京熊猫2019年5月至2021年2月的K线走势。

从下图走势可以看到，布林线三线下行，下方成交量持续缩量后，股价转入下跌行情之中，股价波动下行，跌幅较深，最低跌至5.98元，跌幅超68%。

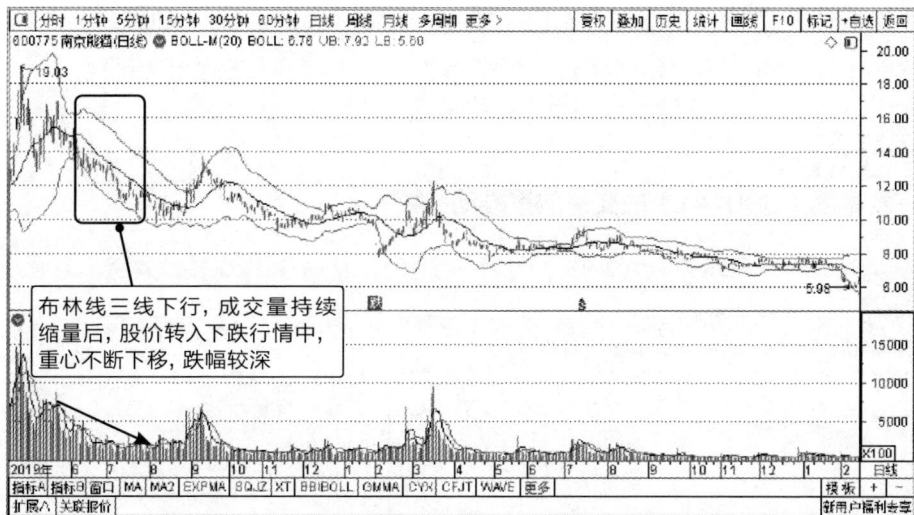

图 6-6　南京熊猫 2019 年 5 月至 2021 年 2 月的 K 线走势

6.1.4　成交量放大，推动股价突破上轨

通常情况下，布林线运行的方向与股价 K 线走势方向一致，当布林线与股价 K 线运行方向相反时，此时股价获得的支撑或压制是最大的，股价极有可能发生转势，引起布林线方向的转向，这也是投资者买卖交易的关键位置。

从表面上看，股价的波动变化引起了布林线方向的变化，但实际上真正推动股价变化的是成交量。当股价处于上升行情中，沿着中轨线向上运行，当股价运行至上轨线附近时，此时股价受到上轨线的压制作用，布林线上轨线的运行方向通常是向下或走平。

如果此时下方的成交量放大，推动股价上涨突破上轨线，并且持续上涨，那么布林线的上轨线就会从向下或走平转为向上运行，说明该股的上涨行情并未发生改变，后市继续看涨，投资者可以继续跟进。

但是，如果此时下方的成交量没有放大推动股价向上，股价不能突破上轨线，特别是收出滞涨形态时，那么股价极有可能受到上轨线的压制而拐头下行，布林线上轨线下行，后市看空，投资者应尽快卖出持股。

实例分析 ⇒
兴发集团（600141）成交量放量推动

如图 6-7 所示为兴发集团 2021 年 5 月至 2022 年 1 月的 K 线走势。

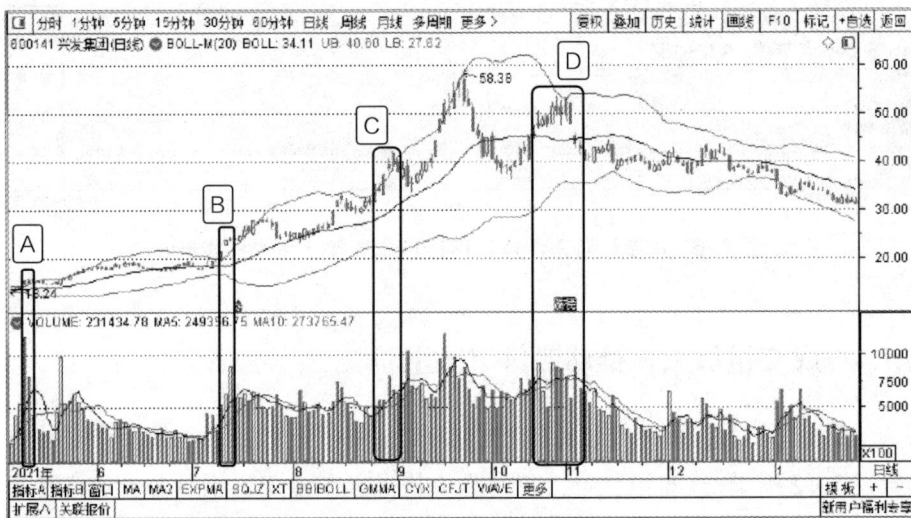

图 6-7　兴发集团 2021 年 5 月至 2022 年 1 月的 K 线走势

从图中可以看到，兴发集团经过一轮大幅下跌行情后运行至低位区域，股价在 13.00 价位线附近横盘波动，布林线三线平行运行。2021 年 5 月上旬，下方成交量放量带动股价上涨，股价受到上轨线的压制后继续向上，并有效突破上轨线，运行至上轨线上方，如图中 A 点位置。随后布林线喇叭口开口，上轨线随着股价上涨而上行。

经过一波小幅上涨后，股价运行至 20.00 元价位线附近止涨，布林线上轨线走平且出现下行迹象。2021 年 7 月中旬，成交量放量带动股价再次上涨，当股价运行至上轨线附近时，继续向上拉升并有效突破上轨线的压制运行至上轨线上方，如图中 B 点位置，随后布林线上轨线拐头上行。说明兴发集团的上升行情并未发生改变，后市仍然看涨。

2021 年 8 月中旬，股价上涨至 30.00 元附近受到上轨线压制再次止涨，布林线上轨线走平且出现下行迹象，下方成交量放量带动股价上涨，有效向上突破上轨线，运行至上轨线上方，如图中 C 点位置。接着布林线上轨线拐头上行，说明兴发集团的上升行情并未改变，场内做多力量仍然强劲，后市看涨。

2021 年 9 月下旬，股价上涨至 60.00 元价位线附近，受到上轨线的压制而止涨下跌，回调整理。此时布林线上轨线拐头下行，随后股价回调结束再次上冲，当股价运行至上轨线附近时，成交量没有配合放大，股价出现滞涨，如图中 D 点位置。说明场内的做多动能衰竭，上涨乏力，后市极有可能转入下跌趋势之中。

根据兴发集团后市走势来看，没有了成交量放大量的支撑，股价向上突破上轨线失败，随后该股转入下跌趋势中，股价波动下行，跌幅较深。

6.1.5 成交量不放量，股价跌至下轨止跌

当股价处于下跌行情之中，布林线与股价一起下行，股价触及布林线下轨线时，此时下轨线的方向一般是向上或走平，如果此时成交量放大，股价跌破下轨线下行，说明该股的空头势能并未释放完全，后市继续下跌的可能性较大，投资者应在场外持币观望。

但是，如果当股价触及下轨线时，成交量不放大，股价没有跌破下轨线就止跌企稳，说明场内的空头势能衰竭，后市极有可能转入上升行情中，投资者可以趁机买进。

实例分析 ⇒

平高电气（600312）成交量不放量股价在下轨止跌

如图 6-8 所示为平高电气 2020 年 10 月至 2021 年 7 月的 K 线走势。

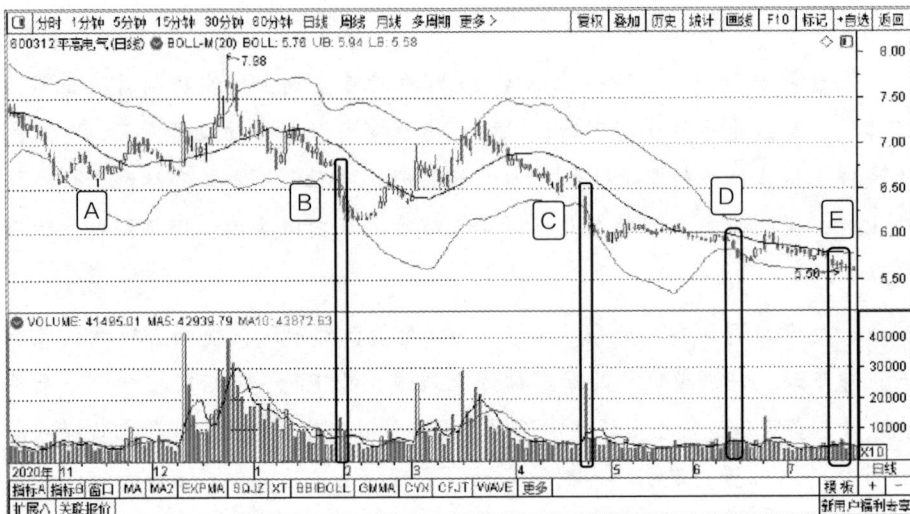

图6-8 平高电气2020年10月至2021年7月的K线走势

从上图可以看到，平高电气处于下跌行情之中，股价波动下行，不断创出新低。

2020年10月底，股价持续下跌，在连续阴线的作用下，股价跌破了布林线的下轨线。但是股价仅短暂跌破两三个交易日后就受到下轨线的支撑止跌，之后股价震荡反弹，股价重新回到布林通道内。

当股价反弹上涨至7.50元价位线附近后止涨再次下跌。2021年1月底，股价运行至下轨线附近，下轨线走平，此时下方成交量再次放大，促使股价跌破下轨线支撑，运行至下轨线下方，如图中B点位置。说明场内的空头仍然占据优势，后市可能继续看跌。

接着股价再次止跌反弹回到布林通道内，当股价运行至7.00元价位线附近时止涨下跌，继续之前的下跌行情。当股价运行至下轨线附近时，下轨线走平，成交量放出天量，使得股价跌破下轨线支撑运行至下轨线下方，如图中C点位置。说明此时场内的空头势能仍然未释放完全，投资者不能贸然入场。

很快股价又回到布林通道内，但是没有反弹回升，而是在6.00元价位线上横盘运行，当股价再次触及下轨线附近时，下轨线走平，下方成交量小幅放大，使得股价跌破下轨线，如图中 D 点位置，说明场内空头仍然占据优势，但优势已经不明显。

3 个交易日后股价回到布林通道内，小幅回升后在 5.75 元价位线横盘运行，布林线三线走平。2021 年 7 月中旬，股价再次触及下轨线，下方成交量并未放量，股价在下轨线上企稳，收出连续小阴线，如图中 E 点位置。说明场内的空头动能释放完全，股价跌至不能再跌的低位，后市极有可能转入多头市场中，此时是投资者的买进机会。

如图 6-9 所示为平高电气 2021 年 7 月至 10 月的 K 线走势。

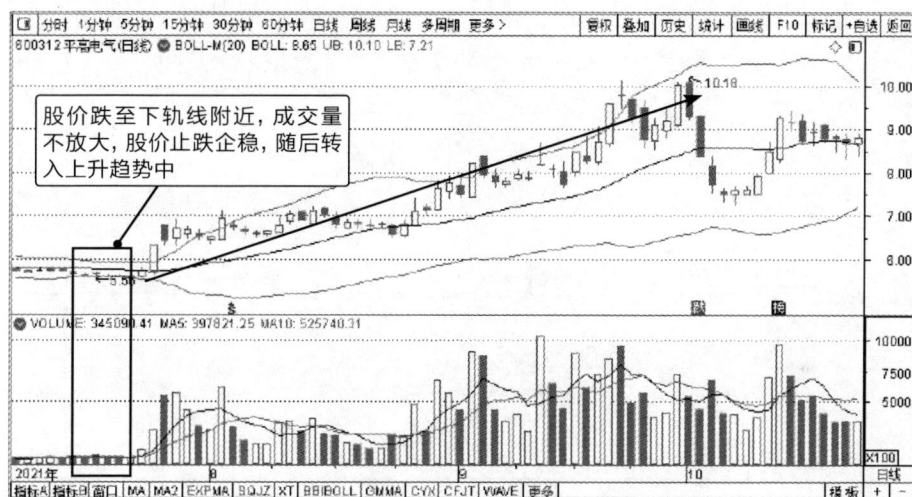

图 6-9　平高电气 2021 年 7 月至 10 月的 K 线走势

从图中可以看到，股价跌至下轨线附近获得支撑止跌，随后成交量放量，带动股价上涨，向上突破布林线上轨线，平高电气转入上升行情中，股价波动上行，涨幅较大。

6.2　布林线与 MACD 指标结合使用

MACD 指标的中文名称为指数平滑异同移动平均线，它是在移动平均线基础上发展而来的一种趋势性指标，对市场行情和买卖点判断具有重要的指导意义，因此也被称为"指标之王"。

6.2.1 MACD 指标的基本特性

MACD 指标与成交量指标一样在副图窗口中显示，完整的 MACD 指标图通常由 DIF 线、DEA 线、红色能量柱（多头）、绿色能量柱（空头）和 0 轴 5 个部分组成，如图 6-10 所示。

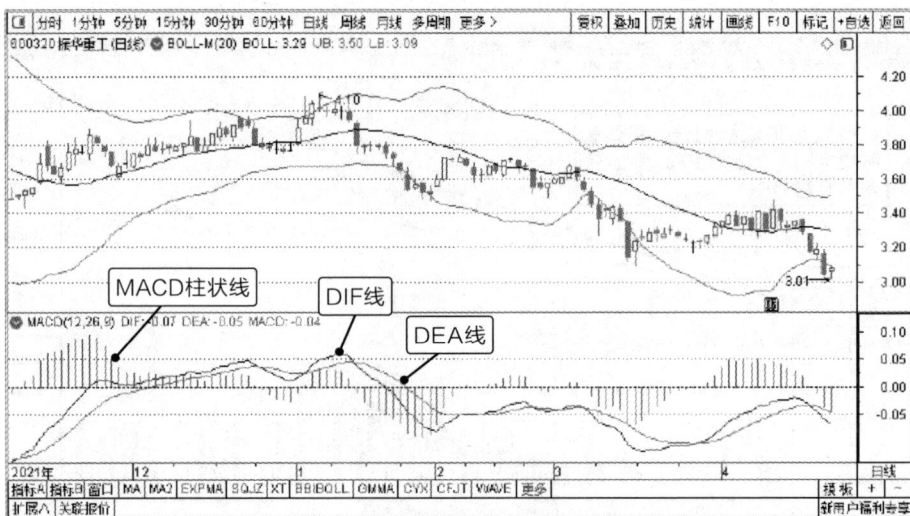

图 6-10 MACD 指标

MACD 指标计算方式实际上是由快的指数移动平均线（EMA12）减去慢的指数移动平均线（EMA26）得到快线 DIF，再用 2×（快线 DIF－DIF 的 9 日加权移动均线 DEA）得到 MACD 柱状线。

在使用 MACD 指标时常用快线（DIF）和慢线（DEA）的离散、聚合情况，以及 MACD 柱状线形态，判断市场中的多空对峙情况，进而对股价的后市走向做出研判。

6.2.2　MACD 金叉，突破布林线中轨线

MACD 金叉是指 DIF 线自下而上突破 DEA 线时形成的交叉，是市场强势的象征，如果此时股价经过一波下跌，运行至低位区域，出现止跌迹象，随后自下而上突破中轨线，则说明股价未来走强的可能性极大，对投资者而言是一个比较可靠的买进信号，可以放心买入。

实例分析 ⇒
未来股份（600532）MACD 金叉股价上冲破中轨

如图 6-11 所示为未来股份 2019 年 7 月至 2020 年 4 月的 K 线走势。

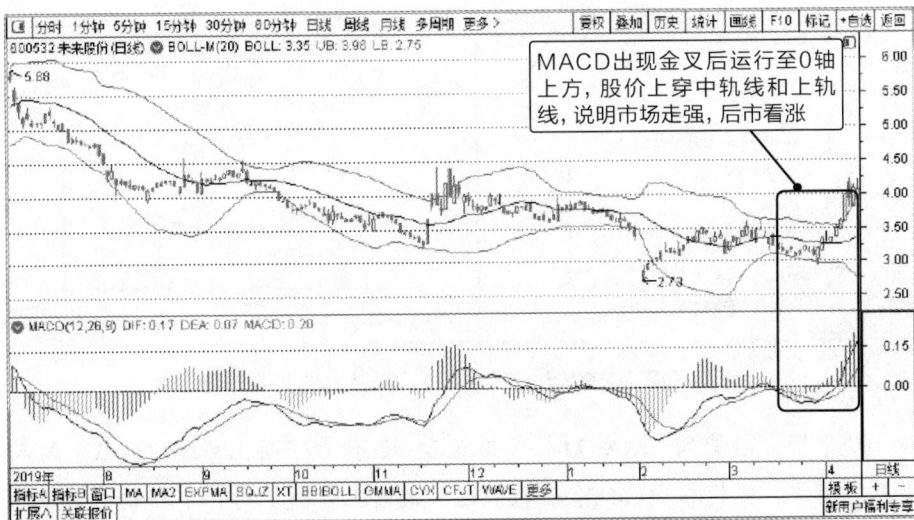

图 6-11　未来股份 2019 年 7 月至 2020 年 4 月的 K 线走势

从上图可以看到，未来股份处于下跌行情之中，股价波动下行，不断创出新低。2020 年 2 月初，股价运行至 3.00 元价位线下方，创出 2.73 元的新低后止跌，小幅回升至 3.50 元，随后股价在 3.00 元至 3.50 元区间横盘整理，出现筑底迹象。布林线指标出现紧口喇叭，上下轨线之间的距离逐渐拉近并走平。

此时查看下方的 MACD 指标，发现随着股价下行，MACD 指标运行至

0 轴下方，表现出极度弱势。2021 年 3 月底，DIF 线拐头自下而上穿过 DEA
线，形成金叉，随后运行至 0 轴上方，说明行情可能走强，后市看涨。与此
同时查看上方的股价走势发现，股价在波动过程中触及下轨线获得支撑，止
跌企稳后开始向上攀升，股价自下而上穿过中轨线和上轨线，运行至上轨线
上方，说明市场中多头力量聚集，处于强势行情，后市看涨。

如图 6-12 所示为未来股份 2020 年 1 月至 7 月的 K 线走势。

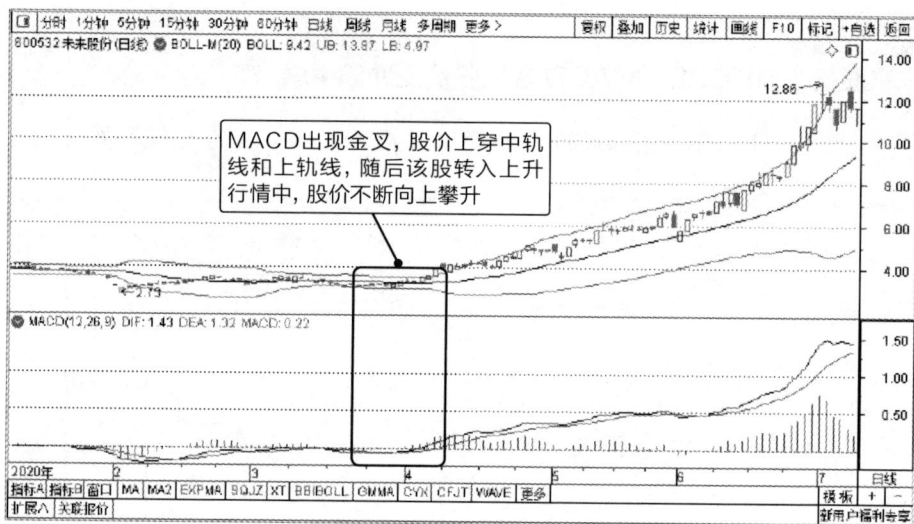

图 6-12　未来股份 2020 年 1 月至 7 月的 K 线走势

从上图可以看到，MACD 金叉出现后，股价自下而上穿过中轨线，转入
上升行情中，股价在中轨线和上轨线区间沿着上轨线上行，不断创出新高，
涨幅较大。

6.2.3　MACD 死叉，跌破布林线中轨线

MACD 指标死叉指的是 DIF 线自上而下穿过 DEA 线时形成的交叉，
是市场走弱的信号。如果此时股价经过一波上涨行情运行至高位区域滞涨，
随后自上而下跌破布林线中轨线，则说明该股市场由强转弱的可能性较大，
后市可能转入下跌行情之中，投资者应锁定前期收益尽快离场。

⇒

中牧股份（600195）MACD 死叉股价跌破中轨线

如图 6-13 所示为中牧股份 2020 年 1 月至 9 月的 K 线走势。

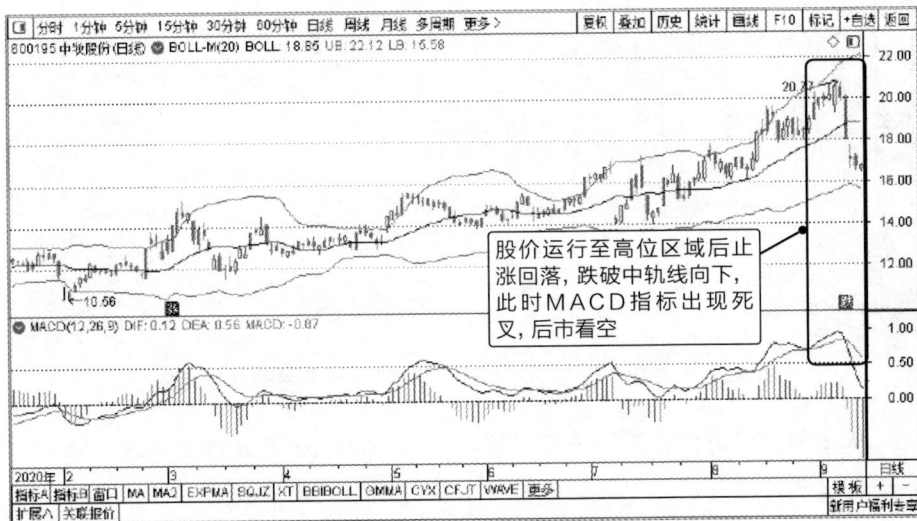

图 6-13　中牧股份 2020 年 1 月至 9 月的 K 线走势

从上图可以看到，中牧股份处于上升行情中，股价波动上行，重心不断上移。2020 年 9 月上旬，股价上涨至 20.00 元价位线附近止涨，并在该价位线上横盘整理。此时股价涨幅已超 90%，涨幅较大，随时有见顶迹象，要引起投资者重视。

随后 K 线收出一根跌停大阴线，使得股价向下并跌破布林线中轨线，运行至中轨线下方，说明行情转弱的可能性较大。

与此同时，查看下方的 MACD 指标发现，DIF 线拐头向下，自上而下穿过 DEA 线形成死叉，随后 DIF 线和 DEA 线纷纷下行。说明该股中的多头动能衰竭，空头占据优势，转入下跌行情中，后市看空。结合布林线和 MACD 指标分析，该股在此位置转势下跌的可能性极大，投资者应尽快离场，锁定前期收益。

如图 6-14 所示为中牧股份 2020 年 9 月至 2021 年 7 月的 K 线走势。

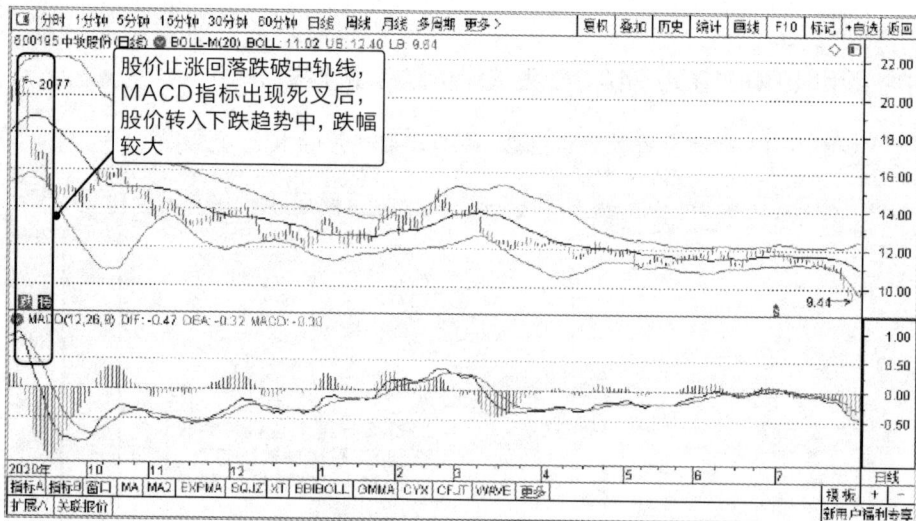

图 6-14　中牧股份 2020 年 9 月至 2021 年 7 月的 K 线走势

从上图可以看到，2020 年 9 月股价自上而下跌破布林线中轨线，MACD 指标发出死叉信号后，中牧股份转入下跌行情中，股价波动下行，最低跌至 9.44 元，跌幅较大。

6.2.4　下轨线支撑与 MACD 指标底背离

MACD 指标底背离指的是当股价 K 线走势波谷下移，股价不断向下滑落，而反观 MACD 指标，DIF 线和 DEA 线的走势却是波谷上移，与股价形成背离姿态。

底背离现象通常出现在股价经过一轮下跌后的底部区域，说明空头动能衰竭，是趋势即将反转的信号，后市可能开启一波上涨行情。如果此时股价运行至布林线下轨线，透露出积极信号，那么投资者便可以积极跟进。股价、布林线与 MACD 指标之间的关系如下。

①股价前期经过一段时间的下跌，运行至低位区域，出现筑底迹象。

②股价触及下轨线，获得支撑止跌企稳，甚至反向上攻，下方成交量放大。

③股价走势与 MACD 指标出现明显的底背离现象，说明这一波下跌行情即将结束。

实例分析 ⇒

海德股份（000567）MACD 底背离，股价获下轨线支撑止跌

如图 6-15 所示为海德股份 2020 年 8 月至 2021 年 3 月的 K 线走势。

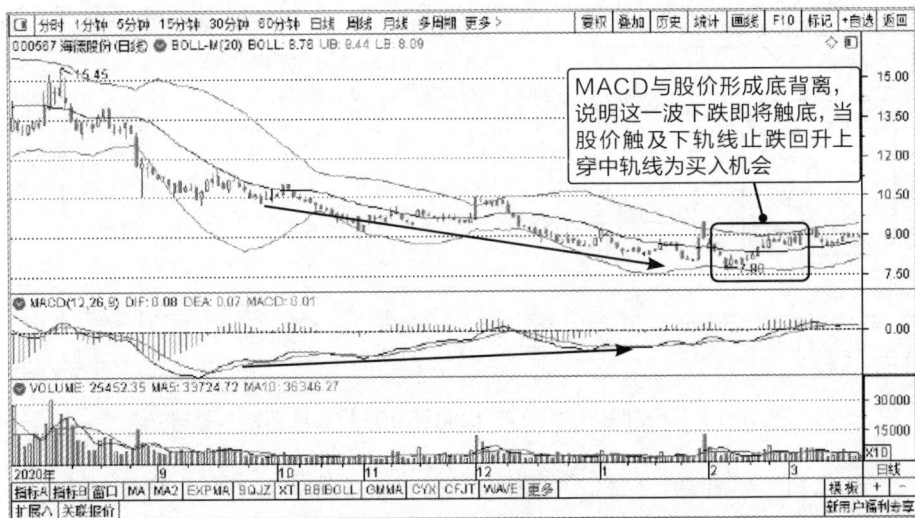

图 6-15　海德股份 2020 年 8 月至 2021 年 3 月的 K 线走势

从上图可以看到，海德股份处于下跌行情中，股价波动下行，不断创出新低，跌幅较大。但是仔细观察股价的下跌走势可以发现，2020 年 9 月上旬，股价继续下行，走出一波比一波低的走势，而此时的 MACD 指标中的 DIF 线和 DEA 线却拐头向上，表现上升，走出一波比一波高的走势，形成 MACD 指标与股价的底背离。

底背离的出现，是行情反转的象征，说明海德股份的这一波下跌行情即将触底，转入上升行情中，要引起投资者注意。

果然，随后股价继续下行触及布林线下轨线后获得支撑止跌企稳，然后上冲穿过布林线中轨线，运行至中轨线上方，突破中轨线时下方成交量配合放大。说明有成交量作为支撑，场内的多头开始聚集，占据优势，后市即将转入上升行情中，是投资者的买进信号。

如图 6-16 所示为海德股份 2020 年 12 月至 2021 年 11 月的 K 线走势。

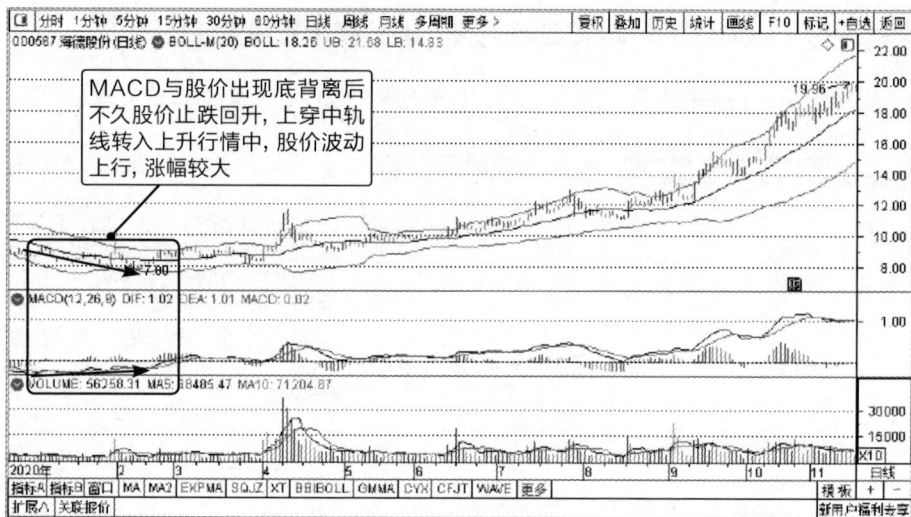

图 6-16　海德股份 2020 年 12 月至 2021 年 11 月的 K 线走势

从上图可以看到，MACD 指标与股价出现底背离后不久，股价跌至布林线下轨线获得支撑止跌回升，转入上升行情中，股价上穿中轨线运行至中轨线和上轨线区间内，沿着上轨线波动上行，涨幅较大。

6.2.5　上轨线压力与 MACD 指标顶背离

MACD 顶背离是指当 K 线图中的走势一峰比一峰高，股价不断向上攀升，而 MACD 指标中的走势却是一峰比一峰低的现象。顶背离现象通常出现在股价经过一轮上涨后的高位区域，说明多头动能衰竭，上涨乏力，股价即将见顶，是后市极有可能转入下跌走势的信号。

如果此时股价上行至上轨线附近，受到压制转而下跌，并向下跌破中轨线下行，则进一步确认了股价转势的信号，投资者应该在股价自上而下跌破中轨线时及时卖出股票。

实例分析 ⇒
中航机电（002013）MACD 顶背离，股价受上轨线压制

如图 6-17 所示为中航机电 2021 年 8 月至 2022 年 4 月的 K 线走势。

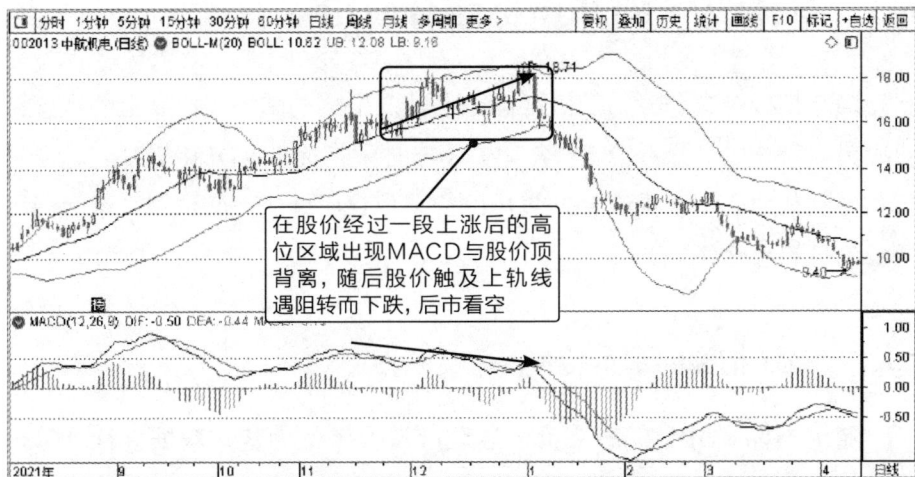

图 6-17 中航机电 2021 年 8 月至 2022 年 4 月的 K 线走势

从上图可以看到，中航机电前期处于上升行情中，股价波动上行，不断创出新高。2020 年 12 月，股价上涨至 18.00 元价位线附近后止涨有见顶迹象。此时，查看股价走势发现，在 2020 年 11 月至 12 月这一段走势中，股价波动上行，走出一波比一波高的走势，反观下方的 MACD 指标，DIF 线和 DEA 线拐头下行走出一波比一波低的走势，由此可知，MACD 指标与股价形成顶背离。

顶背离的出现，说明了场内的多头动能衰竭，上涨乏力，股价极有可能在此位置见顶转入下跌行情之中，是常见的转势信号。随后股价高开触及布林线上轨线有突破之势，最终却以收阴低走，转而下跌并跌破中轨线向下，说明股价触及上轨线受到上轨线的压制难以突破，跌破中轨线转入下跌趋势之中。结合布林线指标和 MACD 指标组合信号，股价在此位置见顶转势的可能性较大，投资者应及时离场。

从中航机电的后市走势来看，MACD 指标与股价顶背离后，股价确实受到布林线上轨线的压制见顶转而下跌，进入空头市场中，且跌势较急，跌幅较大。

6.3 布林线与 KDJ 指标结合使用

KDJ 指标中文名称为随机指标，它融合了移动平均线速度上的观念，反应灵敏，在股市分析中比较常用。将布林线指标与 KDJ 指标结合起来分析，可以帮助交易者看清 KDJ 发出的交易信息所处的空间位置，进而确认投资信息的准确性。

6.3.1 KDJ 指标的基本特性

随机指标 KDJ 是以最高价、最低价及收盘价为基本数据进行计算，得出的 K 值、D 值和 J 值，各个时间点的这 3 个值就形成了随机指标，如图 6-18 所示。

图 6-18 KDJ 指标

在 KDJ 指标中，3 个数据有不同的统计周期，上图中显示的"KDJ（9，3，3）"，就表示最高价统计周期为 9 日、最低价与收盘价为 3 日。在看盘软件中，这 3 个统计周期是可以自行修改的，但最好保证相同的比例。

要利用 KDJ 指标来分析股价走势，首先要认清 KDJ 指标 3 条线的意义以及相关的取值，具体如下。

①K 线为快速确认线，当数值在 90 以上为超买，数值在 10 以下为超卖。

②D 线为慢速主干线，当数值在 80 以上为超买，数值在 20 以下为超卖。

③J 线为方向敏感线，当 J 值大于 90，特别是连续 5 天以上，股价至少会形成短期顶部；反之 J 值小于 10 时，特别是连续数天以上，股价至少会形成短期底部。

在了解了 KDJ 指标的基础信息之后，我们就可以进行 KDJ 指标与布林线指标的组合分析了。

6.3.2　股价获下轨线支撑，KDJ 发出超卖信号

当股价运行于布林线中轨线下方，在中轨线和下轨线之间波动运行时，说明股价处于弱势行情之中。如果仅用布林线做分析判断，那么这一段通常为不可参与的区域，只有等股价拐头向上，上穿中轨线，确认转势信号后才能参与。但是，如果此时我们结合 KDJ 指标，利用 KDJ 指标的超卖区，当股价出现反弹时，就可以利用 KDJ 发出的超卖信号博取反弹短线收益。

KDJ 超卖指的是场内卖方人气过剩，下跌行情难以继续，股价即将触底回升，转入上升趋势之中。通常 K 值和 D 值小于 20 就认为进入了超卖区，股价转势在即，短期看涨。

结合布林线和 KDJ 指标超卖信号做组合分析需要注意以下 3 点。

①股价经过一波下跌后，触及布林线下轨线获得支撑止跌反弹，且下

方成交量出现放大迹象。

②股价下跌触及布林线下轨线时，KDJ 指标运行至 20 线下超卖区间，当股价获得支撑止跌反弹时，KDJ 指标同步拐头上行。

③股价触及布林线下轨线时，布林通道喇叭口收紧，股价止跌反弹突破中轨线后喇叭口放大，说明股价进入上冲，投资者可积极跟进。

实例分析 ⇒
广发证券（000776）下轨线支撑与 KDJ 指标超卖信号

如图 6-19 所示为广发证券 2020 年 12 月至 2021 年 7 月的 K 线走势。

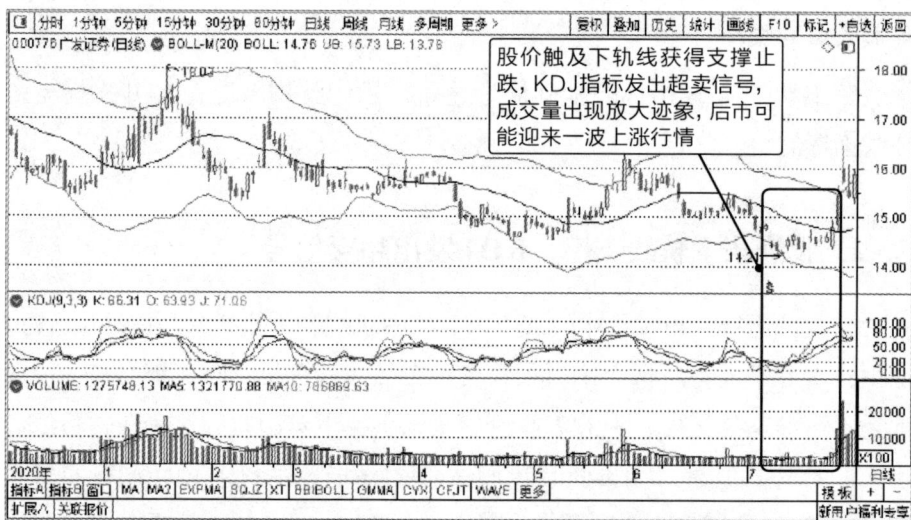

图 6-19　广发证券 2020 年 12 月至 2021 年 7 月的 K 线走势

从上图可以看到，广发证券处于下跌行情之中，股价波动下行。股价在布林通道内围绕中轨线，与中轨线一起下行，表现弱势。2021 年 7 月上旬，股价下跌触及布林线下轨线后获得支撑止跌企稳，随后反弹回升，出现转势迹象。

与此同时查看 KDJ 指标，发现在股价下行过程中，KDJ 指标与股价同步下行，并运行至 20 线下的超卖区间，发出超卖信号，说明场内人气过剩，后市极有可能触底回升。在股价触及下轨线止跌回升的过程中，KDJ 指标同步拐头上行，运行至 50 线上方，说明股价短期走强，投资者可以跟进。此外，查看下方的成交量发现，在股价止跌回升的过程中，成交量出现明显的放大迹象，说明场内有大量做多投资者入场，看好广发证券的后市发展。

如图 6-20 所示为广发证券 2021 年 6 月至 9 月的 K 线走势。

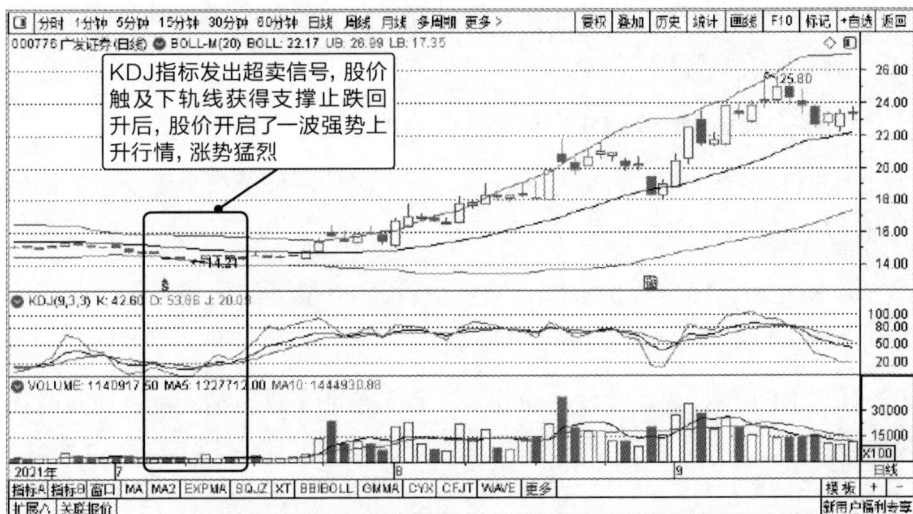

图 6-20 广发证券 2021 年 6 月至 9 月的 K 线走势

从上图可以看到，KDJ 指标发出超卖信号，股价触及下轨线获得支撑止跌回升后，广发证券开启了一波强势上升行情，近两个月的时间股价从 15.00 元附近上涨至 25.00 元附近，涨幅超 60%，涨幅较大。

6.3.3 股价滞涨和 KDJ 发出超买信号

除了可利用 KDJ 指标和布林线指标发现股价底部外，还可以结合 KDJ 指标和布林线指标来找寻股价顶部。股价上涨虽然值得开心，但是在真正了结出局前一刻都不可放松警惕，否则很有可能既损失前期收益，还损失大量本金。因此，尤其是在股价上涨后的高位区域，投资者更要结合多个指标留心观察。

KDJ 指标超买指的是场内买方人气过剩，上涨行情难以维持，股价即将止涨转入下跌趋势中。通常 K 值和 D 值大于 80 线就认为进入了超买区，股价可能转势下跌。

当股价在布林线中轨线和上轨线之间波动上行，KDJ 指标同步上升运行至 80 线上时，投资者就要保持警惕。当股价跌破布林线上轨线或中轨线，使得布林线开口变窄，此时往往股价已经下跌一段时间了。但是可以利用 KDJ 指标超卖信号提前了结。

利用布林线指标和 KDJ 指标寻找股价顶部应注意以下 3 点。

①股价经过一段时间的上涨后，运行至高位区域继续上涨受阻，回到中轨线和上轨线区间波动运行。

② KDJ 指标随着股价上涨，同步上行至 80 线上的超买区，说明场内人气过旺，后市股价极有可能止涨下跌。

③当 KDJ 指标 3 条曲线纷纷拐头下行，说明下跌行情启动，应及时抛售股票离场。

实例分析 ⇒
山西焦煤（000983）KDJ 指标超买卖出分析

如图 6-21 所示为山西焦煤 2021 年 4 月至 9 月的 K 线走势。

从下图可以看到，山西焦煤处于上升行情中，2021 年 4 月中旬，股价从 5.00 元附近开始上升，经过几个月的上涨拉升后，运行至 16.00 元附近，涨幅超 200%。

仔细观察发现，2021 年 8 月下旬，上冲自下而上突破布林线上轨线，运行至上轨线上方，沿着上轨线上行，涨势猛烈，股价上涨至 16.00 元附近后止涨，回落到布林通道内，在 14.00 元至 16.00 元区间横盘，有见顶迹象。

此时查看下方的 KDJ 指标发现，在股价急速向上拉升的过程中，KDJ 指标也迅速从 50 线下位置向上攀升到 80 线上，进入超买区。说明该股场内人气过旺，股价极有可能见顶回落，转入下跌趋势之中，投资者应该注意离场。

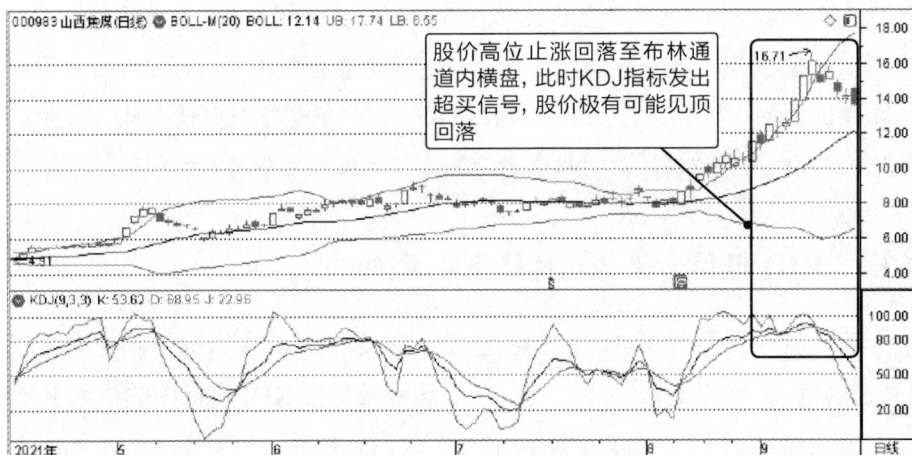

图6-21 山西焦煤2021年4月至9月的K线走势

2021年9月上旬，原本在80线至100线区间横盘运行的KDJ指标突然拐头，3条曲线纷纷下行，说明下跌行情开启，投资者应立即离场，避免遭受股价下跌损失。

如图6-22所示为山西焦煤2021年9月至2022年1月的K线走势。

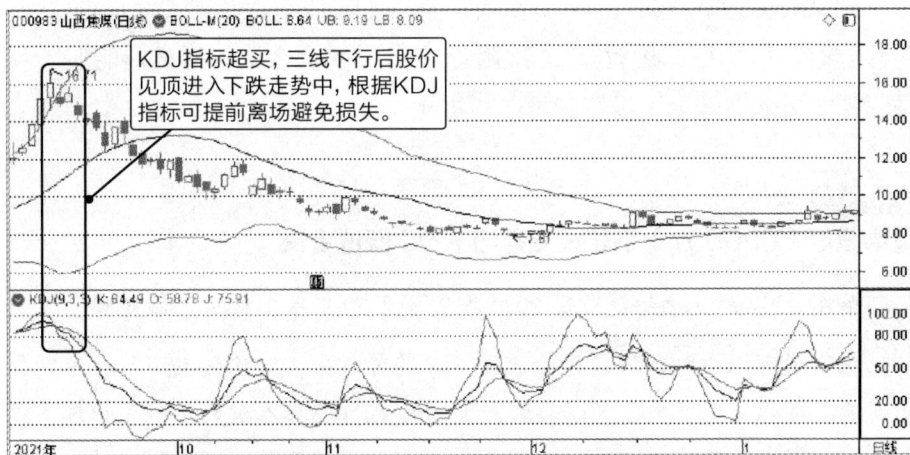

图6-22 山西焦煤2021年9月至2022年1月的K线走势

从上图可以看到，KDJ 指标三线拐头下行后，山西焦煤股价见顶转入下跌趋势之中。投资者在 KDJ 指标发出超买信号、三线下行后卖出，几乎不会受到股价下跌的损失，可见布林线与 KDJ 指标配合对顶部分析效果比较明显。

但如果投资者不借助 KDJ 指标，只是单纯依靠布林线指标，那么极有可能在股价跌破中轨线下行，中轨线拐头向下，才确认下跌行情，此时股价已经跌破 12.00 元价位线了。对投资者而言已经损失一部分收益空间了。

6.3.4　KDJ 低位金叉与布林线下轨反弹

前面我们提到过 MACD 指标金叉与死叉，在 KDJ 指标中同样有金叉和死叉，也是重要的转势信号。KDJ 指标金叉是指 KDJ 指标中的快线 K 线自下而上穿越 D 线形成的交叉，金叉形成后，K 线、D 线和 J 线 3 条线都向上发散运行，说明市场转强，是转势信号。

但在实际的走势中我们可以发现，KDJ 指标在波动运行的过程中会经常出现交叉，形成金叉，但并不是每个金叉都是转势信号，换句话说，并不是每个金叉的转势信号都那么强烈，都具有操作意义。此时，我们就需要借助布林线指标来进行综合判断了。

如果股价在下跌的过程中，跌至布林线下轨线附近获得支撑止跌反弹，与此同时，KDJ 指标运行至 20 线附近，出现低位金叉，那么说明股价反弹回升的可能性较大，投资者可以买进操作。

实例分析 ⇒
海德股份（000567）下轨线支撑与 KDJ 低位金叉

如图 6-23 所示为海德股份 2020 年 7 月至 2021 年 2 月的 K 线走势。

从下图可以看到，海德股份处于下跌趋势之中，股价波动下行，不断创出新低。在此过程中我们可以看到，下方的 KDJ 指标在波动过程中出现多次金叉，如图中所示的 A、B、C、D、E、F 点，虽然股价出现小幅回升，但仅维持几个交易日便继续下跌，并不能引起一波上涨，可操作性较低。

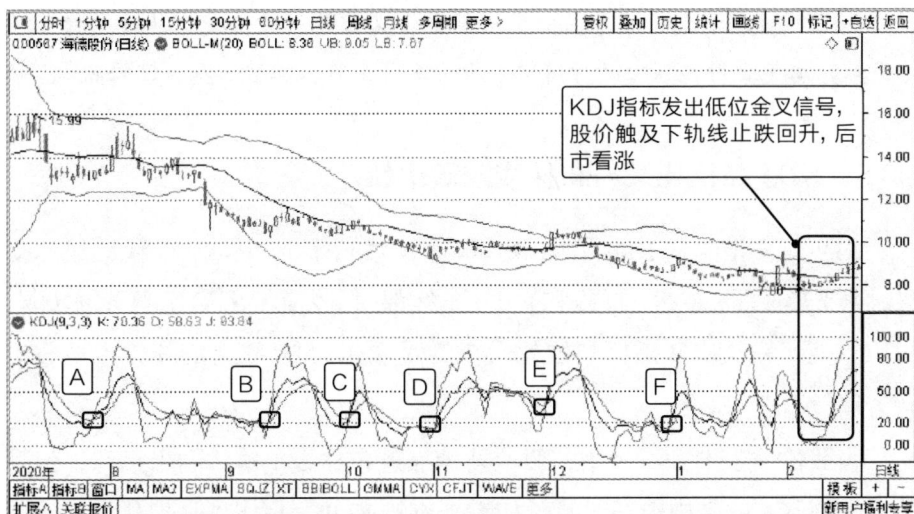

图 6-23　海德股份 2020 年 7 月至 2021 年 2 月的 K 线走势

2021 年 2 月初，股价经过一番下跌后运行至 8.00 元价位线附近，当股价下跌至布林线下轨线时获得支撑止跌反弹，并上穿中轨线。此时查看下方的 KDJ 指标发现，KDJ 指标运行至 20 线上，K 线自下而上穿越 D 线形成低位金叉。结合布林线指标和 KDJ 指标信息判断股价极有可能在此位置筑底回升，开启一波上升行情，投资者可积极跟进。如图 6-24 所示为海德股份 2021 年 1 月至 11 月的 K 线走势。

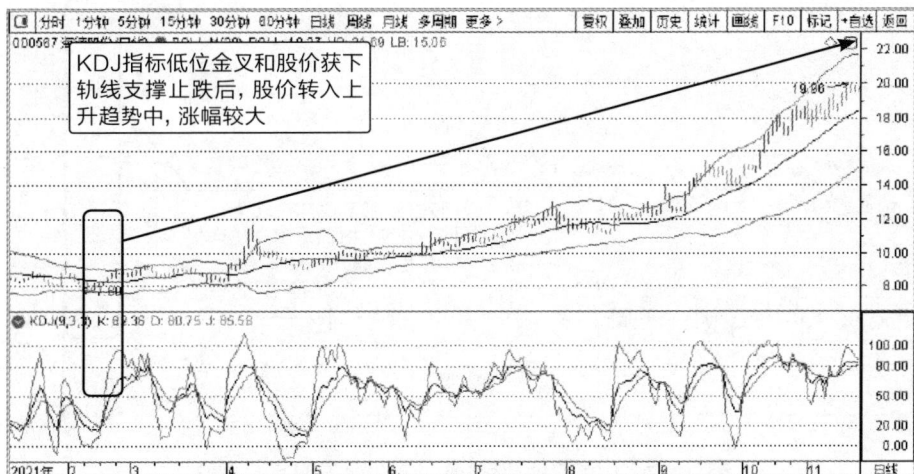

图 6-24　海德股份 2021 年 1 月至 11 月的 K 线走势

从上图可以看到，KDJ指标发出低位金叉信号，股价受下轨线支撑止跌回升后，海德股份转入上升行情中，股价震荡上行，涨势喜人，涨幅较大。

6.3.5 KDJ高位死叉与布林线跌破中轨

KDJ死叉指的是KDJ指标中的快线K线自上而下穿越D线形成的交叉，死叉形成后，K线、D线和J线3条线都向下发散运行，说明市场转弱，后市可能走跌。KDJ指标高位死叉指的是发生在80线上的死叉，是股价转势信号。

当股价处于上升行情中，股价持续靠近布林线上轨线向上运行，但随后止涨回落并跌破中轨线，此时如果下方的KDJ指标出现高位死叉，就不能将其视为上涨途中的回调，应该是股价见顶信号，后市极有可能转入下跌行情，是卖出信号，投资者应及时清仓离场。

实例分析 ⇒

山东海化（000822）股价跌破中轨线和KDJ高位死叉

如图6-25所示为山东海化2021年3月至9月的K线走势。

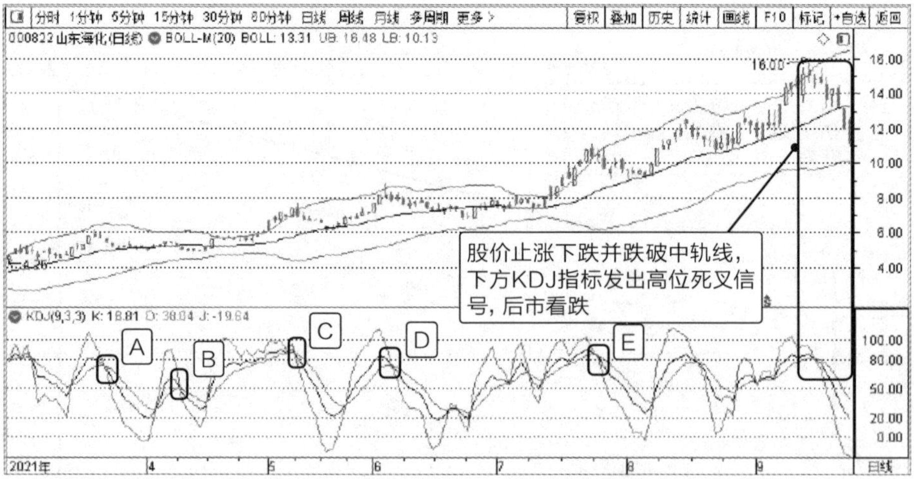

图6-25 山东海化2021年3月至9月的K线走势

从上图可以看到，山东海化处于上升行情中，股价波动上行，不断向上抬升。在此过程中我们看到下方的 KDJ 指标出现了多次死叉，如图中 A、B、C、D、E 点，但每次死叉并没有引起股价的大幅下跌，仅仅回调几个交易日后便继续上升行情了，说明并不是每个 KDJ 死叉都是卖出信号。

2021 年 9 月，股价上涨至 16.00 元价位线附近后止涨，随后股价下跌自上而下跌破中轨线。与此同时，下方的 KDJ 指标随着股价的上涨同步运行至 80 线上，随后是 K 线拐头向下穿过 D 线形成高位死叉，结合布林线指标和 KDJ 指标，说明股价极有可能在此位置见顶，后市看跌。

如图 6-26 所示为山东海化 2021 年 9 月至 2022 年 3 月的 K 线走势。

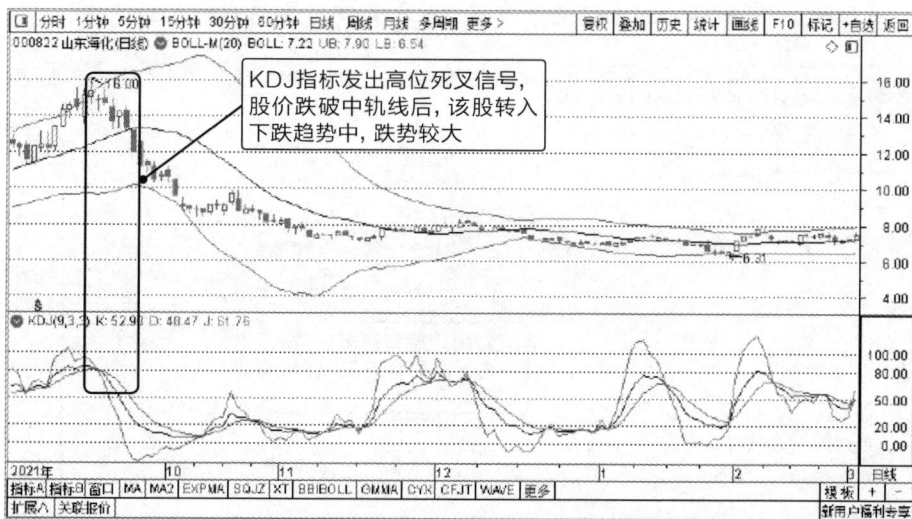

图 6-26　山东海化 2021 年 9 月至 2022 年 3 月的 K 线走势

从上图可以看到，KDJ 指标发出高位死叉信号，股价向下跌破布林线中轨线后，山东海化转入下跌趋势之中，股价急速下跌，并跌至 8.00 元价位线下方，随后横盘窄幅波动，走势沉闷。

6.3.6　KDJ 底背离与布林线脱离下轨

KDJ 指标中也存在背离现象，同样能够帮助我们进行市场投资分析。

KDJ 指标底背离是指当 K 线图中的股价走势一谷比一谷低，表明股价还在继续下行时，KDJ 指标中的曲线却走出一底比一底高的走势，由此股价与 KDJ 指标形成底背离。

KDJ 指标底背离通常是股价将低位反转的信号，说明股价中短期内将表现上涨，如果此时股价向下运行脱离布林线下轨线，则发出了短线买入信号，说明股价即将转入上升行情中。

实例分析 ⇒
浦东建设（600284）KDJ 底背离与股价跌破下轨线

如图 6-27 所示为浦东建设 2020 年 10 月至 2021 年 2 月的 K 线走势。

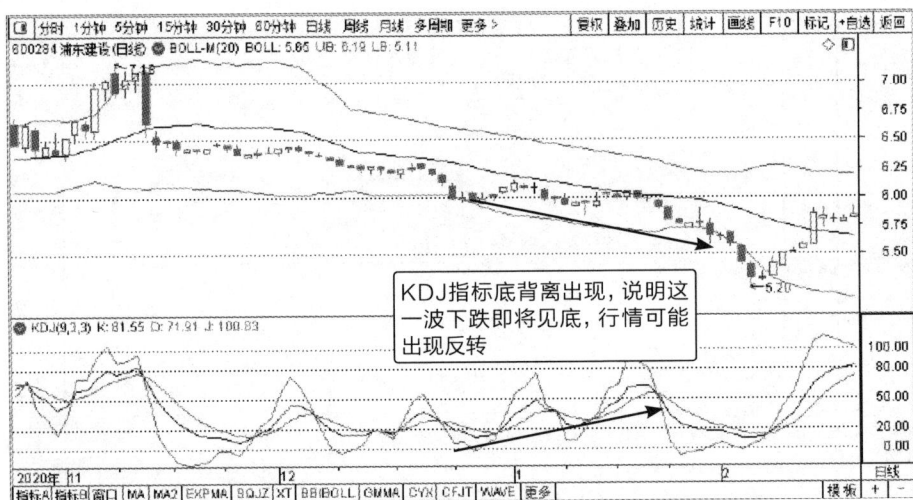

图 6-27　浦东建设 2020 年 10 月至 2021 年 2 月的 K 线走势

从上图可以看到，浦东建设股票处于下跌趋势之中，股价波动下行不断向下移动。2021 年 1 月初，股价跌至 6.00 元价位线附近后跌势减缓，在该价位线上横盘整理，随后 K 线连续收阴，股价进一步下跌。

此时查看 KDJ 指标发现，在股价波动下行且不断下跌的过程中，KDJ 指标中的曲线却走出一底比一底高的上升走势，与此时的股价走势形成了底背离现象，说明浦东建设的这一波下跌行情即将结束，转入新的上升行情中。

继续查看 K 线发现，K 线连续收阴，使得股价急速下跌，跌破布林线下轨线运行至下轨线下方，创出 5.20 元的新低后止跌，随后 K 线收出阳线，股价回到布林通道内。说明股价的这一波下跌行情结束，场内的空头势能释放完全，市场中多头占据优势，后市看涨。仔细查看，发现 KDJ 指标在股价止跌回升的过程中，K 线拐头向上，自下而上穿过 D 线形成金叉，进一步肯定了转势信号，投资者应在此位置积极跟进。

如图 6-28 所示为浦东建设 2021 年 1 月至 6 月的 K 线走势。

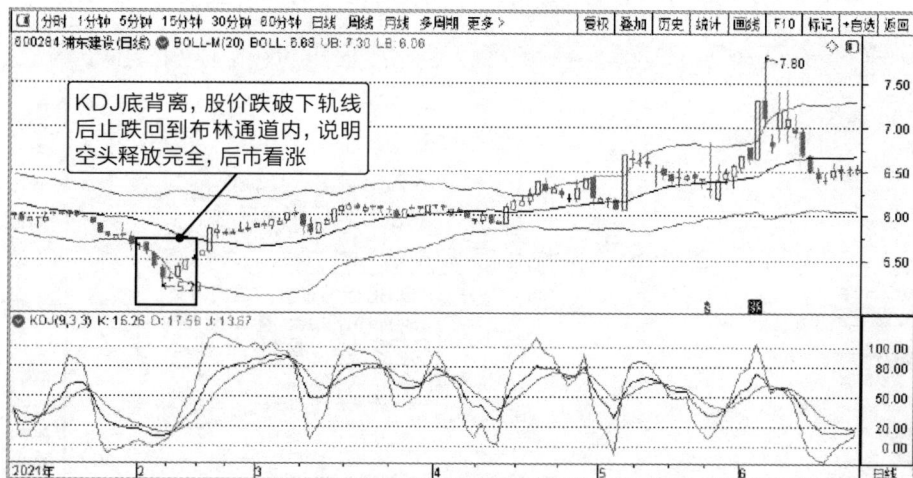

图 6-28 浦东建设 2021 年 1 月至 6 月的 K 线走势

从上图可以看到，股价在 5.20 元位置触底，随后转入上升行情中，股价在布林线中轨线和上轨线形成的通道内波动上行，不断创出新高，表现上涨。可见，KDJ 指标底背离是可靠的转势信号，投资者应利用 KDJ 指标和布林线指标及时发现买进机会，投资获利。

6.3.7 KDJ 顶背离与布林线脱离上轨

KDJ 指标顶背离是指当 K 线图上的股票价格创出一峰比一峰高的走势时，下方对应的 KDJ 指标曲线却在高位走出一峰比一峰低的走势，由此形成顶背离。

KDJ 指标顶背离现象的出现说明场内的多头力量衰竭，股价上涨的动力不足，即将见顶回落，是股价即将转势的信号。如果此时股价急速上冲脱离布林线上轨线后止涨回落，则短线卖出信号出现，投资者应立即离场，避免遭受损失。

实例分析 ⇒
东方电子（000682）KDJ 顶背离与股价上破上轨线

如图 6-29 所示为东方电子 2021 年 8 月至 12 月的 K 线走势。

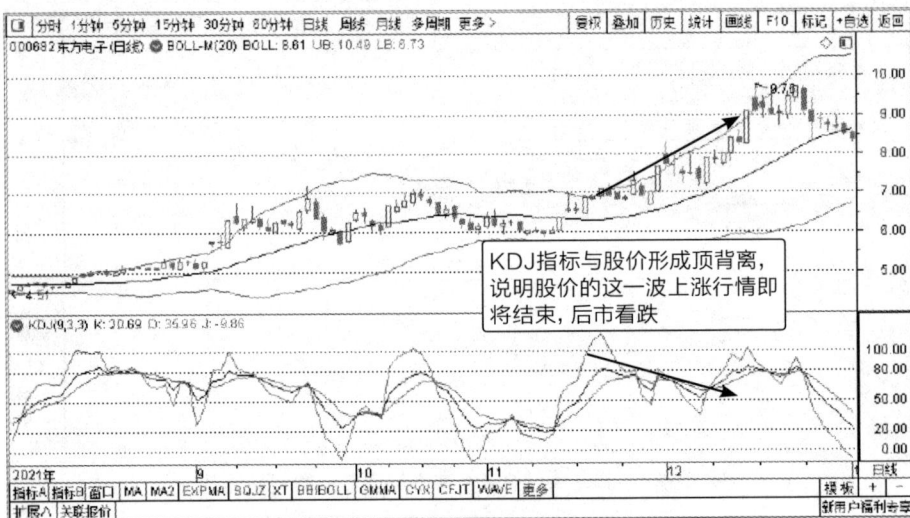

图 6-29　东方电子 2021 年 8 月至 12 月的 K 线走势

从上图可以看到，东方电子股票处于上升行情中，股价波动上行，不断创出新高。仔细观察可以发现，2021 年 11 月中旬，股价继续向上且不断上行的过程中，下方的 KDJ 指标曲线却拐头向下，走出一峰比一峰低的走势，与股价形成了顶背离现象。

KDJ 指标顶背离现象的出现，说明东方电子的这一波上涨行情即将见顶，股价继续上涨的动力不足，后市极有可能转入下跌趋势之中，投资者要注意观察，及时离场。

　　2021 年 12 月 16 日，股价高开低走收出一根带长上影线的阴线，并且股价上穿布林线上轨线，运行至布林线上方。说明上方压力较大，难以向上突破，后市看跌，卖点出现，投资者应在股价上穿上轨线后立即离场。

　　如图 6-30 所示为 2021 年 12 月至 2022 年 4 月的 K 线走势。

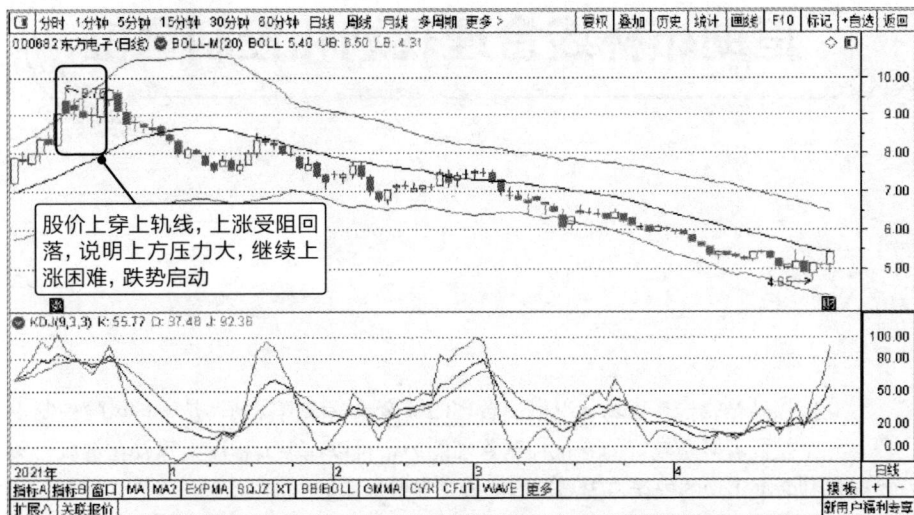

图 6-30　2021 年 12 月至 2022 年 4 月的 K 线走势

　　从上图可以看到，股价上穿上轨线后随即回落到布林通道内，短暂横盘几个交易日后便连续收出阴线下跌，并有效跌破中轨线，运行至中轨线下方继续下行。股价最低跌至 5.00 元下方，创出 4.65 元的新低，跌幅较大。

第7章

借助布林线合理规划和控制仓位

仓位控制是指根据市场状况做出合理的资金投资比例规划，是一种风险控制手段。一个投资者具备较好的仓位控制管理能力，可以在很大程度上弥补在选股、买卖时机判断上出现的失误，提高自己的投资获胜概率。

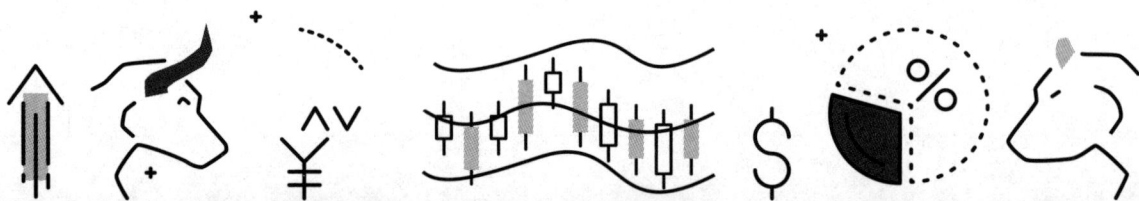

7.1　布林线发出的建仓信号

建仓—持仓—平仓是投资者进行股票交易的整个流程，在这个流程中的第一环就是建仓，也就是大家口中常说的开仓，指的是投资者第一次买进股票时的位置。

而股票建仓指投资者在认为股价当前处于低位，或者判断后续的走势是上升时第一次买入该股票。也就是说，投资者建仓是建立在判断股价触底，或连续下跌达到一定程度，或股价在上升途中投资者认为后续还有上涨空间时追高建仓，这就需要投资者对股价的位置做好判断，此时可以借助布林线指标来帮助我们。

7.1.1　股价低波动下的布林线极度收缩

波动率代表股价的波动幅度大小，股价的波动越大，价格走势越剧烈，说明场内的多空博弈也越激烈；相反，如果股价波动率降低，股价波动幅度变小，价格走势越平，说明股市的投资氛围下降了，买卖股票的人变少了，市场活力下降，此时股价更容易触底，即主力在低位吸筹建仓，投资者跟随主力建仓，不容易出错。

在股价经过一波下跌行情后的低位区域，股价波动强度明显减弱，随后在中轨线附近企稳横盘运行，布林线收缩，布林线通道极窄，此时投资者低位建仓的机会出现。当股价波动减缓，布林线通道极度变窄，说明多空达到平衡，股价跌无可跌，价格触底，这时投资者建仓受到股价波动影响的风险较小。

实例分析 ⇒
国际医学（000516）股价低波运行，布林通道极窄

如图 7-1 所示为国际医学 2019 年 7 月至 2020 年 7 月的 K 线走势。

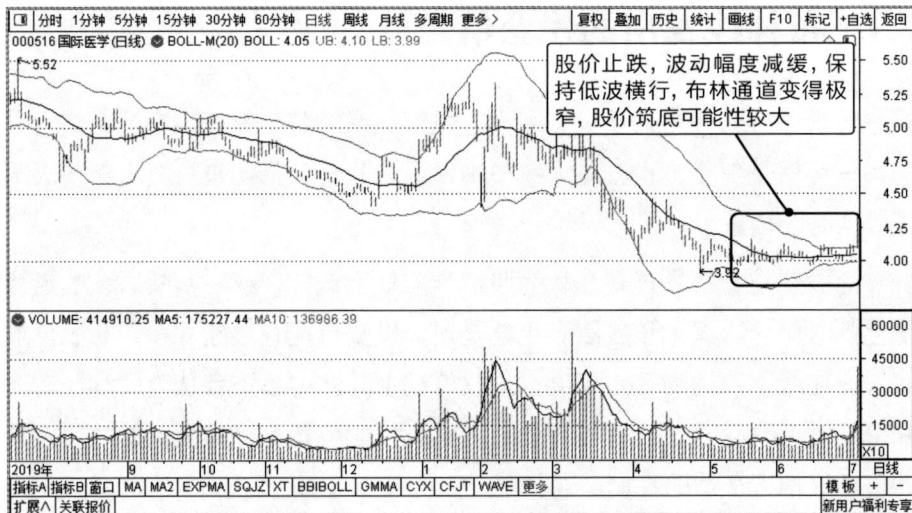

图 7-1 国际医学 2019 年 7 月至 2020 年 7 月的 K 线走势

从上图可以看到，国际医学股票处于下跌行情之中，股价不断下跌创出新低。2020 年 5 月，股价跌至 4.00 元价位线后止跌，并在该价位线上低波横行。股价在下跌的过程中，下方成交量放大，说明主力在股价下跌过程中逐渐建仓，当股价运行至 4.00 元价位线止跌横盘，主力建仓完成。

与此同时，查看布林线指标发现，上轨线向下，下轨线向上，形成紧口，两条轨线均向中轨线靠拢，布林线极度收缩，通道变得极度狭窄，说明股价波动幅度极弱，场内多空双方达到平衡，股价跌无可跌。此时为投资者建仓的大好机会，首先股价低波横行，说明股价触底，投资者没有了价格危机；其次，主力完成建仓拉升在即，投资者及时跟进即可享受一波上涨行情。

如图 7-2 所示为国际医学 2020 年 7 月至 2021 年 7 月的 K 线走势。

从下图国际医学的后市走势可以看到，股价低波运行，布林通道表现极窄，股价在 4.00 元价位线上横盘筑底。2020 年 7 月初，下方成交量放大，推动股价向上突破中轨线，转入上升行情中。随后该股开启了一波大幅、长期上升走势，涨势喜人。

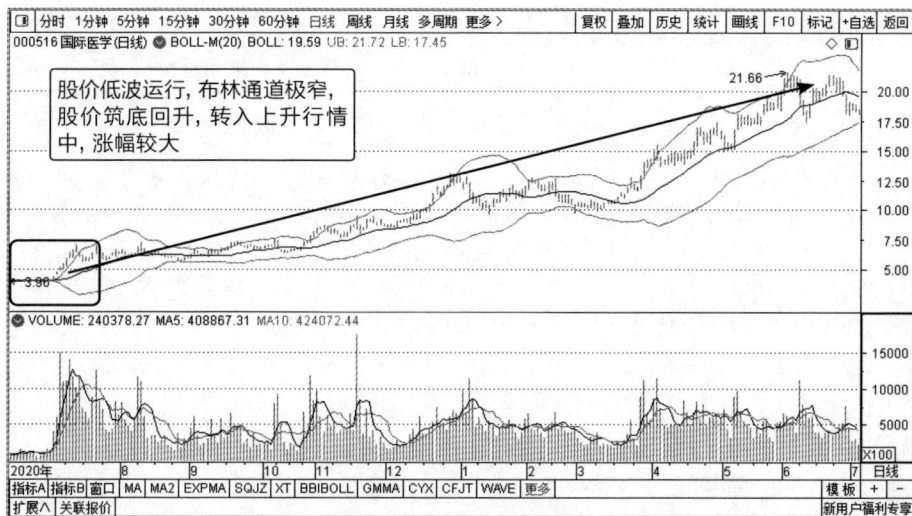

图 7-2　国际医学 2020 年 7 月至 2021 年 7 月的 K 线走势

7.1.2　股价跌破下轨，市场极度弱势

布林线的上轨线和下轨线形成了股价运行的信赖区间，股价通常在信赖区间内运行，很少会脱离此区间。当股价下行跌破布林线下轨线时，说明市场极度弱势。

当股价经过一轮下跌行情后运行至低位区域，股价突然向下急跌，并跌破下轨线，说明行情已经进入了极度弱势之中，未来这种弱势可能难以持续，股价后市见底反弹的可能性较大，是买进信号。当股价下行跌破下轨线时投资者可试探性地买进部分股票，建立头部仓位，如果股价在布林线下方运行一段后触底回升，回到布林线下轨线上方，说明股价出现了上涨迹象，此时可以积极跟进。

实例分析 ⇒

正虹科技（000702）股价跌破下轨线

如图 7-3 所示为正虹科技 2020 年 12 月至 2021 年 8 月的 K 线走势。

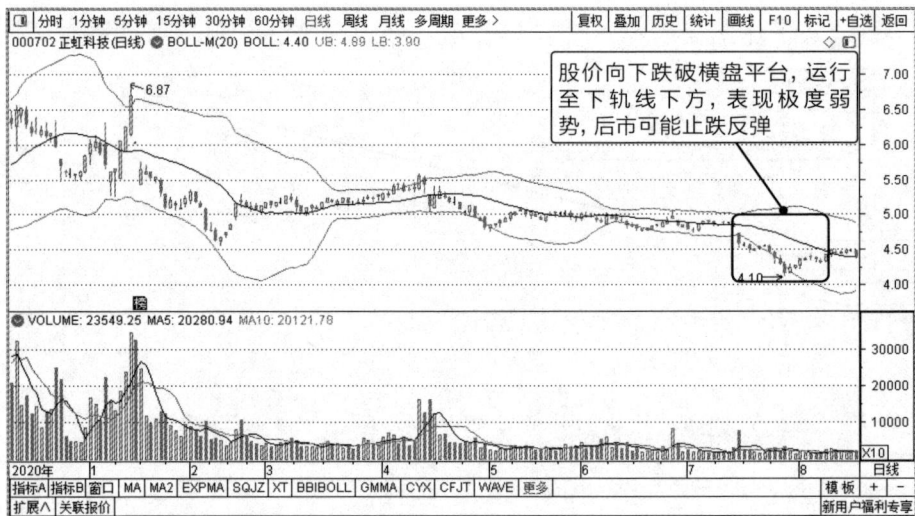

图7-3　正虹科技2020年12月至2021年8月的K线走势

从图中可以看到，正虹科技股票处于下跌的弱势行情中，股价从高位一路下行。当股价跌至5.00元价位线上后跌势减缓，并在该价位线上横盘低波运行。2021年7月15日，K线收出一根放量大阴线，股价进一步下跌，向下打破横盘平台，跌破布林线下轨线运行至下轨线下方，说明市场处于极度弱势中。因为股价已经经历了一轮下跌行情，运行至相对低位区域，后市继续大幅下跌的可能性较小，触底回升的可能较大，所以投资者可以在此位置买进建仓。因为股价仍然处于下跌中，存在下跌风险，谨慎的投资者可以在此位置买进部分股票。

随后股价在布林线下轨线下继续下行，几个交易日后，K线连续收出阳线，股价止跌回到布林线通道内，向上小幅攀升，说明股价止跌，出现回升迹象，后市可能迎来一波上涨，投资者可以在此位置放心跟进。

如图7-4所示为正虹科技2021年7月至2022年4月的K线走势。

从下图可以看到，股价跌破下轨线表现极度弱势后不久，股价触底回升，转入上升趋势之中。正虹科技股价震荡上行，不断向上攀升，创出新高，涨幅较大。

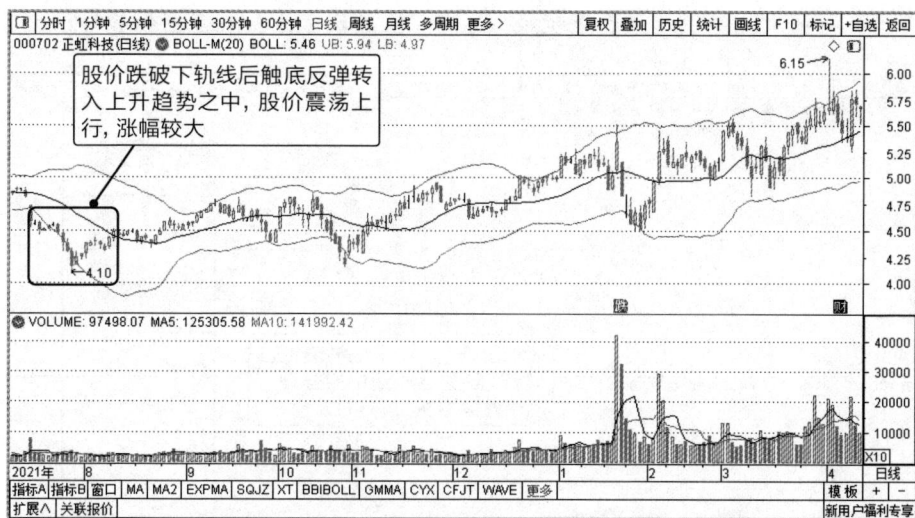

图 7-4 正虹科技 2021 年 7 月至 2022 年 4 月的 K 线走势

7.1.3 股价上涨初期低波缩量运行

股价转入上升行情中，小幅拉升一段后止涨回调，股价开始低波运行，下方成交量缩量。因为此时股价上涨还处于初期阶段，后市继续上涨的可能性较大，所以此时的回调整理是投资者建仓买进的机会。

一旦下方成交量放量，即可推动股价上行突破横盘，运行至布林线上轨线上方，脱离低波动的布林线轨道，此时股价的强势特征将得以体现。所以，投资者要抓住这一段股价低波缩量运行的机会。

实例分析 ⇒

美达股份（000782）股价低波缩量运行

如图 7-5 所示为美达股份 2020 年 8 月至 2021 年 6 月的 K 线走势。

从下图可以看到，美达股份前期处于下跌行情之中，股价波动下行，重心不断下移。2021 年 2 月，股价触及布林线下轨线获得支撑，创出 2.74 元的新低后止跌回升，下方成交量放大，布林线喇叭口开口，美达股份开始向上攀升，并依次上穿中轨线和上轨线，运行至上轨线上方，表现出强势特征。

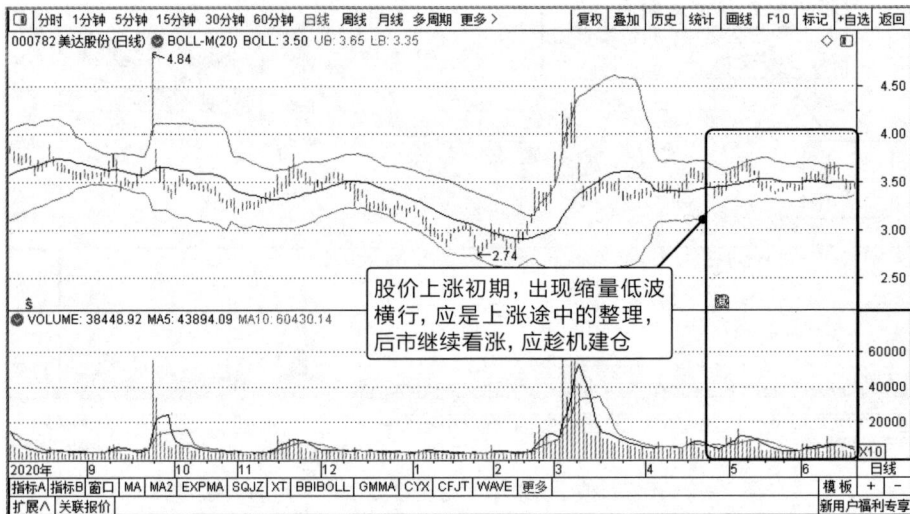

图7-5　美达股份2020年8月至2021年6月的K线走势

当股价上涨至4.00元价位线上方后止涨，紧接着K线收出大阴线，使得股价回落至布林线通道内，股价继续下跌，跌至3.50元价位线后止跌横盘低波运行，布林线喇叭口收口，上下轨线向中轨线靠拢，三线走平，表现横盘，此时下方的成交量表现出明显缩量。

因为股价前期经历了一波大幅、长期下跌行情，场内空头势能释放完全，然后向上拉升，但仅仅上涨了十多个交易日便止涨横盘，说明此时的横盘并不是行情的结束，很有可能是上涨途中的调整，整理结束，股价将继续上涨。所以此时应视为投资者建仓的大好机会，一旦下方成交量放量，布林线喇叭口放大，股价将再次上涨。

如图7-6所示为美达股份2021年1月至9月的K线走势。

从下图可以看到，美达股份股价低波缩量横盘运行一段后，2021年6月下旬，下方成交量放量，股价向上突破中轨线和上轨线，打破整理平台，运行至上轨线上方，表现强势。随后美达股份股价继续之前的上涨行情，向上波动上行。

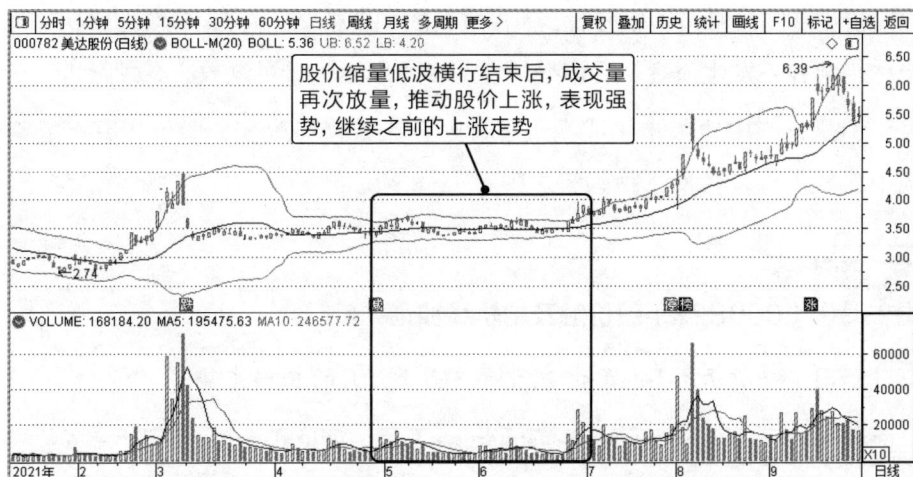

图 7-6　美达股份 2021 年 1 月至 9 月的 K 线走势

7.2　加仓减仓信号要及时捕捉

加仓指的是投资者因为持续看好某只股票未来的走势发展，已经持有该股票的情况下，在股价价格出现下跌或上升的过程中继续投入资金追加买入的行为。减仓则是卖掉手中部分股票，是因为对后市行情不确定而采取的盈利落袋为安策略。

简单来说，加减仓是一种盈利的技巧，目的在于提高自己的收益空间，降低自己的损失，因此投资者需要认真把握股价运行过程中的一些买卖机会。

7.2.1　中轨线上扬，股价回调触及中轨线买进

在前面的内容中，我们提到过布林线中轨线代表了股价运行趋势，当中轨线呈现上扬时说明股价处于上升行情之中。股价在中轨线与上轨线之间波动上行，甚至上穿上轨线运行至上轨线上方，表现出市场强势的特征。

当股价止涨回调触及中轨线时，为投资者的加仓机会，因为中轨线仍然上行，上涨趋势并未发生改变，后市继续看涨，所以投资者可以放心继续跟进。

但是，当中轨线走平或拐头下行则意味着趋势改变，股价极有可能跌破中轨线下行，转入下跌趋势之中。

实例分析 ⇒

山东海化（000822）股价触及中轨线加仓

如图7-7所示为山东海化2021年3月至9月的K线走势。

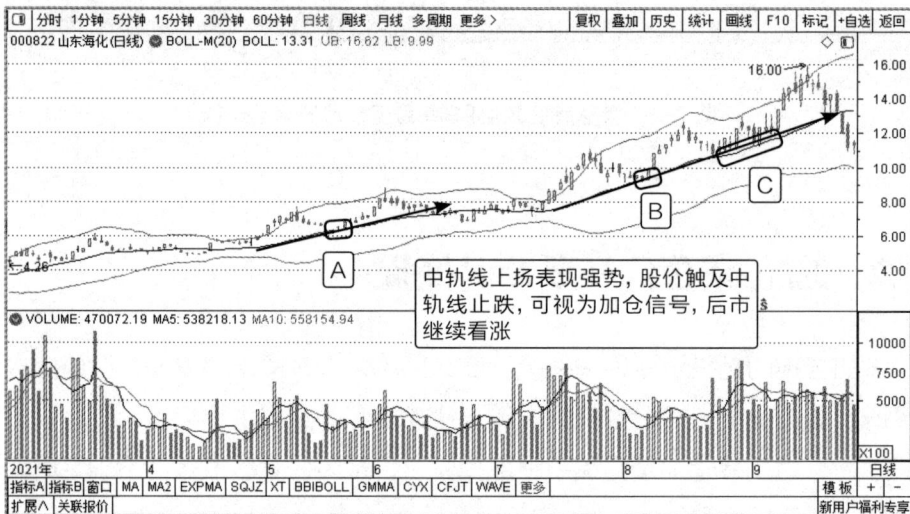

图7-7　山东海化2021年3月至9月的K线走势

从上图可以看到，山东海化处于上升行情中，股价在布林线上轨线和中轨线之间波动运行。在图中所示的这一阶段中，中轨线出现两段明显的角度上扬走势。第一段为2021年5月初至6月中旬，中轨线明显上扬表现上行，说明市场处于强势之中，5月中旬股价止涨回落至中轨线上，如图A点。因为中轨线表现上扬，说明山东海化中短期趋势并未发生变化，后市继续看涨，此时的回落为加仓机会，投资者可以在此位置买进。

随后股价继续波动上行，2021年7月中旬至9月中旬，中轨线再次上扬，表现上行，且上扬角度更大，说明股价处于强势上涨的行情中。8 月初和 8 月下旬，股价两次回落触及布林线中轨线止跌，如图中 B、C 点。同样因为中轨线向上表现强势，投资者可以将其视为加仓信号，继续买进。

7.2.2　布林线上升横盘的运用

布林线横盘出现在上涨途中或者是下跌途中，横盘的出现并不是转势的信号，而是行情的延续。股价经历一波上涨行情后止涨横盘，形成中继平台，如果整理结束后股价上行，突破上轨，说明涨势未变，平台整理结束后涨势继续。因此，可以将其视为加仓信号。

实例分析 ⇒
中泰化学（002092）布林线上升横盘加仓分析

如图 7-8 所示为中泰化学 2020 年 5 月至 2021 年 9 月的 K 线走势。

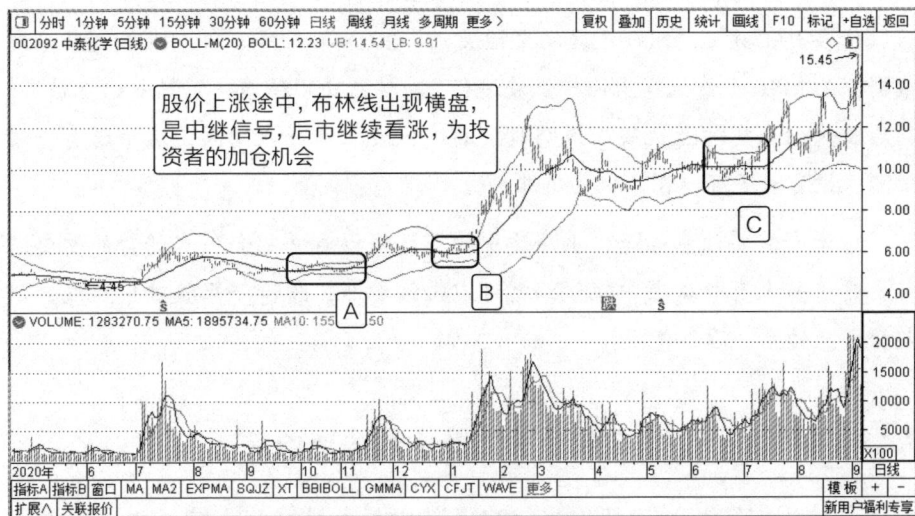

图 7-8　中泰化学 2020 年 5 月至 2021 年 9 月的 K 线走势

从上图可以看到，中泰化学前期经过一波下跌行情后运行至 4.50 元附近的低位区域。2020 年 7 月初，成交量明显放大，带动股价向上急涨，中泰化学转入上升行情中。

仔细观察中泰化学上涨过程中的走势可以发现，股价并非一直持续上行。2020 年 7 月上旬，股价上涨至 6.00 元价位线附近后止涨回调。随后布林线上轨线走平，下轨线走平，三线平行，布林通道变窄，股价波动变小保持低波运行，布林线出现横盘，如图中 A 点位置。上升途中的横盘并非转势信号，而是上升途中的中继，整理结束后，股价上穿上轨线，表现强势，后市继续看涨，所以此时的横盘为投资者的加仓机会。

2020 年 11 月上旬，成交量放量，推动股价上涨，结束横盘继续之前的上涨走势。当股价上涨至前期高点 6.00 元附近时再次止涨，并在该价位线上横盘低波运行，布林线上轨线向下，下轨线向上，向中轨线靠拢后走平，布林线横盘，如图中 B 点位置。说明 6.00 元上方压力较大，但场内的主力并未离场，仍然看涨，投资者可以在 B 点位置继续加仓。

2021 年 1 月中旬，成交量明显放大，推动股价上涨，并突破 6.00 元价位线压制，向上大幅拉升。当股价运行上涨至 12.00 元附近后再次止涨回调，随后股价在 9.00 元至 11.00 元区间窄幅波动。2021 年 6 月下旬，股价波动幅度减弱，在 10.00 元价位线上保持低波运行，布林线出现横盘，如图中 C 点位置。随后股价向上突破上轨线，说明股价的这一波上涨并未结束，后市还有一波上涨，投资者还可以在此位置追涨买进。

投资者需要注意的是，上涨途中的布林线横盘并不会引起趋势的转变，只要股价并未有效跌破中轨线，就可以持续看涨；股价一旦跌破中轨线，则趋势可能转变，后市看跌。

7.2.3 中轨线下行，股价反弹触及中轨线离场

布林线中轨线是趋势信号，它可以说明上升趋势，同样也可以说明下跌趋势。当中轨线呈现下移角度，并向下运行，说明该股处于下跌趋势之中。如果前期投资者没有离场而被套，此时可以利用中轨线做减仓操作。

股价表现下跌行情通常会在布林线中轨线和下轨线区间波动下行，表

现出弱势特征，当股价受到下轨线的支撑反弹回升，上涨至中轨线附近时会受到压制而再次下跌。因此，可以将股价触及中轨线视为减仓机会，及时离场。

实例分析 ⇒

山东威达（002026）股价触及中轨线卖出

如图 7-9 所示为山东威达 2021 年 11 月至 2022 年 4 月的 K 线走势。

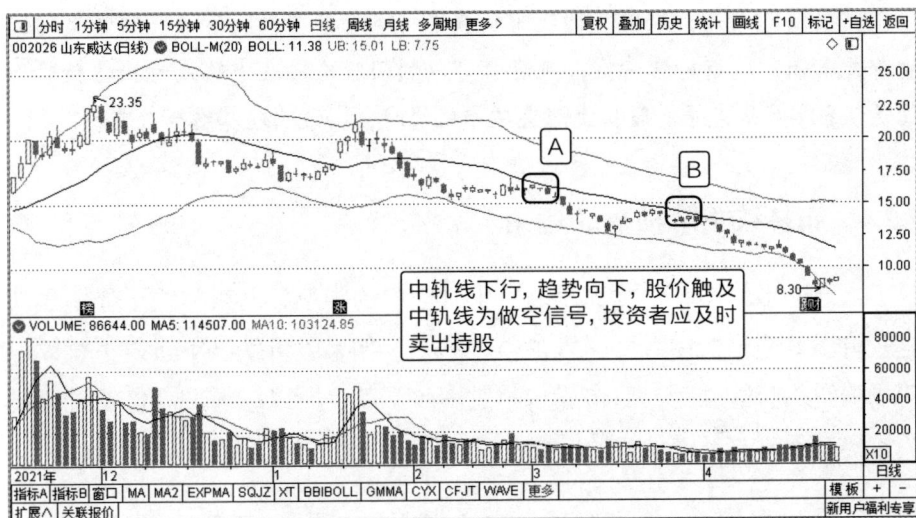

图 7-9　山东威达 2021 年 11 月至 2022 年 4 月的 K 线走势

从上图可以看到，山东威达股价前期上涨至 20.00 元价位线上方，创出 23.35 元的新高后止涨横盘，随后股价下行，有效跌破中轨线向下，使得股价转入下跌趋势之中。

2022 年 1 月中旬，虽然股价在 17.50 元位置止跌再次向上发起冲击，但很快受到压制而继续下行，此时布林线中轨线向下运行，说明山东威达中短期看跌。股价下跌运行至中轨线和下轨线区间，2022 年 2 月中旬，股价下跌至下轨线附近获得支撑止跌回升，小幅上涨至中轨线附近后止涨，如图中 A 点位置。

因为此时中轨线呈现下移角度，说明趋势并未发生改变，后市继续走弱，此时的回升不能视为转势信号，应该是下跌途中的反弹，前期没有离场的投资者应抓住机会抛售手中持股。

随后股价在中轨线位置止涨再次转入下跌走势中，中轨线继续下行。2022 年 3 月中旬，股价再次下跌至下轨线附近时同样获得支撑止跌反弹，当股价反弹至中轨线附近时止涨，如图中 B 点位置，此时仍然看跌。如果手中还有股票没有抛售完全的，应抓住机会。

需要注意的是，只要布林线中轨线保持下行，那么股价每一次的反弹幅度都并不强，后市持续看空，投资者可以利用股价触及中轨线时抛售持股。但是，当中轨线走平，股价上涨突破中轨线时，则说明趋势发生改变。

7.2.4　布林线下降横盘的运用

上升途中的布林线横盘是股价上升途中的中继，而布林线下降横盘则是股价下跌途中的中继，当横盘整理结束，如果股价跌破下轨线下行，说明场内空头势能强劲，后市股价将进一步下跌。所以，前期高位错过离场的投资者不要放过横盘离场机会，避免给自己造成更大的损失。

实例分析 ⇒

金螳螂（002081）布林线下降横盘卖出分析

如图 7-10 所示为金螳螂 2020 年 8 月至 2021 年 6 月的 K 线走势。

金螳螂股票经过一轮大幅上涨行情后运行至 12.00 元上方，随后止涨下跌转入下跌行情中。股价波动下行，跌至 8.00 元附近后止跌回升，上涨至 10.00 元后再次止涨，接着股价在 9.00 元至 10.00 元区间窄幅波动。

在股价窄幅波动的过程中，上轨线逐渐走平，下轨线也逐渐走平，三线平行形成布林线横盘，而布林通道内的股价波动幅度也越来越小。2021 年 6 月初，K 线连续收出阴线，跌破下轨线，说明此时的横盘为下跌途中的中继，后市股价将进一步下跌，场内的投资者应及时离场。

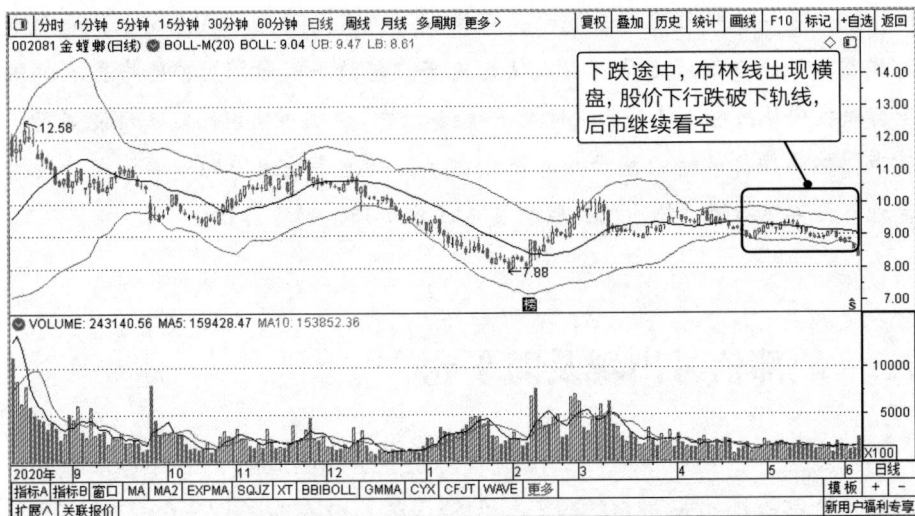

图 7-10　金螳螂 2020 年 8 月至 2021 年 6 月的 K 线走势

如图 7-11 所示为金螳螂 2021 年 3 月至 2022 年 1 月的 K 线走势。

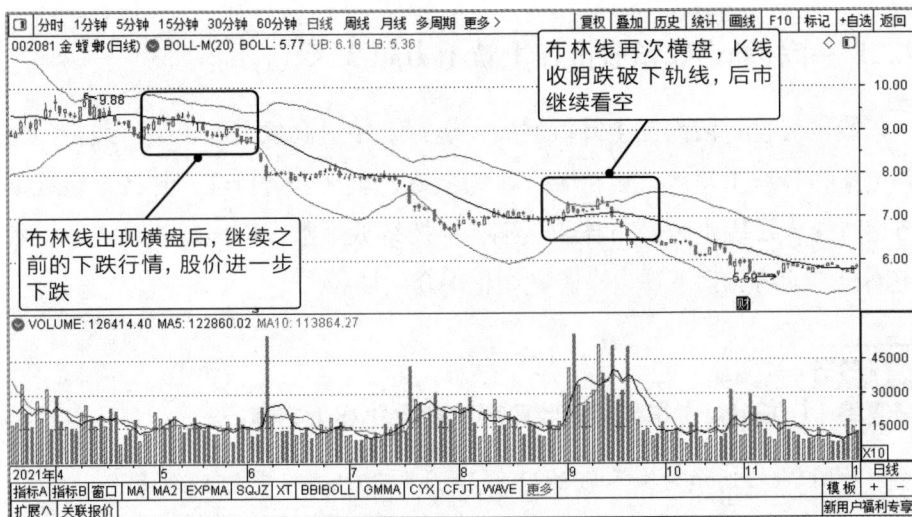

图 7-11　金螳螂 2021 年 3 月至 2022 年 1 月的 K 线走势

从上图可以看到，6 月 K 线收阴向下跌破布林线横盘后，金螳螂继续之前的下跌行情，股价进一步下跌。当股价下行至 7.00 元价位线附近后再次止跌，股价在该价位线上窄幅波动，布林线上轨线向下，下轨线向上，均向中轨线靠拢，随后三线走平，形成横盘走势。持续一段时间后，K线再次收阴下行跌破中轨线和下轨线，运行至下轨线下方，说明市场内的空头动能强劲，后市仍然看跌，此时的横盘并非筑底信号，而是下跌途中的中继。场外的投资者不要贸然入场，场内的持股投资者注意止损，抛售持股。

7.3 顶部信号出现及时平仓

平仓是为了锁定收益而卖出所有持股、了结出局的一个行为。科学合理的平仓能够提高投资者的收益，但错误的平仓有时不仅不能实现收益了结，还会使自己被套，甚至遭受严重的经济损失。平仓的关键在于及时发现顶部信号，做好抛售操作。

7.3.1 布林通道收紧股价在上轨上方超3天

股价经过一段大幅上升行情后，运行至相对高位区域，突然股价急涨并上穿布林线上轨线，运行至上轨线上方，表现强势特征，并在上轨线上方运行3天及以上，而布林通道喇叭口持续放大数天后出现收缩迹象，则说明股价即将见顶下跌，投资者注意平仓离场。

实例分析 ⇒

报喜鸟（002154）布林通道收紧股价在上轨线上方运行

如图7-12所示为报喜鸟2020年12月至2021年7月的K线走势。

从下图可以看到，报喜鸟处于上升行情中，股价在中轨线和上轨线区间内沿着上轨线波动上行。2021年5月上旬，股价上涨至5.00元上方后止涨回落至布林通道内，并在5.00元价位线上横盘运行。

2021年6月中下旬，下方成交量突然放量，带动股价向上急涨，股价上穿中轨线和上轨线, 运行至上轨线上方, 并持续上行, 此时布林通道放大。几个交易日后, 股价上涨至 7.00 元价位线附近, 随后股价止涨小幅回落, 布林线喇叭口出现收紧迹象。

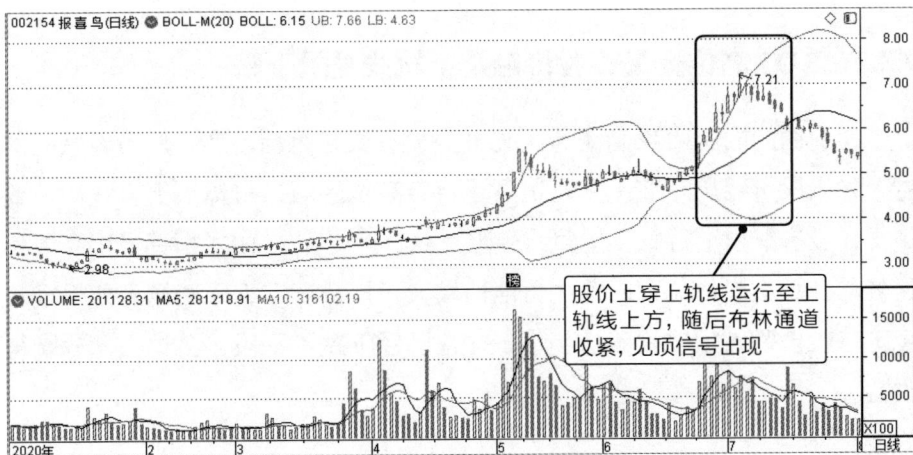

图 7-12 报喜鸟 2020 年 12 月至 2021 年 7 月的 K 线走势

结合股价上穿布林线上轨线运行至上轨线上方超 3 个交易日的信息, 可以得出股价极有可能在此位置见顶, 后市看跌, 投资者应立即平仓离场。

如图 7-13 所示为报喜鸟 2021 年 7 月至 2022 年 4 月的 K 线走势。

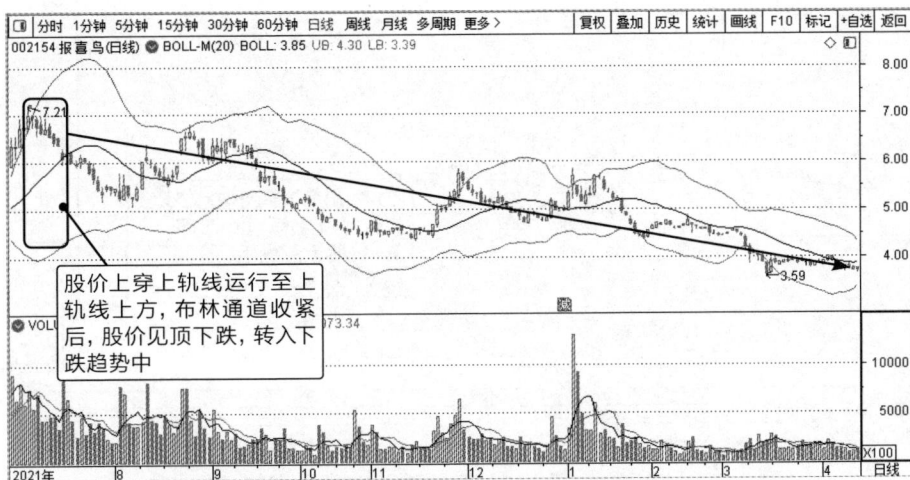

图 7-13 报喜鸟 2021 年 7 月至 2022 年 4 月的 K 线走势

从上图可以看到，股价上穿布林线上轨线运行至上轨线上方，布林通道收紧后，股价在 7.21 元位置见顶，随后转入下跌趋势中。股价波动下行，开启了一波长期、深幅的下跌走势。

7.3.2　KDJ 高位死叉，股价触及上轨线受阻下跌

在前面的内容中我们提到过 KDJ 高位死叉是行情转变、后市看跌的信号。如果股价经历一波上涨行情后运行至高位区域，布林线上轨线向下或走平，股价继续上行触及上轨线受阻下跌，此时下方 KDJ 指标发出高位死叉信号，那么股价见顶回落的可能性较大，投资者应立即离场。如果投资者等待股价跌破中轨线确认趋势，往往已经下跌了一段，会损失部分既得收益。

实例分析 ⇒

悦心健康（002162）股价触及上轨线受阻，KDJ 发出高位死叉信号

如图 7-14 所示为悦心健康 2020 年 12 月至 2021 年 5 月的 K 线走势。

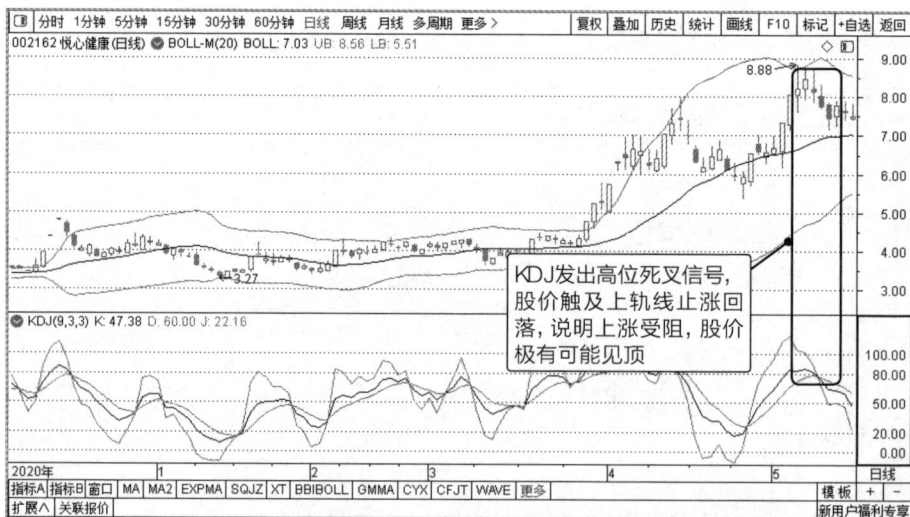

图 7-14　悦心健康 2020 年 12 月至 2021 年 5 月的 K 线走势

从上图可以看到，悦心健康处于上升行情中，股价波动上行，不断向上拉升股价。2021 年 4 月股价上涨至 8.00 元附近后止涨，回调至 6.00 元附近后再次上冲，K 线连续收出阳线向上拉升股价，当股价上涨至上轨线附近时，收出带长上影线 K 线遇阻止涨。

此时查看下方的 KDJ 指标发现，在股价向上急涨过程中，KDJ 运行至 80 线上方，当股价触及上轨线遇阻下跌，KDJ 指标发出高位死叉信号。结合布林线信息和 KDJ 指标信号，说明 8.00 元上方压力较大，上涨乏力，股价极有可能在此位置见顶，转入下跌趋势中，投资者应立即平仓。

如图 7-15 所示为悦心健康 2021 年 5 月至 11 月的 K 线走势。

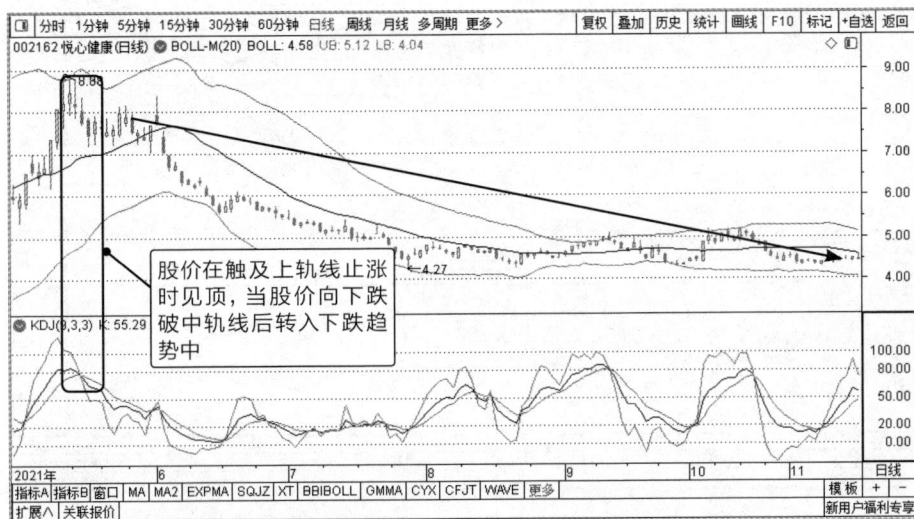

图 7-15　悦心健康 2021 年 5 月至 11 月的 K 线走势

从上图可以看到，股价触及上轨线遇阻后止涨横盘运行。2021 年 6 月初，K 线连续收阴下行跌破中轨线，转入下跌趋势之中，随后股价波动下行，跌至 4.00 元附近。如果投资者利用 KDJ 高位死叉确认后市的走向，借助股价触及上轨线遇阻判断顶点，即可在 8.00 元附近卖出，则此番下跌不会对投资者带来损失。

7.3.3 %b 顶背离，股价跌破上轨线

当 %b 指标与股价发生顶背离现象时，说明股价的这一波上涨行情即将结束，转入下跌趋势之中。如果 %b 指标顶背离现象出现，此时股价跌破上轨线，最佳的卖点位置出现。

实例分析 ⇒
东方锆业（002167）%b 指标背离，股价跌破上轨线

如图 7-16 所示为东方锆业 2021 年 4 月至 8 月的 K 线走势。

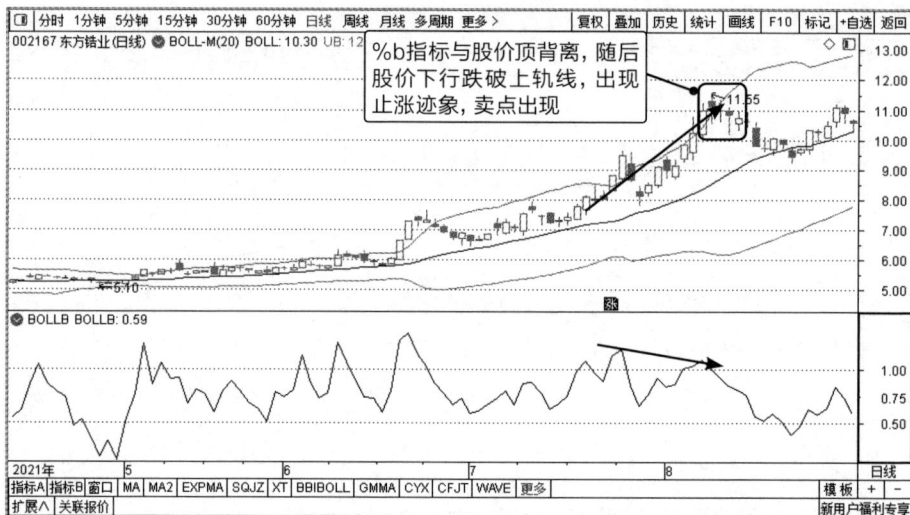

图 7-16　东方锆业 2021 年 4 月至 8 月的 K 线走势

从上图可以看到，东方锆业股票处于上升行情中，股价波动上升，不断抬高。2021 年 7 月底，股价上涨至 9.00 元价位线附近止涨横盘一段后，K 线连续收出阳线，带动股价急速上涨，股价上穿布林线上轨线，运行至上轨线上方，随后止涨，小幅回落至布林通道内。

与此同时查看下方的 %b 指标发现，股价在布林通道内波动上行的过程中，%b 指标却拐头向下，走出一波比一波低的走势，与股价形成顶背离。顶背离现象的出现，说明股价这一波上涨行情即将见顶，后市转跌可能性较大。

而此时股价下行跌破上轨线，说明上方压力较大，多头上涨乏力，所以股价跌破上轨线为投资者离场的最佳机会。

如图 7-17 所示为东方锆业 2021 年 7 月至 2022 年 4 月的 K 线走势。

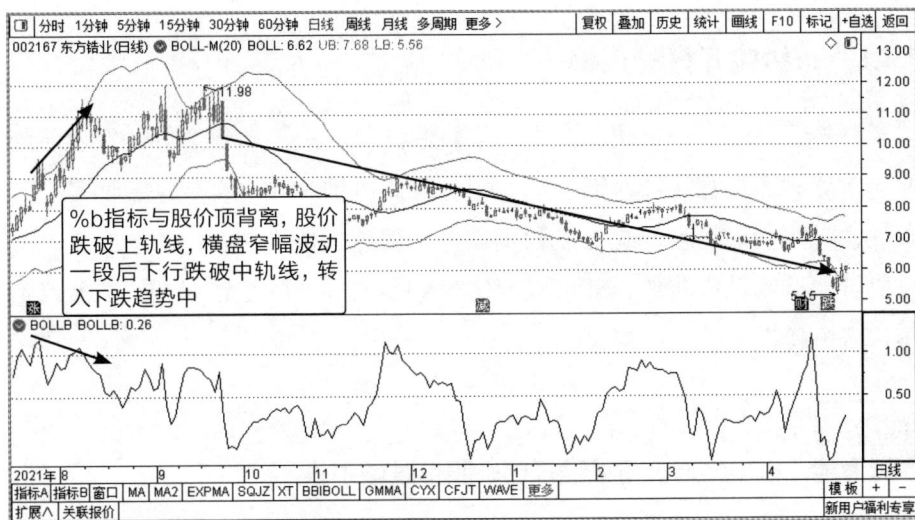

图 7-17　东方锆业 2021 年 7 月至 2022 年 4 月的 K 线走势

从上图可以看到，股价下行跌破上轨线后，在 9.00 至 12.00 元区间窄幅波动。2021 年 9 月下旬，K 线连续收阴跌破中轨线，东方锆业转入下跌趋势之中，跌幅沉重。

7.4　投资要懂得止损保存实力

每个投资者都不能保证自己的每次判断都正确，即便是经验老到的投资者也有可能出现判断失误的时候。所以，对于行情判断失败，除了懊悔外，更重要的是要懂得止损。

止损指的是当投资判断失误出现亏损，且亏损达到一定程度时及时斩仓出局，保存实力，避免形成更大亏损的一种卖出行为，其目的就是将损失控制在能够承受的范围之内。反之，如果投资者执迷不悟，则很有可能损失惨重，难以翻身。在止损策略中，我们同样可以借助布林线指标来做止损操作。

7.4.1 布林线开口时止损

布林线开口，即上轨线向上，下轨线向下，上下轨线之间的距离不断增大，此时往往意味着行情启动。但有时候行情并非上行启动，而是下行启动，当我们入场时要提前设置止损位，将止损位设置在中轨线上方，一旦股价回调跌破中轨线，就可以确定我们当前的判断是错误的，应及时离场，避免将损失进一步扩大。

实例分析 ⇒
中远海能（600026）布林线开口，股价跌破中轨

如图 7-18 所示为中远海能 2020 年 8 月至 2021 年 7 月 K 线走势。

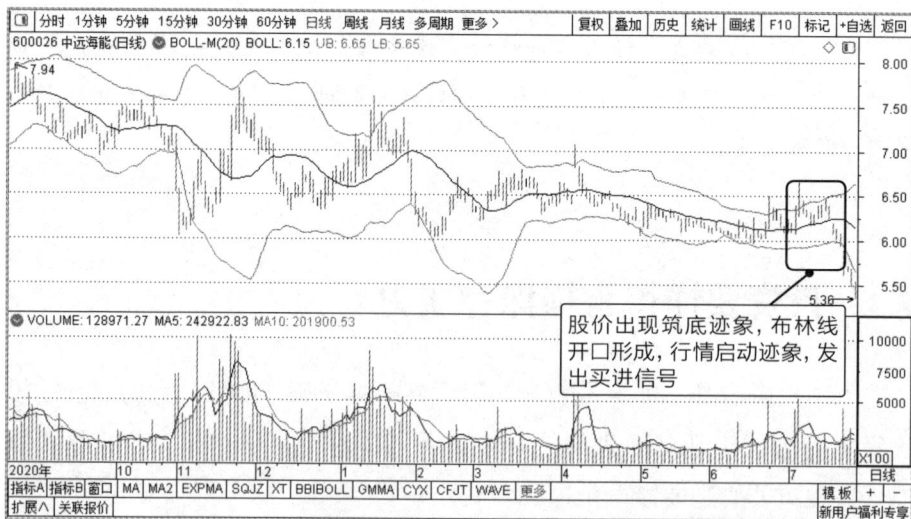

图 7-18　中远海能 2020 年 8 月至 2021 年 7 月 K 线走势

从上图可以看到，中远海能处于下跌行情中，经过一轮大幅震荡下跌行

情后，股价运行至 6.00 元价位线的相对低位区域止跌，并在 6.00 元至 6.50 元区间做横盘窄幅波动。股价波动幅度逐渐减小，布林线轨道收口后平行，呈现出股价筑底迹象。

2021 年 6 月，下方成交量放量，带动股价上涨，并自下而上突破中轨线，运行至中轨线和上轨线区间内，呈现波动上行，随后布林线上轨线向上，下轨线向下，形成开口，是行情启动股价上涨的迹象，为买进信号。

但是，股价在中轨线上方运行一段时间后，2021 年 7 月 16 日，股价向下跳空低开低走收出阴线，跌破中轨线，运行至中轨线下方，即可确认这一波开口为假信号，中远海能的这一轮下跌行情还未结束，后市继续看跌，投资者应尽快离场，越早越好。

如图 7-19 所示为中远海能 2021 年 3 月至 8 月的 K 线走势。

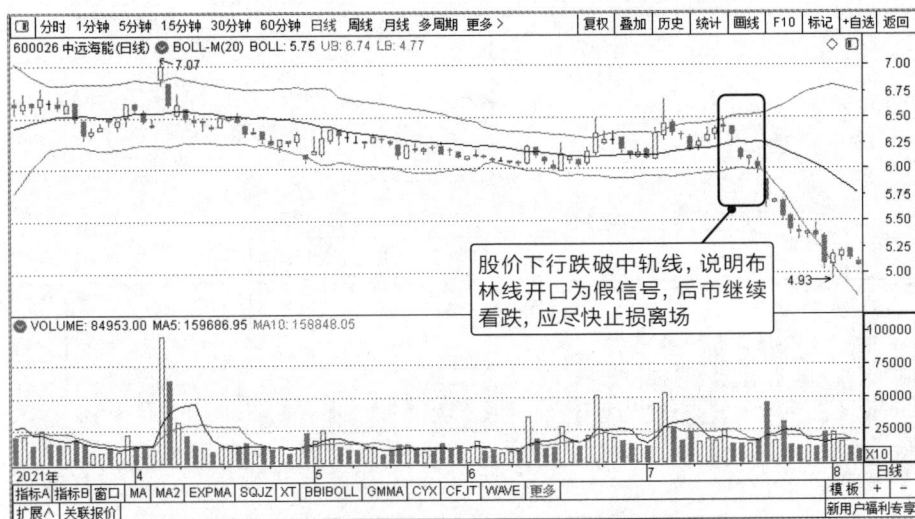

图 7-19　中远海能 2021 年 3 月至 8 月的 K 线走势

从上图可以看到，布林线开口，K 线收阴跌破中轨线后，股价继续下跌跌破下轨线，运行至下轨线下方，表现出极度弱势行情，说明场内的空头动能并未释放完全，后市看跌。

7.4.2 布林线缩口止损

布林线开口表示行情的启动。布林线缩口则代表行情的结束，说明行情即将进入反转或者是暂时回调的阶段。因此，我们可以将布林线缩口视为止损信号，当布林线出现缩口时可以将仓位平掉一半，如果股价跌破中轨线，则说明行情转入下跌趋势，此时应平掉全部仓位；如果股价再次向上，布林线开口，则说明回调结束继续看涨。

实例分析 ⇒
上海贝岭（600171）布林线缩口止损分析

如图 7-20 所示为上海贝岭 2021 年 6 月至 9 月的 K 线走势。

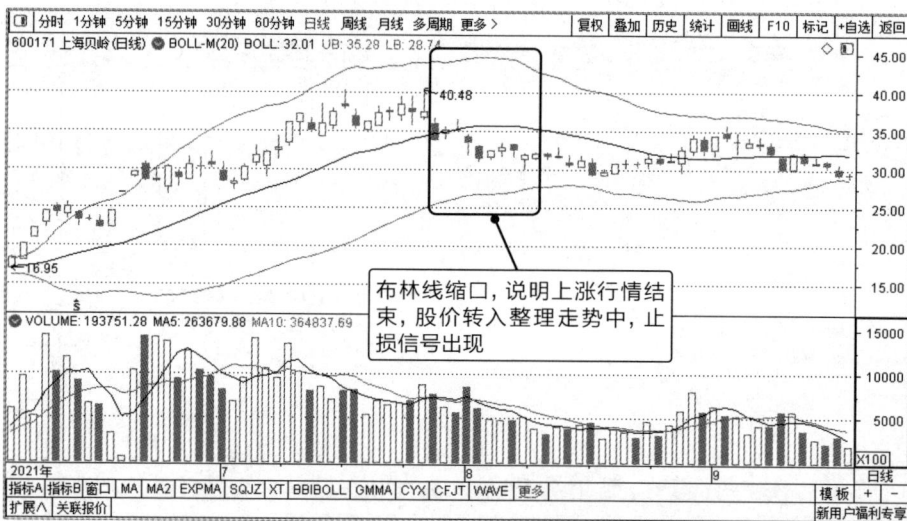

图 7-20 上海贝岭 2021 年 6 月至 9 月的 K 线走势

从上图可以看到，上海贝岭前期处于上升行情中，股价在布林线上轨线和中轨线形成的通道内波动上行。2021 年 7 月中旬，股价上涨至 40.00 元附近后止涨，并在 35.00 元至 40.00 元区间窄幅波动。此时，布林线上轨线拐头下行，下轨线向上，出现缩口迹象。说明这一波上涨行情结束，股价即将进入整理走势中，为了锁定前期收益，投资者可以在此位置平掉手中一半持仓。

如图 7-21 所示为上海贝岭 2021 年 7 月至 2022 年 4 月的 K 线走势。

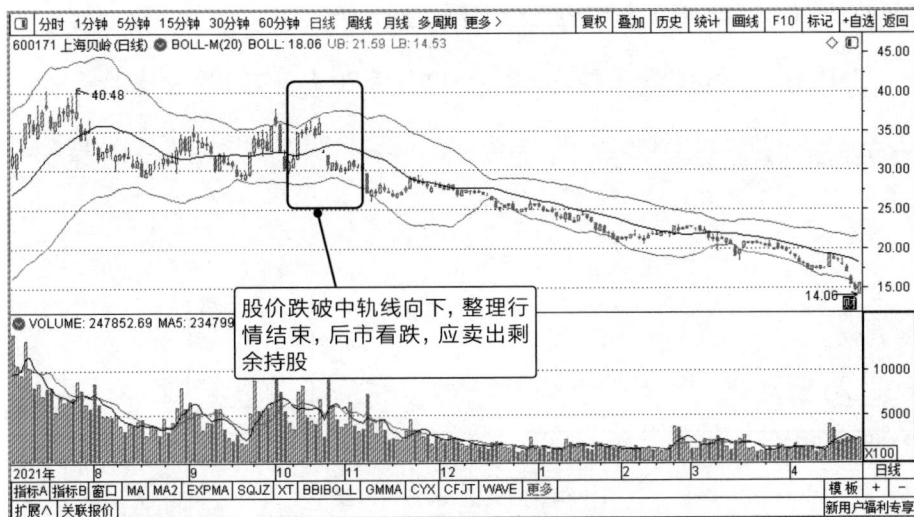

图 7-21　上海贝岭 2021 年 7 月至 2022 年 4 月的 K 线走势

从上图可以看到，股价在 40.00 元位置止涨后，转入整理行情中。股价在 30.00 元至 35.00 元区间横盘窄幅波动。2021 年 10 月下旬，股价下行跌破中轨线，运行至中轨线下方，说明行情整理结束后该股转入下跌趋势中，后市看跌，投资者应该在此位置立即平仓剩余持股。

从后市的走势来看，股价跌破中轨线后继续波动下行，最低跌至 14.06 元，跌幅较大，跌势沉重。

7.4.3　三线同步上行止损

布林线缩口后，股价上穿中轨线启动上涨行情，中轨线成为有效支撑，当股价回落到中轨线附近时止跌反弹，再次上涨，此时会出现布林线三轨线同步上行的走势。这种状态是市场强劲、涨势猛烈的象征，此时可以将中轨线视为止损位，一旦股价跌破中轨线支撑，则说明强势上涨行情结束，应立即锁定收益离场。

实例分析 ⇒

海南椰岛（600238）布林线三线上行止损分析

如图 7-22 所示为海南椰岛 2020 年 12 月至 2021 年 7 月的 K 线走势。

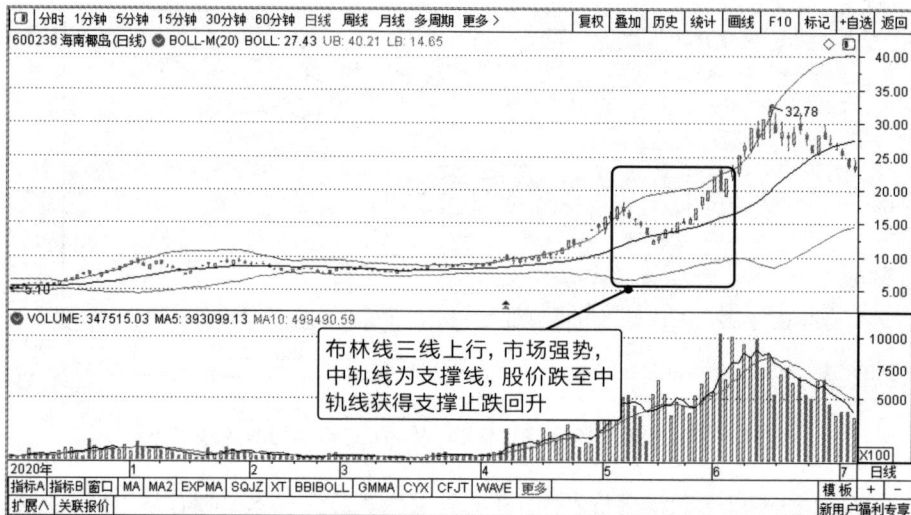

布林线三线上行，市场强势，中轨线为支撑线，股价跌至中轨线获得支撑止跌回升

图 7-22　海南椰岛 2020 年 12 月至 2021 年 7 月的 K 线走势

从上图可以看到，海南椰岛处于上涨走势中。2020 年 12 月中旬，股价从 5.00 元位置开始上涨，布林线喇叭口放大，当股价上涨至 10.00 元附近后止涨，布林线喇叭口缩口，股价进行横盘整理。

股价进入了长达 3 个多月的整理走势，2021 年 4 月上旬，股价再次上行，上穿中轨线运行至中轨线与上轨线形成的通道内，并在通道内波动上行，中轨线成为支撑线，当股价跌至中轨线上时获得支撑止跌回升。此时，布林线三线同步上行，说明市场正处于强势上涨的行情中，股价将在中轨线和上轨线形成的通道内继续波动上行，表现上涨。

2021 年 6 月底，股价再次跌至中轨线附近，但并未止跌，而是跌破中轨线继续下行，说明中轨线的支撑作用失效，海南椰岛的这一波强势上涨行情结束，投资者应立即抛售持股离场。

如图 7-23 所示为海南椰岛 2021 年 6 月至 2022 年 3 月的 K 线走势。

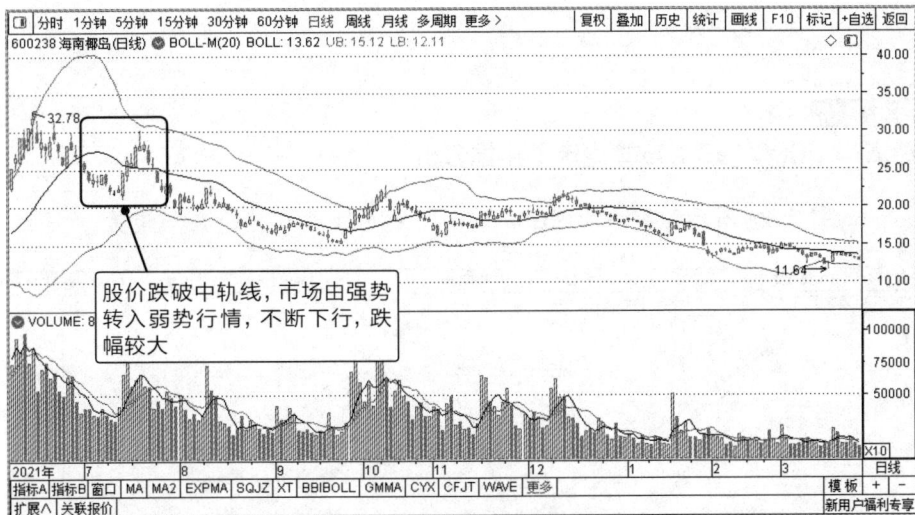

图 7-23　海南椰岛 2021 年 6 月至 2022 年 3 月的 K 线走势

从上图可以看到，股价有效跌破布林线中轨线后，止涨转入下跌趋势之中，股价表现弱势，震荡下行，不断创出新低，跌幅较大。

7.4.4　布林线走平止损

震荡走势往往是令投资者比较头痛的一种市场走势，但也是市场中比较常见的一种走势，因为市场不总是大牛市或者大熊市，很多时候都处于非牛非熊的震荡市场中。

在震荡市场中，股价在布林通道内波动运行，此时布林线下轨线为支撑线，当股价触及下轨线时获得支撑止跌回升，因此，触及下轨线为短期做多信号，可积极买进。当股价上涨触及上轨线时受到压力而止涨下跌，所以触及上轨线为做空信号，应及时卖出。这样一来，震荡市场中波段操作也可实现获利。

但是要注意，当股价震荡幅度越来越窄，布林线就会出现走平，此时往往是行情最难把握的时候，因为这种时候布林线随时都有开口的风险，所以最好的投资策略为持币观望，等待布林线开口方向明朗时再做下一步的投资打算。

实例分析 ⇒

英洛华（000795）布林线走平止损分析

如图 7-24 所示为英洛华 2020 年 10 月至 2021 年 6 月的 K 线走势。

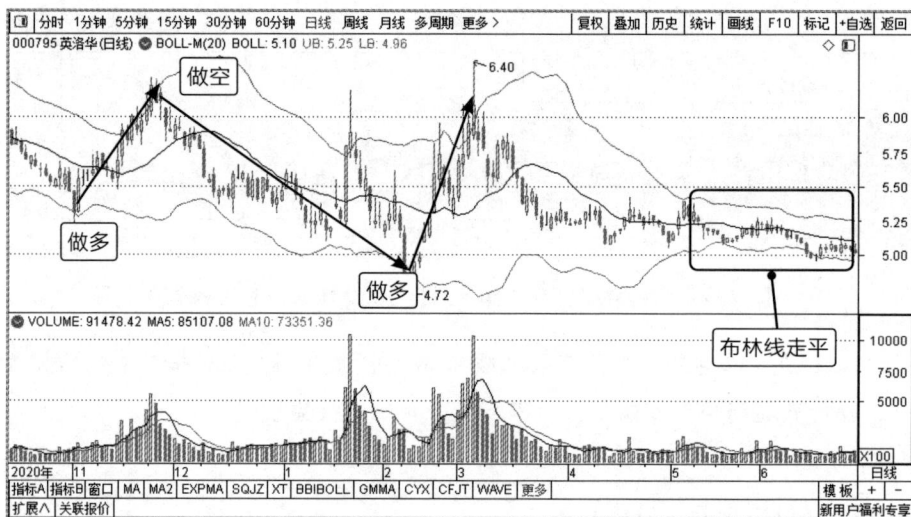

图 7-24　英洛华 2020 年 10 月至 2021 年 6 月的 K 线走势

从上图可以看到，英洛华股票处于震荡市场中，股价在一定幅度内波动横行，在此期间出现了多个波段操作机会。

2020 年 11 月初股价跌至下轨线时获得支撑止跌，说明股价短期看涨，此时为投资者的买进机会。随后股价止跌回升，上穿中轨线继续上涨，当股价上涨至 6.20 元附近触及上轨线，受到上轨线的压制而止涨横盘，说明上轨线压力较大，难以向上突破，短期看跌，投资者应立即离场。

2021 年 2 月，股价再次下跌至下轨线附近，创下 4.72 元的新低后止跌，股价回到布林通道内，说明股价短期看涨，为买进机会。随后股价波动上行，表现上涨。当股价上涨至 6.00 元上轨线附近时，再次受阻止涨，说明上方压力较重，难以向上突破，短期看空，投资者应尽快离场。

通过这样的波段操作，投资者可以获得两段涨幅收益，给自己带来不错的投资回报。

随后发现，股价在震荡波动的过程中，震荡幅度越来越小，难以进行波段投资操作。布林线上下轨线的距离逐渐靠近，三线走平，说明行情进入横盘整理阶段，后市走向不明。此时，场内的持股投资者应尽快离场，场外的投资者应持币观望，待行情明朗之后再做投资决策。

如图 7-25 所示为英洛华 2021 年 4 月至 9 月的 K 线走势。

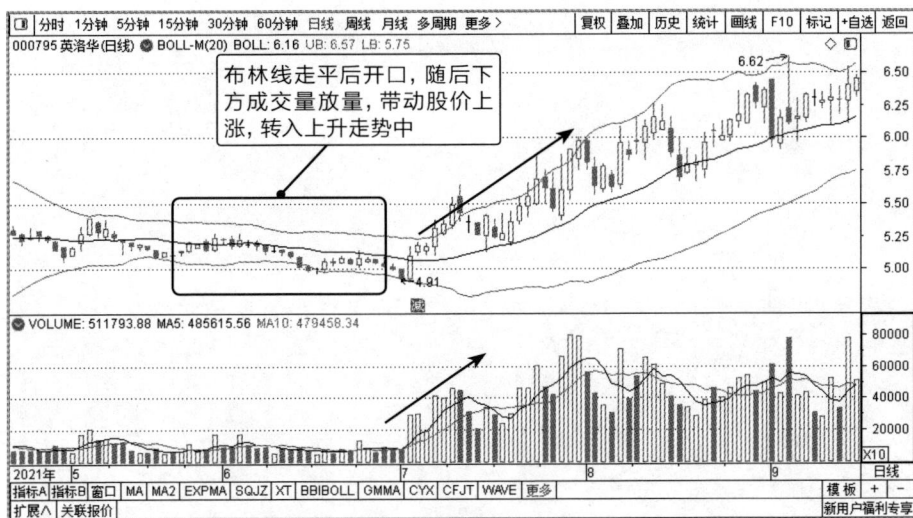

图 7-25　英洛华 2021 年 4 月至 9 月的 K 线走势

从上图可以看到，2021 年 7 月初，下方成交量突然放量，带动股价上涨，股价向上突破中轨线和上轨线，打破之前的横盘窄幅运动平台，转入上升趋势中。下方的成交量持续不断放量，说明场内多头聚集，英洛华短期看涨，投资者应积极买进。

当然，我们这里介绍的投资止损位是动态止损，即根据市场中股价走势与布林线的波动变化来灵活地调整止损位。除此之外，在实际的投资中也可以用固定的止损位来进行止损。

例如定额止损法，这是最简单的止损法，也是比较常用的一种止损方法。投资者在入市之初就将亏损额设置为一个固定的比例，一旦亏损大于该比例就及时平仓。定额止损法通常适用于两类投资者：一是刚入市缺乏投资经验的投资者，二是风险较大的市场中的投资者。定额止损法一般设置 10% 的比例比较合适。

　　具体的止损方法投资者可以根据实际的投资情况进行斟酌筛选，最关键的是，投资者在投资中要具备止损意识，才能让自己的投资之路越行越远。

读 者 意 见 反 馈 表

亲爱的读者：

感谢您对中国铁道出版社的支持，您的建议是我们不断改进工作的信息来源，您的需求是我们不断开拓创新的基础。为了更好地服务读者，出版更多的精品图书，希望您能在百忙之中抽出时间填写这份意见反馈表发给我们。随书纸制表格请在填好后剪下寄到：北京市西城区右安门西街8号中国铁道出版社综合编辑部 张亚慧 收（邮编：100054）。或者采用传真（010-63549458）方式发送。此外，读者也可以直接通过电子邮件把意见反馈给我们，E-mail地址是：lampard@vip.163.com。我们将选出意见中肯的热心读者，赠送本社的其他图书作为奖励。同时，我们将充分考虑您的意见和建议，并尽可能地给您满意的答复。谢谢！

- -

所购书名：_____

个人资料：

姓名：_____ 性别：_____ 年龄：_____ 文化程度：_____

职业：_____ 电话：_____ E-mail：_____

通信地址：_____ 邮编：_____

- -

您是如何得知本书的：

□书店宣传 □网络宣传 □展会促销 □出版社图书目录 □老师指定 □杂志、报纸等的介绍 □别人推荐
□其他（请指明）

您从何处得到本书的：

□书店 □邮购 □商场、超市等卖场 □图书销售的网站 □培训学校 □其他

影响您购买本书的因素（可多选）：

□内容实用 □价格合理 □装帧设计精美 □带多媒体教学光盘 □优惠促销 □书评广告 □出版社知名度
□作者名气 □工作、生活和学习的需要 □其他

您对本书封面设计的满意程度：

□很满意 □比较满意 □一般 □不满意 □改进建议

您对本书的总体满意程度：

从文字的角度 □很满意 □比较满意 □一般 □不满意
从技术的角度 □很满意 □比较满意 □一般 □不满意

您希望书中图的比例是多少：

□少量的图片辅以大量的文字 □图文比例相当 □大量的图片辅以少量的文字

您希望本书的定价是多少：

本书最令您满意的是：

1.
2.

您在使用本书时遇到哪些困难：

1.
2.

您希望本书在哪些方面进行改进：

1.
2.

您需要购买哪些方面的图书？对我社现有图书有什么好的建议？

您更喜欢阅读哪些类型和层次的计算机书籍（可多选）？

□入门类 □精通类 □综合类 □问答类 □图解类 □查询手册类 □实例教程类

您在学习计算机的过程中有什么困难？

您的其他要求：